GRACEFUL DECLINE

英国：优雅衰落

"脱欧"时代的权力、荣耀、秩序与现实

桂涛——著

生活·讀書·新知 三联书店 生活書店 出版有限公司

图书在版编目（CIP）数据

英国：优雅衰落 / 桂涛著. — 北京：生活书店出版有限公司，2019.3
ISBN 978-7-80768-285-1

Ⅰ. ①英… Ⅱ. ①桂… Ⅲ. ①英国－概况 Ⅳ. ①K956.1

中国版本图书馆CIP数据核字(2019)第022745号

策 划 人　邝　芮
责任编辑　邝　芮　刘　笛
助理编辑　周昱均
封面设计　罗　洪
责任印制　常宁强
出版发行　生活書店出版有限公司
（北京市东城区美术馆东街22号）
邮　　编　100010
经　　销　新华书店
印　　刷　北京顶佳世纪印刷有限公司
版　　次　2019年3月北京第1版
2019年3月北京第1次印刷
开　　本　880毫米×1230毫米　1/32　印张11.25
字　　数　200千字　图30幅
印　　数　0,001—8,000册
定　　价　58.00元
（印装查询：010-64052066；邮购查询：010-84010542）

目 录

序：优雅衰落

不要害怕，这岛上充满了各种声音。

——莎士比亚《暴风雨》

从来没有一个海岛像大不列颠岛这样搅动了人类近代史，从来没有一种文明像英吉利文明这样塑造了当今世界，从来没有一个国家像英国这样如此深刻地影响了中国。

在近代中国人的心目中，英国始终是个极其重要的参照物，正是在与它的一次次比对与碰撞中，中国所处的历史方位和前进方向才逐渐清晰起来。

两个多世纪前，乾隆皇帝与英使乔治·马戛尔尼围绕来使是否应按中国礼数跪拜叩头发生著名的“礼仪之争”，亚欧大陆东西端的两个文明在傲慢、偏见和误解中完成了第一次碰撞。大清帝国的统治者继续沉醉于世界中心、天朝上国的迷梦中。

一个多世纪前，英国人用坚船利炮敲开了中国国门，古老的帝国从此被裹挟进世界现代化大潮。面临“亡国灭种”危机的中国人从此背负“百年耻辱”的十字架，“落后就要挨打”“国家富强，个人才有幸福”“西方列强亡我之心不死”成为最重要的民族集体记忆，至今仍影响着中国的道路选择和发展方式。

60多年前，中国人喊出“赶英超美”的口号，提出钢产量要在15年内赶上英国。那时的大英帝国已是“日落西山”，高通胀、高福利、低增长的“英国病”即将发作，但“赶上英国”在中国人看来仍是成功的不二法门。在“赶英超美”的口号提出十几年后，中国的钢产量就正式超越英国，但对天堂的向往几乎让中国人堕入地狱。

20多年前，中国政府收回香港主权，香港150多年的英国殖民统治时代告终，“日不落帝国”的殖民地体系寿终正寝。香港政权交接仪式上“米字旗”的落下和五星红旗的升起，讲述了此后东西方兴衰的故事。

今天，中国的领导人成为英国王室金色马车中的贵客，中英关系进入“黄金时代”；中国游客蜂拥而至，探索这个“披头士和博柏利”的国度；中国的富豪们买下了近四分之一的年产劳斯莱斯，投资商们一度买下伦敦天际线上几乎所有的地标建筑；中国学生成为牛津和剑桥竞相争抢的“香饽饽”，两校的国际学生中约有十分之一来自中国；媒体惊呼，曾经的老牌资本主义强国在崛起的东方新贵面前“摇尾乞怜”。“英国衰落”似乎成为“中国崛起”最好的确认与衬托。

英国衰落了吗？这似乎已经不再是个需要讨论的问题。我采访过的英国人中几乎所有的都给出了肯定的回答。相对于维多利亚时代，英国在军事力量、政治制度、经济、思想等方面不再引领世界，它较之“日不落帝国”时代毫无疑问地衰落了。2018年的一份民调结果显示，一半的英国人认为现在英国不如以前，相信“未来会更好”的人只有六分之一。年长的英国人会抱怨，要想知道今天英国的处境，只用看看伦敦，“伦敦早已不是当年的伦敦了”。

现在这座城市有15万无家可归者，这意味着每59个伦敦市民里就有一个流浪汉。他们坐在街头，在身前皱巴巴的纸片上用大写字母拼出“无家可归”或是“我并非吸毒者或酗酒者，只是个不幸者”，哀求路人施舍一根香烟或是几枚硬币，好吃顿热的。一个圣诞节前的寒夜，我曾在号称“伦敦肚脐眼”的皮卡迪利广场目睹一个乞讨者双手捧着一个塑料交通锥当“喇叭”，对着来来往往、手拎购物袋的男女喊出分辨不清的歌曲。他坐在地上，嘴里哈出白气，一面米字旗被披在厚厚的脏羽绒服上，就像一尊雕像，那景象让人伤感难忘。

在一次采访中，我听到中国某大城市的一位领导在访英期间向伦敦的官员夸耀，说自己城市规划中的新城地下管廊深度是伦敦金融城地下管廊深度的两倍，自己城市的大型机场建设项目在很短时间内就完成了拆迁工作（而伦敦希斯罗机场的扩建计划已经拖了20年）。我想，这位中国领导要是知道伦敦现在有这么多流浪汉，他一定会觉得伦敦的城市治理工作很不到位。在参观伦敦博物馆时，我看到他在1666年伦敦大火展区前长时间停步观看，脸上满是疑惑——伦敦为何要把一场曾烧掉大半个城市的大火放到博物馆里高调纪念？我曾就这个问题问过《伦敦传》的作者、英国传记作家彼得·阿克罗伊德。他简洁地答道："烧毁的总会重新立起，这就是纪念的意义。"

2018年2月26日，我结束国内休假，从北京飞回伦敦。中国与英国的形象被呈现在飞机上散发的中英文报纸里：中国驻外记者的报道包括《英国年轻人住房拥有率急降》《英国种族不平等问题持续恶化》《英国"脱欧"谈判陷入困局》；英国驻华记者的报道包括《春节出境游成为中国人刚需》《中国很快将拥有匹敌西方的空中力量》等。那一程，飞机上有十几个大大小小的中国孩子在聊天打闹，他们办了无人陪伴业务，带着家人的期望去英国读寄宿学校。世界仍在享受着"衰落的英国"不断留下的遗产：邮票、火车、青霉素、互联网、标准时间、英语、议会民主制度、莎士比亚、冲水马桶、宾利、阿加莎·克里斯蒂、特工007、唐顿庄园、哈利·波特……正是在那一年，在南加州大学的一份研究报告中英国超过美国，成为全世界软实力最强的国家，报告的评分标准包括政府、文化、教育、全球参与度、企业和数字化及全球民意调查综合评分。为何衰落的英国总是"垂而不死"，甚至总是开出让人意外的“新枝”？

我曾采访英国前副首相、自由民主党原党魁尼克·克莱格。我问他：“英国衰落了吗？”他干脆地回答：“毫无疑问。”但克莱格话锋一转：“英国正在‘优雅地衰落’，它仍在欧洲发挥重要作用，与美国保持着‘特殊关系’。”接下来，他开始批评“脱欧”，说它将让英国陷入“‘二战’以来最大的危机”，损害英国的国际影响力。

用“优雅衰落”形容当下的英国十分恰当。在博物馆里展示“家丑”而非发展成就、容忍“流浪人口”对城市的侵占、大型建设项目因“钉子户”而长期搁置、媒体以苛刻批评政府为荣为傲、政客谈及国家的衰败毫不避讳——按中国人的标准，这些哪里是盛世光影和大国气派？但你不得不承认，它们都透出这个“破落户”的一丝优雅。

优雅是一种和谐，是对异端的容忍，是对速度的牺牲，是“无可奈何花落去”的落寞，是“似曾相识燕归来”的淡然。当一个文明、一个帝国爬坡过坎、走向强大时，它展示出的一面常常是丑陋的、肮脏的、残忍的、着急的、气喘吁吁的、气急败坏的；当它江河日下、走向衰败时，却往往能表现出一些出人意料的优雅、生趣和情调。

从19世纪初的滑铁卢战役到20世纪初的第一次世界大战，大英帝国的历史横跨整整一个世纪。史学界认为，在《凡尔赛条约》

签订后，美国最终替代英国成为世界头号强国，“历史写到了一个句点”。但英国人适应这个句点用了100年，他们至今仍在不断调试自己与欧洲、与外部世界的关系，“脱欧”就是最新的一次尝试。可以想象，当一个民族在过去100年里听到的总是它的文明正在衰落这样的评论，它绝不可能不受影响。因此一些承诺让英国“重新拿回属于自己的权力”“重回光荣的过去”的政党和政客在这几年涌动的民粹浪潮中得势，这就并不奇怪了。

我在2016年来到英国。那年夏天，51.89%的英国人在全民公决中投票要求退出欧盟，48.11%的英国人则要求留在这个英国已加入43年的政治经济联盟。这一历史性的投票最终导致英国首相卡梅伦辞职、大选提前、政府更迭，也造成英国的分裂（不仅是“脱欧派”与“留欧派”之间的分裂，还有政府与议会之间、上院和下院之间、不同党派和阶层之间围绕“是否‘脱欧’”与“如何‘脱欧’”议题的分裂，更有“脱欧”引发始终有独立诉求的苏格兰、北爱尔兰与威斯敏斯特之间的分裂），还引发了全世界对“‘欧洲一体化’与‘全球化’将向何处去？”的大讨论。这场政治地震直到几个月后才被另一场震级更大，但本质上起因相同的地震抢过风头——唐纳德·特朗普在大西洋那头当选美国总统。

那一年对来英国搞时政报道的我而言是难熬的一年，也是幸运的一年。我要迅速了解英国的代议制民主程序、冗长复杂的

“脱欧”谈判程序，并通过与政见相左，但都同样言之凿凿的采访对象聊天，梳理出渺小个人选择背后的历史大逻辑。当我记录在英国各地的见闻和思考时，我发现我十分幸运，能在英国选择“脱欧”之际来到这里。

“脱欧”公投像一把无情的手术刀，将英国的表皮瞬间切开，把深藏其下、最真实的繁复肌理与喷薄血脉呈现出来。生物学上有个说法叫应激，指的是当机体受到外界刺激时会引发自身各个系统最自然、最快速的反应，从而进行本能的调适与保护。“脱欧”所带来的刺激与冲击恰恰引起了英国最自然的应激反应，这反应是欣喜、是愤怒、是后悔、是无奈，它们就是最真实的“优雅衰落中的英国”。

风雨园中听风雨，夕阳影里看夕阳。两年多来，我跑了30多个英国城市、乡镇，和各界人士交谈。从牛津、剑桥、帝国理工的校长，到议会上下两院的几十名议员；从舰队街的老记者，到创业的大学毕业生；从莎士比亚故乡的镇长，到英国独立党创始人；从撒切尔夫人的秘书，到“金砖”概念的发明者；从军情五处的前负责人，到恐怖袭击中的受害者；从二手书镇上的“国王”，到“英国景德镇”的制瓷人……我希望通过记录他们的故事为今天衰落中的英国、为选择“脱欧”的英国做一个真实的历史切片，供大家调取观看，也希望读懂英国的衰落能为运筹中国的崛起带来一点点思考。

本书的各个章节意在努力记录与思考英国的各个方面：《希斯罗：与英国立约》是写英国这个岛国选择以何种方式与外部世界相处；《英吉利海峡：假如没有这道海峡》是写独特的地理位置对英国人心理及国家命运的影响，英国与欧洲大陆分与合的纠结，正是今天“脱欧”的重要原因；《多佛：谁是英国人？》是写英国的爱国主义和外来移民，回顾历史上的外来者如何塑造不列颠，回答“谁是英国人？”的历史之问；《唐宁街10号：府院之争》是写议会与政府之间的权斗；《威斯敏斯特宫：权力运行》是写议会民主制度；《舰队街：新闻街兴衰录》是写英国报业的衰落、老报人的处境和新闻业的前途；《斯托克：瓷都兴衰录》是写英国制瓷业的兴衰故事；《斯特拉福德：莎士比亚会选择“脱欧”吗？》是写莎士比亚及其诞生地的人们对欧洲的纠结态度；《波士顿：“脱欧”小镇》是写英国最愿“脱欧”小镇选择背后的逻辑；《海克利尔：贵族今安在？》是写英国贵族阶层的衰落及新贵族们“适者生存”的努力；《贝尔法斯特、德里：墙与界的诅咒》是写北爱尔兰问题的由来与现状及“脱欧”带来的新情况；《邓迪：独立之城》是写苏格兰分离运动的历史与现实原因及“脱欧”带来的新情况；《牛津：38所大学》是写英国精英教育与独特的学院制度；《剑桥：大学无围墙》是写大学的开放传统及剑桥学人的精神风貌；《海伊：觐见“书心王”》是写英国旧书业的颓败与挣扎；《普利茅斯、朴茨茅斯：海洋之国》是写几个开疆拓土、应时善变的英国船长和英国人与海洋的关系。

这份书稿完成于一个戊戌年。如何评判自己、如何定位自己与外部世界的关系似乎是戊戌年永恒的主题：1778年乾隆帝准许西洋人进京效力；1838年道光帝支持林则徐禁烟，最终引发中英鸦片战争；1898年危机下的戊戌变法失败，古老帝国被瓜分；1958年，村村点火，户户冒烟，无数丑陋无用的煤钢混合物在“大跃进”中诞生；2018年是马克思诞辰200周年、世界金融危机后的第10年，也是中国改革开放40周年。这一年中国和世界又是怎样相处的？

英国与中国有8个小时的时差，每天国人开始睡觉时，正是我开始观察与记录英国的时候。我的办公桌前贴着一张严复的照片，一抬头就能看见，他是个最不愿昏睡的人，却最终又不得不昏睡。约140年前，严复作为清廷派出的留学生，在东西半球交界处的英国格林尼治皇家海军学院见证了西方器物与制度文明的强大，开始从制度层面及价值观念上探寻西方富强的原因。但严复在英国也经历了资本主义导致的经济危机，在对自由主义的渴求与寻求国家富强的梦想之间纠结挣扎，最终痛苦地认识到，在通向富强的道路中，威权主义是比自由主义更为有效、快捷的方式。他也开始逃避现实，最终昏睡在鸦片床上。我深信，今天每个中国知识分子身上都能看到严复的影子，希望我们今天在开眼看世界、看到优雅衰落的英国后，能有新的作为。

感谢本书的编辑邝芮和他的团队，是你们的眼光和信任让本书得以出版。本书使用的部分图片由徐晖提供，在此表示感谢。

最后，把这本书送给我的女儿。希望你长大时，爸爸写下的这些文字不会被历史判为滑稽无用。

桂涛

2018年7月于伦敦

希斯罗：与英国立约

生活中的一切都可以在机场找到。

——英国喜剧演员大卫·威廉姆斯

飞机轮胎与伦敦希斯罗国际机场的沥青跑道碰撞、摩擦，随后腾起一阵白烟，橡胶轮胎在地面上划出几道黑线。那几道线由深变浅，最终消失在洒满夕阳的跑道上，像用一支马克笔画线，直到画完了最后一点墨水。减速，滑行，转弯，停靠，和航站楼里伸出的廊桥连接，俯冲捕食的猎鹰最终被驯化成温顺的羔羊，安静地吮吸母亲的乳头。

“欢迎回家！”机舱内过道那头坐着的中年男人将他毛茸茸的、戴着婚戒的手盖在身旁女人的手上，侧身吻她，不顾安全带将自己的肚腩勒出一道沟。女人原本正盯着舷窗外看得出神，配合地转头一吻后随口问道：“今晚有《英国烘焙大赛》（*The Great British Bake Off*，一档从2010年起就在英国热播的家庭烘焙真人秀节目，备受主妇们的青睐）吧？”

我没听清男人的回答，但我知道，他们是英国人，他们回家了。

“家在哪里？”——说来奇怪，本该再简单不过的一个问题如今我却越来越难以回答。有形的家说搬就搬，可以在世界各处，随时回得去。一个三边长度之和不超过158厘米的托运大箱，再加上一个什么也装不下的登机箱、一个什么都要装的电脑包，就将我的家从南京搬到北京、郑州、内罗毕，现在又是伦敦。无形的家却没有跟来，它留在了父母妻儿所在的地方。家是一盘冒着热气的扬州青，是妻子弯腰放下的一双棉拖鞋，是女儿在我胳臂上乱贴一气的卡通贴纸。回家是物理距离的改变，更是个需要反复确认的心理过程。显然，对那个舷窗边的女人来说，她的家就是那个能和爱人一起看《英国烘焙大赛》的地方。

飞机轮胎与希斯罗机场跑道的那次碰撞，意味着英国人真正回家了，而我也是真正离家了。在另一个国家的机场着陆似乎才算是真正和自己的国家与文化圈暂时告别。

岛国

我始终认为，希斯罗对于英国的重要性被我们忽视了，中国人对希斯罗的观察似乎仍停留在免税店的购物攻略上。这么一个北大西洋与北海之间的岛国，在地理上和外界隔绝，要和世界其他部分发生联系，要维持它在全世界不断衰减的影响力，一方面就要靠这么一个航空门户。从当年世界帝国的航空心脏，变成今天欧洲岛国的大门，希斯罗始终在回答那个永远让英国人纠结的问题："一个岛国，究竟应该以何种方式与外部世界相处？"希斯罗给出的答案是："英国要努力做个开放的岛，要和外界相通。"这样的回答在英国选择"脱欧"之际显得更加重要。

另一方面，希斯罗是来访者与英国价值、英国规则立约的祭坛。它就像是新娘子过门前要迈过的那个火盆，或是孩子要接种的那几针疫苗，不管喜不喜欢，总躲不过去。和大多数人一样，希斯罗是我来英国的首站。在这个全欧洲最繁忙的机场，我们第一次感受英国，第一次爱或者恨这个国家。希斯罗为初来者提供了一种仪式感，让我们觉得在心理上和这个契约社会进行了签字画押，那时才会有百分之百的确信——真正来到了英国。

为了对这个英国最重要的机场进行一次解剖，我登上87米高的希斯罗机场控制塔。这是个神奇的地方，它位于两条飞机跑道之间，看上去像一颗钉子牢牢扎在木板上。对于一个在过去20年里每45秒就有一次飞机起降的机场来说，这里显然是个不能出错的地方。但让人感到奇怪的是，控制塔里根本不像是个决定生死的战场，也不像是个超时空的未来，要是不算桌上没有咖啡杯这点，这里和伦敦市中心的一间普通办公室几乎没有区别。它整洁、利落，中央空调控制温度，360度玻璃窗外是伦敦的天际线，

12个人散坐在环形控制台各处，面前大大小小的电脑屏幕上贴着“CWP3 Control”“ASMGCS”这样让人费解的小标签。这里的人穿着衬衫、T恤、牛仔裤，口袋里还塞着几小时后阿森纳队的主场球票。他们查看屏幕上的数字和坐标图，偶尔抬头看看窗外，像给朋友打电话那样对着耳麦说话，下达起降命令，控制跑道和停机坪的灯光，监测伦敦变化多端的天气，管理世界上最忙碌的双跑道机场，掌控着那些在空中被铁皮包裹的生命。

从控制塔的玻璃窗看出去，是一左一右两条跑道，上面总有飞机在滑行。英国常年盛行西南风，为了让飞机借风势起降，跑道被铺设成东西向，这也导致在这里起降的班机都必须先飞越伦敦市区上空。它们有时甚至需要在这个大都市上空盘旋一个小时才能等到着陆的命令。抛开显而易见的扰民与危险不谈，这样的地理位置安排至少有两个好处：首先，它让伦敦人随时抬头都能看到至少两架飞机和若干条飞机尾迹。对孩子们来说，这简直是一种优待。他们会出神地望着天空，想象即将出差归来的爸爸就在此时飞过的某架飞机上。其次，它给了乘客们从空中俯瞰这座城市的机会。没有雾的时候，他们能从高空中看到银光闪闪的泰晤士河。几天后，当他们近看这条伦敦的“母亲河”时才会惊奇地发现，河水原来是泥巴色的。

标准

我喜欢逛世界各地的机场，有时甚至偷偷希望飞机因为某个淘气的孩子向发动机里扔了一只青蛙或是一场突如其来的雾霾而延误几个小时，好让我心安理得地看看这些总被旅行者们忽略，却又总是出现在各种都市剧、科幻小说和说唱歌词中的庞大建筑。我曾惊叹于迪拜国际机场里那一棵棵冲天而起的棕榈树，在发生过“闪电行动”（1976年，以色列特种部队长途奔袭至乌干达机场并成功解救被恐怖分子绑架的人质的行动）的乌干达恩德培机场寻找当年留在墙壁上的弹孔，在开罗机场和索要贿赂的边检官斗智斗勇。

我在希斯罗以英国女王名字命名的二号航站楼走了10分钟，第一感觉是，这个机场太平淡了。没有棕榈树和弹孔，没有3D和5G，也没有能随时说上两句俏皮话的清洁工或是警卫，一切都在我对它的想象与期待之中，没有任何意想不到。玻璃顶棚、白色钢支架、大理石地面、穿着反光背心和及膝裙的女员工高高举着转机引导牌，光亮整洁、轻松高效，这和北京、东京或是洛杉矶的国际机场传达出的信息没什么不同。还能有什么不同呢？就像是一家麦当劳或是汉堡王里不会有太多的“特色”和意料之外。绚烂至极归于平淡，这也许就是一个机场所能获得的最高评价。

希斯罗这个单词本身就代表着一套机场建设与运维的国际标

准，标准的作用就是增加可预见性，减少意外。我在网上能轻松找到《希斯罗机场，我们也可以拥有》这样的调研报告，它将希斯罗赞为“国际双跑道机场与城市综合交通枢纽的典范”。英国人善于制定标准，并将其推向全球，这也是体现国家实力的重要方面。即便人人都说英国衰落了，但不得不承认英国人制定的标准仍在世界范围内通行：银行间贷款利率由伦敦的十几家银行制定，世界航运指数和各种世界航运信息由波罗的海交易中心每日发布，世界保险公司最终保险机构是劳合社，来自牛津与剑桥的两本英语词典是英语学习者的“圣经”……

我喜欢观察机场里来来往往的人，猜测他们从何处来，去往何处。接驳车将刚刚抵达的乘客从机舱送进希斯罗的航站楼，初来者们睁着满是血丝的眼睛，拖着行李箱，略有些兴奋地开始寻找期待中的英国。所有指示牌都是英文——英国人为世界贡献的通用语言——绝无第二种；宣传画里，胸前挂着勋章的伦敦塔卫士和红衣黑帽的白金汉宫卫兵张开双臂，欢迎那些正是冲着他们而来的游客；机场快线的广告骄傲地向商人们宣告，从希斯罗到伦敦市中心只要15分钟，“为你省出更多时间把生意谈得更完美”，绝口不提伦敦地铁常因罢工和修理而停运的事实。

自动扶梯一侧的广告牌讲述着诸多世界名人与希斯罗的故事，埃尔顿·约翰、路易斯·阿姆斯特朗、甲壳虫乐队、伊丽莎白二世……另一侧是被玻璃幕墙隔开的反方向扶梯，离境的旅客与我擦身而过，却很少向这边张望。他们直勾勾地盯着登机口的方向，那里是他们的未来，希斯罗则已属于过去。几天或是几年前，他们也曾带着和我一样的好奇与迷茫抵达这里，现在又带着各自的悲喜故事离开，有人还会回来，有的却是永别。

错觉

希斯罗始终在用自己的繁忙展示英国的开放。机场每年要接待七千万人次的旅客，这数字比全英国人口还多，旅客中绝大部分并非英国人。机场商店里每2.5秒就卖出一杯咖啡，每3秒钟卖出一杯茶，每9分钟卖出一瓶“香奈儿五号”。一切随时间流逝，只有希斯罗本身是铁打的营盘。它建成后的70多年来，相聚与离别从来只是这舞台上的一次次幕起幕落。

其实希斯罗也在变，它从一座名不见经传的空军基地，变身为全世界最大的民用机场之一。这是一个经典的“丑小鸭”的故事。“一战”时，希斯罗还是英国皇家空军的基地，它甚至都没有一个像样的名字，只因为位于伦敦市区以西24公里，就被省事儿地称为“大西方机场”。“二战”即将结束时，丘吉尔内阁还在纠结于要如何使用那里的大片良田，最终航空部次官哈罗德·巴尔福（他驾驶的英国战机曾在“一战”中被击落）以“‘二战’结束后英国要有能力向被盟军占领的日本远距离投送兵力”为借口，说服政府下定决心在“大西方机场”的基础上建设一个更大的军用机场。但巴尔福后来承认，自己当时的真正目的是建造一个世界一流的民用机场。巴尔福的眼光与私心造就了希斯罗。

希斯罗正式运营那天，机场上空有一架英国飞机和两架美国飞机戏剧性地同时要求降落，希望得以载入史册。最终，美国航空公司那架名为“大不列颠”的三垂尾洛克希德“星座”型客机击败同样来自美国的对手，成为有史以来第一个降落在希斯罗的外航班机。而在“大不列颠”之前降落的是一架从澳大利亚返航的“英国制造、英国航空公司运行、搭载英国乘客、提供英国服务”的英国客机。那时的希斯罗就已经展示了它的“爱国”。这一品质延续到了62年后，当希斯罗五号航站楼正式投入使用时，英国媒体赞其为“英国航空重新崛起”的象征，是“雄心、承诺与合作的胜利”。五号航站楼的主要使用者正是英国航空公司。

在英国人的印象中，希斯罗总在扩建，它周边的农场不断在拆除。20世纪70年代地铁皮卡迪利线延伸至此，将往返机场与伦敦市区的时间缩短至一小时，希斯罗身价倍增。现有的五座航站楼中，两座由英国女王伊丽莎白二世揭幕，其间相隔53年，其他的由威尔士亲王查尔斯、戴安娜王妃或是政府的交通大臣揭幕。

现在希斯罗的一个“航班时刻”（允许飞机落地的时间段）要卖到至少几千万美元，但还是被各个航空公司争抢。希斯罗成了英国的代名词，而当年伦敦最大的民用机场克罗伊登如今却是让外来者皱眉头、摇脑袋的陌生名词。

希斯罗会骗人，它制造了一种错觉，让人觉得“大”不列颠真的名副其实，是个极大的地方，而非偏居世界一隅的几个小岛。当年地理大发现和殖民扩张让国际贸易线路从地中海转移到大西洋，英国从世界的边缘变为世界贸易帝国的中心。希斯罗将当年的盛景延续到今日：机场的跑道有4公里长，这个数字只比欧洲最高峰勃朗峰的高度少800米；机场的面积大约相当于30个天安门广场，几百家让人眼花缭乱的免税店可以让几个小时的转机时间都变得不够用；这里有小教堂、淋浴室、健康中心、水疗室，还有20个会议室，简直是一座小城市。当然，和英国所有城市一样，它也是一座贫富分化的城市，头等舱和公务舱的机票是通往某些区域的钥匙。机场张贴的一系列宣传画中，处处强调“（伟）大”不列颠，并衍生出“伟大的文化”“伟大的时尚”“伟大的生意”“伟大的乡村”……

但其实，大不列颠只是几个小岛的集合，它们的面积之和仅相当于广西壮族自治区。几年前，一位俄罗斯官员在讲话中将英国称为“一个没人注意的小岛”，这引起了英国舆论的强烈反弹。英国广播公司特意发表文章辩驳，题目是《大不列颠真的只是“小岛”吗？》。那篇文章从几个维度煞有介事地论证英国并非小岛：如果将美洲、南极洲和澳大利亚等视为超大岛，那么按面积算，英国是世界上第13大的岛，要比古巴、斯里兰卡更大，与面积排在第148位的美国长岛相比更能算得上是庞然大岛；按人口算，英国的6500万人在世界岛国中排名前四；按文明发达程度来算，英国更是要与克里特、威尼斯、日本这样的岛屿文明分庭抗礼。文章读到最后，我才发现它是篇讽刺英国人太在意国土面积大小的幽默文章。整篇文章最能证明“英国并非小岛”的可能就是英国人这种自信与大气的自嘲精神了。

一天傍晚，我登上10公里外的温莎古堡向希斯罗的方向眺望，看到它琥珀色的灯光。我惊讶于古老与现代之间的距离竟如此之短。希斯罗最晚投入使用的五号航站楼是全英最大的单体式建筑，这个耗资43亿英镑，由6万人花了1亿工时建造的40米高的玻璃圣殿，却在2008年刚刚开始使用时经历了一系列航班取消、行李失踪的混乱事件。它将众多人类文明的主题呈现在步入其中的思考者面前：人类对科技的信仰与对自然的征服、对互联互通的渴望与其实现的可能、古老与现代、现代性与民族性、旅行的意义……

立约

希斯罗是初来者们与英国的立约之地。一下飞机，他们就要开始按照英国的规则与这个国家相处：要将时间调成格林尼治时间，在入境表上按日、月、年的顺序填写日期；要留意现在是夏令时还是冬令时，并根据这个麻烦又让人困惑的规则调整自己的手表和生物钟；要靠左行，要站在扶梯右首边，要知道按下直梯上的“1”按钮，实际上是到达二层（英国的一楼是“G”）；要找“tube”（地铁）而非“subway”（地铁），在餐馆里要点“chips”（薯条）而非“fries”（薯条）；要熟悉机场商店区的尼禄咖啡、玛莎超市、WHSmith零售店和Pret A Manger快餐店，因为它们将是英国几乎所有城镇主商业街上的坐标点。但也只有将这些炫目的商业社会与消费时代坐标点去掉，你才能看清这个国家每座城市、每个小镇与众不同的底色。

通关的人群根据“欧盟居民”与“非欧盟居民”被分成两组，并在相应的通道里排队通关——至少在预计的2019年3月29日英国正式“脱欧”前得这样。在希斯罗，只要看一看“欧盟居民通道”里便捷的自助通关和从希斯罗出发最火的目的地（前四名中两个在欧洲——都柏林和阿姆斯特丹），就会感受到英国与欧洲藕断丝连的关系，感受到两年前英国人做出和欧盟“离婚”的决定是多么不合逻辑。

他们排队站在写着“英国边境”的巨大指示牌下，等待进入这个“即使只有一个人也要自觉排起队来”的国家。他们将学会和英国人一样每天说上几十次“抱歉”，对每一个碰巧有眼神交流的陌生人微笑，但其中95%都只是出于习惯性的礼貌——或者如许多批判者所说的“虚伪”。

他们要知道英国繁杂的法律常常会置效率于不顾。为了减少影响机场周边居民区的噪声，政府对每晚11点到次日早上7点时段内降落在希斯罗的飞机型号有严格的规定，机场也自加压力，对夜晚降落的航班总数实行限额。特别是在夏夜、居民们夜晚开窗纳凉时，希斯罗就沉寂下去，像座“鬼城”。

他们将要了解并要能忍受，在英国，大型基础设施项目常常因民主程序久拖不决。如果再多一条跑道，目前排名第二的希斯罗无疑将成为全球国际旅客数量最多的机场，在许多人看来，这将是利国利民的好事。英国首相特雷莎·梅也强调，在英国“脱欧”的背景下，希斯罗的扩建可以向世界传达“英国并未走向封闭，始终是一个开放的全球性国家”这一信息。但扩建计划因为环保主义者的反对拖了快20年，理由是机场新跑道建成后，每年排放的温室气体将相当于肯尼亚一国的排放总量。当希斯罗的扩建计划于2018年最终在英国议会表决通过时，仍然没有人知道新跑道正式开建的日期。因为在那之前，扩建计划还要面对各种调研报告提出的风险防控问题。代表阿克斯布里奇和南赖斯利普两地的议会下院议员、时任英国外交大臣的鲍里斯·约翰逊甚至说，这一扩建计划遭到自己选区许多居民的抗议，因此自己将全力反对，“哪怕是躺在隆隆作响的推土机前也在所不惜”。扩建计划最终交付议会表决时，狡猾的约翰逊“临阵脱逃”，并为自己精心制造了“不在场证明”——他那时正在阿富汗访问。议会下院的反对党议员在表决前就大声质问：“约翰逊跑到哪里去了？”

2017年10月25日，我在英国议会下院记录下关于希斯罗机场扩建的一次讨论，从中可以看出涉及多方利益的大型基础设施建设项目在英国推进的难度：

…………

——安迪·斯劳特（伦敦哈默史密斯选区议员）：“……这些真实的（环境与经济）数字显示，希斯罗方案对伦敦的发展来说根本不合适……”

——茹斯·卡德伯里（伦敦布伦特福德和艾尔沃思选区议员）：“我完全同意我亲爱的朋友所说的……人们总说扩建希斯罗将带来更多的工作，但在机场委员会的报告中最近已经下调了这一预估的数值……（扩建）将导致更严重的交通拥堵，当然你可以说，可以发展铁道交通，运送多出来的乘客，但目前机场的南部和西部铁路入口……仍然没有资金支持……”

——克里斯汀·贾丁（西爱丁堡选区议员）：“随着‘脱欧’临近，不应该对其可能给英国航空业造成的影响做一次检视吗？”

——茹斯·卡德伯里：“我认为这很有必要，政府应该‘从零开始’，重新对航空业的需要和供给做一个评估，而不是为了巨额商业利益和讨好要偿还巨债的股东们而同意扩建……”

…………

这些议会中的“钉子户”们发言时神态自若，当他们说出“从零开始”这样的话时是那么理所当然。

初来者们会觉得希斯罗入境处“安全是我们的头等大事”这样的标语有些刺眼，但想到这个国家几十年来始终是恐怖分子袭击的重点目标，它似乎就变得合理多了。当我第一次在希斯罗看到安全标语时，我并不知道英国在半年后将连续遭受四次恐怖袭击，而其中一次我将恰好被困在袭击发生的地方——英国议会大厦，眼见着上院会议室里的电视屏幕上开始滚动红色提示，“议会外有安全事件发生，议会暂时封闭，所有人留在房间内”，挎枪的警卫随后冲进房间，催促每个人跟紧队伍，向议会大厦旁的威斯敏斯特大教堂转移。几千人在那个安葬着英国历代君王及牛顿、法拉第、弥尔顿等巨匠的建筑里避难，对生死有了更深的感悟。

初来者们要知道，即将出现在他们面前的英国边检官员可能是黑皮肤或黄皮肤，可能是戴着头巾的穆斯林，或是缠着头的锡克教徒，可能操着苏格兰或是东欧口音，但都是英国人。他们要知道，在希斯罗机场7.6万名工作人员中，完全可能遇到一个“居住在苏格兰并持有英国护照的华裔威尔士人”，而他的身份标签在英国人里远远不是最多的。他们要知道，种族主义在这个国家（至少在表面上）是“人人喊打”的，“言论自由”与“政治正确”始终是一对让英国人纠结的矛盾，甚至连英国人自己也常常犯错。在我抵达希斯罗的几个月后，英国王室成员肯特的迈克尔王妃将为她在出席一场晚宴时佩戴的一枚非洲裔女性头部形状的胸针而道歉；希斯罗机场的World Duty Free（世界免税店）也将因在价格上区别对待中国消费者而引发众怒，最终不得不道歉并承诺调查。机场新闻发言人在回复我的采访邮件中称，免税店的行为“完全不能接受”，不符合希斯罗对零售商们的期待。

起点

“那么你要在这里待几年？”年轻的边检官看着我递过去的护照和入境卡，头也不抬地问。我只记得他肩牌上的编号是“8312”。

“几年吧，取决于英国是否欢迎我。”刚说出口，我就意识到直接告诉他我的任期是四年似乎更合适。我听说过英国人的幽默感，但也听说过他们与陌生人之间天然的隔阂，有个故事说的就是两个在撒哈拉沙漠里迷路了好几天的英国人骑着骆驼相遇，但谁也不愿先开口，最终擦肩而过。

啪的一声，“8312”在我的护照上盖上了入境章，他似乎都没有听清我的回答。他嘱咐我要在10天内去邮局领取BRP卡（英国常住居民的生物信息卡），一副公事公办的语气。正当我猜“8312”马上就要向我身后的长队喊“下一个！”——那句他每天要下达几百遍的口令——时，他看着将护照塞回包里的我，微微一笑：“欢迎。”那也许是他工作间隙放松心情的一个小举动，却是我在英国得到的第一个微笑，即使那笑容是典型的英国式礼貌笑容。还没等你对他上扬嘴角，“8312”的笑就早早消失了。

如果我下次入境时碰巧再遇到“8312”，我想在公事公办外，也和他聊聊《英国烘焙大赛》。

英国电影《真爱至上》对那人来人往的希斯罗机场到达厅有过浓墨重彩的展示，重逢的人们在这里拥抱、亲吻，剧中英国首相的扮演者休·格兰特深情独白：“每当我为世界的现状感到沮丧时，我就会想到伦敦希斯罗机场的接机大厅。很多人都开始觉得，我们生活在一个充满贪婪与憎恨的世界里，但我却不这么认为。对我来说，真爱无处不在。它可能并不起眼，也上不了报纸头条，但它的的确确存在着。它存在于父子、母女、夫妻、男朋友、女朋友还有老朋友之间。当飞机撞上双子楼的那一刻，据我所知，没有一通来自航班上的通话传递的是仇恨或复仇，它们全部是爱的留言。如果你用心去看，我确信你会发现，真爱其实无处不在。”

在到达大厅外，迎接到来者的是沾着露水的鲜花、恋人柔软的嘴唇、默默接过行李箱的陌生司机，以及一段将让他们不堪回首或终生难忘的旅途。

每个英国人都有自己的希斯罗故事。英国商人斯蒂芬·佩里记得，他很小的时候就具备一项特殊能力——在那个没有手机导航软件的年代，他能给开车的母亲指路，带她前往几十公里外的希斯罗。“到了希斯罗就能见到远行归来的爸爸，因此我把路记得很清楚。”他告诉我。在儿时的佩里眼中，希斯罗是个时空隧道，爸爸总是在那里进出另一个世界。

另一个世界是中国。1953年，佩里的父亲、伦敦出口公司董事长杰克·佩里在西方对中国封锁的压力下从希斯罗机场出发，绕道中国香港前往陌生的内地，寻求贸易机会。他被称为中英关系的“破冰者”，包括他的公司在内的48家有志开展对华贸易的英国公司随后成立了“英中贸易48家集团”（后改名为“英国48家集团俱乐部”），为中国冲破西方贸易封锁打开了历史性的局面。

佩里记得，那时父亲去趟中国要花七天，回来又要花七天，常常一走就是两个月，他想念得很。对佩里来说，希斯罗与父亲紧紧相连，那里是他的国家与全世界相连的标志，也是各种感情、各种关系、各种故事的起点。

佩里如今继承父亲的衣钵，成为英国48家集团俱乐部主席，继续通过贸易为中英关系“破冰”。他也常从希斯罗出发，花10个小时飞往中国。在几周后返回时，他会迫不及待地在到达厅外接机的人群中寻找儿子们的身影，拥抱他们，亲吻他们，就像当年自己的父亲拥抱和亲吻自己一样。

英吉利海峡：假如没有这道海峡

这镶嵌在银灰色大海里的宝石，那大海就像一堵围墙，或是一道沿屋的壕沟，杜绝了宵小的觊觎，这一个幸福的国土，这一个英格兰。

——莎士比亚《查理二世》

有一样东西，英国一旦失去就不再是英国。你也许会说，那是大本钟、大英博物馆、英女王、炸鱼薯条、足球流氓……但我认为，它应该是英国东南的那条海峡——英吉利海峡。

这道平均深度只有120米的浅海峡让英伦三岛游离于欧洲大陆，就像一只巨帆孤悬海外（英国人自己的说法没这么浪漫，他们眼中不列颠岛的形状是一个骑在猪身上、面向西南的女巫）。这海峡和人为划定的国界线又不同，礁石和海水将不列颠岛上的居民们锁在一起。

英国人的岛国特性、英国在重大历史关头的选择，在一定程度上都最终归因于这道海峡。大本钟所代表的西方民主制度、大英博物馆所炫耀的英帝国从海外掠夺来的奇珍异宝、英女王代表的“统而不治”的虚君制度，都只不过是这条海峡的衍生品。

布莱顿

初到英国，我特意去看了这条英国与欧洲大陆的分界线。从伦敦坐火车一个多小时，就到了英国东南部肯特郡的多佛。英吉利海峡长约560公里，最窄处就在多佛与法国的加莱之间，只有34公里。那天天气好，站在高处，能看到海峡另一头的陆地，像海市蜃楼，若隐若现，说不清是近还是远。

我又去了更南部的东萨塞克斯郡的海滨度假胜地布莱顿。站在满是卵石的海岸边往南看，只能看到灰色的大海。这里离英吉利海峡对岸的法国城市迪耶普有139公里，谷歌地图估算从海面上步行过去要7小时56分钟。

布莱顿海滩上灰色与黄色的卵石让人印象深刻。这些能一把握住的石头上被不断拍打它们的海水凿出了小洞，有的已被凿穿。自然之力和时间之重都被雕刻其上。孩子们在海边翻捡，要找那些完全被凿穿的石头，用绳子将它们穿成一串，甩起来叮当作响。他们随手将那些还差一点就被凿穿的石头扔还到海中，这一扬手就是亿万年的时光。

我俯下身想选几颗漂亮的石头，却没注意被涌上石滩的潮水浸湿了鞋。幸好那是夏天，我干脆坐下，抓一把晒得烫手的卵石塞进脱下的鞋袜中。有人说卵石是大海的眼泪，这北海与大西洋的眼泪却被我拿来当成熨斗用。

随着交通技术的发展，紧邻英吉利海峡的多佛与布莱顿从两个小渔村变成海峡边的重要渡口。在火车时代来临前，从多佛到加莱、从布莱顿到迪耶普的渡船是从英国到法国的最快选择。和平时期，多佛与布莱顿是英国与欧洲大陆之间联系的重要纽带；战争时期，它们则最先受到来自对岸的攻击。

今天，多佛仍是英吉利海峡上的重要渡口与港口，而布莱顿的渡口却已迁到距离迪耶普更近的纽黑文。布莱顿岸边的白色栈桥仍然伸向海峡，老码头则已经被摇椅和旋转木马占据，成了孩子们的游乐园。自从18世纪一个英国医生发表了关于“布莱顿的海水有益健康”的论文后，大量欧洲的病人和富人慕名来到海滨疗养，这让布莱顿成为英国最时髦的度假胜地，直至今天。

假设

站在英吉利海峡边，“英国是个岛国”的抽象的概念在我眼前具化，我也开始试图解读英国从“中世纪的落后岛国”到“世界第一个现代化国家”“日不落帝国”，再到“欧洲中等国家”（英国人自己的判定）的历史发展逻辑链条。

每个国家都是地理的囚徒，它如何发展、机遇何在、成就如何最终都与它的自然地理特征相关。各国的地缘政治学家总在试图用数据、逻辑推理与想象力向我们证明：这种关联性往往比我们想象得要紧密得多。我不知道有没有一门叫作“假设地理学”的学科，专门研究以下这些“没有意义”的问题：“假如喜马拉雅山脉的平均高度是现在的一半，将对印度洋上吹来的湿润气流有何影响？这将让南亚、中亚和东亚与今天有何不同？”“假如地中海被古希腊人用人工填海的方式填平，欧洲与非洲形成新的‘欧非洲’，工业革命还会率先在欧洲发生吗？非洲还会像现在这样是世界上最穷困的大陆吗？”

我没有电脑软件和数学模型，我只能用常识和想象力推测：如果没有英吉利海峡、不列颠群岛在地理上与欧洲大陆相连，那么英国将完全不是今天的模样，英国将不再是英国。

如果没有英吉利海峡，中纬度西风和北大西洋暖流仍将主导英国的气候，但出名的岛国雾气可能会变少，伦敦将不再是“雾都”，英国的天气也不会再那么善变，英国人可能不再是爱聊天气的英国人。

如果没有英吉利海峡，英国可能和法国这样的欧洲大陆国家一样，因为陆地边界防御的需要，发展出强大的陆军、借助军队统治的强大国王，以及满足随时调集军队、抵御入侵的专制制度。

这样它就很难产生始终与国王实力相当的贵族，无法在王权与议会漫长的博弈与妥协过程中产生确认王在法下的1215年《大宪章》，发生确立宪政制度的1688年光荣革命，英国可能不会成为世界上第一个现代化国家，个人自由无法得到促进，古老君主制与现代民主制也无法像今天这样紧密结合。

如果没有英吉利海峡，可能也不会有主导国际事务长达一个世纪的大英帝国。正是因为英国和欧洲大陆隔离，所以它既关注欧洲事务，同时也面向海洋发展。在商船、舰队和枪炮的帮助下，英国最终从岛国发展为以贸易立国、靠海外掠夺强盛的帝国。

如果没有英吉利海峡，英国将失去面对欧洲大陆的天然屏障，拿破仑和希特勒的军队可能早已征服了不列颠，世界历史将被彻底改写。

如果没有英吉利海峡，英国人可以更方便、更频繁地开车去法国度假，在汽车后备厢里装几瓶便宜的波尔多红酒带回家。英格兰东南部在过去几十年里疯涨的房价也可能因为大面积建筑用地的产生而得到平抑。

如果没有英吉利海峡，失去了“岛国情结”的英国人还能否写出《鲁滨孙漂流记》《金银岛》《乌托邦》和《新大西岛》这样的“海岛文学”，不得而知。

全是因为那条海峡，英国才成了今天的英国。

海峡

历史与地理终究不允许假设。

50万年前，巨大的冰盖覆盖在今天的英格兰与法兰西之间，英欧本是一体。在大约一万年前的末次冰期，冰雪开始消融，并以每秒100万立方米的速度融化成水，引发大洪水。洪水像一把尖刀，将连接英国与欧洲大陆的地峡切割破坏，这才有了英吉利海峡。

这条海峡在这头被命名为英吉利，在那头被法国人叫作“拉芒什”，意为“袖子”。这片形如长袖的海水区隔了英国与法国，也区隔了英国和欧洲大陆，或者说区隔了英国和整个世界，一定程度上说它甚至比大西洋还要广阔。它增强了英国人的国家意识：海峡这头是“我们”，那头是“他们”。那头的欧洲人是“脚蹬木屐、遭集权政府压迫”的可怜虫，他们生活浪荡、纵欲过度，因此英语里才有了“法式长吻”（英文French kiss指舌吻）、“法国书信”（英文French letter指避孕套）、“法国明信片”（英文French postcard指春宫图）和“法国病”（英文French disease指梅毒），才有了“荷兰式舒适”（英文Dutch comfort指苟且偷安）、“西班牙运动员”（英文Spanish athlete指爱吹牛的人）和“意大利之手”（英文Italian hand指幕后操纵、权诈）。

英国人不喜欢海峡那头的“他们”，这种情绪像是一面镜子和一罐胶水，将“我们”映照出来、黏合在一起，形成了英国人的民族认同。

16世纪，英国在欧洲大陆的领土基本被法国收回，英王亨利八世发动的宗教改革又使英国教会脱离教皇和罗马教廷的控制，使英国与欧洲大陆的瓜葛变得更少，两者更加泾渭分明。英吉利海峡最终成了英欧之间的政治边界，这让后来英国人的岛国意识日益凸显成为可能。

直到18世纪，英吉利海峡还没有固定的名字与归属，当时的英国学者称这条海峡为“高卢的”，而法国学者则称其为“不列颠的”。政客与军人的目的则更明确，他们要用战争将海峡两岸统一为一个国家。大自然将英国与法国置于这样的地理位置，让它们注定成为永恒的对手。从11世纪的诺曼征服，到14世纪开始的英法百年战争、17世纪的大同盟战争，再到18世纪的英法七年战争、19世纪初的滑铁卢战役，仅仅是海峡两头的英法就无数次刀兵相见，更不用说“一战”与“二战”期间，德国人一次次试图从海上和空中越过英吉利海峡、对英国本土发起的攻击。

1909年，法国飞行员布莱里奥为获得英国《每日邮报》设立的1000英镑奖金，驾驶一架单座飞机用了43分钟飞跃英吉利海峡，英国的实体天堑在航空时代开始瓦解。那一天，英国报纸打出通栏标题："不列颠不再为岛"。但显然，英国人的心理天堑仍然存在，他们觉得自己仍是"危险的大陆"之外、由海水与皇家海军保护的幸运儿。

"二战"中与欧洲国家的同盟关系原本应该将英国人的这条心理天堑粉碎，但事实却正好相反：英国人和他们的欧洲盟友从这场战争中得到了不同的经验与教训，让这条界限得以强化。欧洲大陆在战后开始限制主权国家和民族主义的扩张，寻求国与国之间更广泛的合作，以避免当年因德法对抗导致的战争悲剧；而英国则认为，正是与欧洲大陆在地理上的隔离，让英国免遭被外敌占领的灭顶之灾，"二战"使得英国历史上一直存在的"疑欧"情绪得到加强。欧洲大陆国家视"二战"为不愿重提的痛苦过去，而英国却视之为骄傲的历史。英国利物浦大学政治学教授丹尼斯·卡瓦纳曾说："如果说（'二战'让）民族主义和民族国家的观念在欧洲大陆受到了某种程度的怀疑，那么在英国反而得到了明证。"

在英吉利海峡下，"欧洲之星"列车正在穿越海底隧道，它们在英国的终点是伦敦市中心的圣潘克勒斯国际火车站。只要看看英吉利海峡隧道的修建，就知道英国人对于和海峡那头连接起来的想法有多么恐惧。早在1802年，英国的工程师们就有了修建海峡隧道的倡议，但政客们多次以“危害国家安全”为由否定，最终这条39公里长的铁路隧道直到1988年才正式动工。修建隧道的坚定反对者之一是牛津大学钦定皇家近代史讲座教授爱德华·弗里曼。他认为连接法国的隧道将让英国人“不再是岛民，而成为大陆居民”。英国前首相温斯顿·丘吉尔的父亲、英国前财政大臣伦道夫·丘吉尔更是将英国比作待字闺中的少女：“她的好名声就来自它未被外界染指。”

1804年，英国人理查·特里维西克制造出世界上第一辆能在铁轨上前进的蒸汽机车并使它成功运行，但直到1994年，英吉利海峡火车隧道才正式通车。隧道将往来英法两国的单程时间缩短到35分钟，让客车、摩托车甚至是自行车也能搭乘隧道中的区间火车完成跨海峡之旅。有了隧道，伦敦到巴黎仅要3小时，伦敦到欧盟总部所在地布鲁塞尔仅要3小时10分钟，它被世界舆论认为是欧洲一体化推进的重要标志。但在保守的英国人眼中，这条隧道也许只是英国在20世纪失去大英帝国后的一份“安慰奖”吧。

直到2013年，英国前首相大卫·卡梅伦还在他那次充满争议的“布隆伯格（伦敦总部）演讲”中强调：“我们拥有岛国的特征——独立、直率，为了保卫国家主权斗志昂扬。这种英国的情感无法改变，就像英吉利海峡里的海水无法抽干一样。”也正是在那次演讲中，卡梅伦正式承诺要将决定英国是否留在欧盟的权力交给英国人民。

如果寻根溯源，今日的英国“脱欧”也可以部分归因于我眼前的英吉利海峡。

分界

我到英国时，“脱欧”公投刚刚过去两个月，“退出欧盟”几乎是英国政治的全部内容，首相府和外交部的各种媒体发布会上也总是“脱欧”“脱欧”“脱欧”。在那次历史性的全民公投中，英国人以自己的选票再次回答了一个英国历史上曾无数次回答的“欧洲问题”——英国和欧洲的关系应如何？这一次，英国人以微弱多数的民意要求和欧盟“离婚”。

纵观英欧关系史，“欧洲问题”始终是英国政治议题上绕不过去的问题，也是“二战”后导致英国政党内部产生分歧和党派之争最多的政治议题。这次的“脱欧”公投，也只是百年来英国“亲欧”与“疑欧”两种政治倾向的又一次碰撞与对决，是在英国久负盛名的实用主义政策下诞生的“分享欧洲一体化好处”与“避免承担一体化义务”两种情绪的又一次纠结。

一水之隔，民情迥异。正是这条英吉利海峡的存在，让英国人有意无意地以岛国身份为出发点思考问题，产生了独特的盎格鲁-撒克逊安全观与利益观，在政治文化上与欧洲大陆隔着一条明显的界限，“不愿意使自己湮没在以大陆为中心的欧洲集团里”。

从1688年光荣革命确立英国君主立宪政体后，封建专制制度结束，英国的政治制度基本在“和平、渐进与改革”中平稳发展，没有出现过法国大革命这样激烈且彻底的革命，这与欧洲绝大多数大陆国家的政治发展历程泾渭分明。在欧洲大陆，独裁统治以及一次次试图将其推翻的革命让“流血、跳跃”成为社会发展的底色。面对“混乱的欧洲”，英国人打心底里只愿做欧洲的邻居，而不愿做欧洲国家。

从18世纪起，英国就借助资本主义政治体制率先进行工业革命，同时依靠对海外广阔殖民地的掠夺，称霸全球。维多利亚女王缔造了最强盛的“日不落帝国”，也创造了影响英国百年的对欧政策。世界史学界的主流观点是：维多利亚女王治下的英国，对欧洲大陆实行“光荣孤立、维持均势”的外交政策，一方面尽量避免卷入欧洲的争端，不加入欧洲大陆上的任何联盟；另一方面以各种方式保持欧洲大陆列强实力均衡，不容任何力量破坏这种稳定。正是在欧洲的“置身事外”，让英国得以集中精力，埋头经营自己在“新世界”的殖民地。

如今的“脱欧”被英国媒体与当年的“光荣孤立”相比较，他们就全球化时代的这次“孤立”是否依旧“光荣”展开讨论。

在2017年的英国保守党年会上，以口不择言闻名的英国时任外交大臣鲍里斯·约翰逊曾向台下对“脱欧”心存疑虑的党员们保证：“即使我们退出欧盟，英国仍将是欧洲的，地理上是，道德上是，文化上是……有可能是。”（Despite Brexit, we will, remain European, geologically, morally, culturally...probably.）台下笑声一片。他在另一次欧盟外长会上也曾信誓旦旦地向台下的欧盟官员保证：“英国离开欧盟后，仍会在外部继续支持它，就像教堂外的飞扶壁（flying buttress）。”这个比喻曾被不信教的丘吉尔用来表示自己对天主教的支持态度。但当约翰逊讲完后，台下一片错愕。后来他发现，同声传译员将“飞扶壁”错译成了“飞行木桶”（flying buckets）。这样的错误本身就说明英国与欧洲大陆之间的距离。

这让我想起联邦德国首任总理康拉德·阿登纳与英国首相丘吉尔的一段逸事。当时两人在英国首相府会谈，丘吉尔对阿登纳说：“你可以放心，大不列颠永远站在欧洲一边。”阿登纳回答：“首相大人，你真让我失望。英国本来就是欧洲的一部分。”

英国对欧洲事务的冷淡最终随着两次世界大战中的结盟而结束。20世纪，丘吉尔提出的“三环外交”思想成为此后英国外交政策的根本。虽然欧洲成为英国外交的重要组成部分，但与第一环的英联邦、第二环的英美盟友关系相比，联合起来的欧洲只是第三环，也只是出于“更好地保护衰落英国的自身利益”这一实用主义的考量。英吉利海峡那头最近的欧洲反而成了三环中最远的一环。

对欧洲的疑虑使英国希望远离欧洲，而现实的利益又让英国在国力衰落的情况下选择加入欧洲。这两种力量像是两枚相斥的磁铁，让英国在其磁场中悬浮，造成了英国对欧洲一体化若即若离的政治态度，“是否成为欧盟一员”就是对这种态度的最终考验。

欧盟的前身欧洲共同体成立之初，英国因并未成为创始国而始终对它冷眼旁观。直到20世纪60年代才以劳资纠纷频发、经济增长不振的“英国病人”身份向欧共体发去入会申请，并因为法国总统戴高乐的阻拦，直到1973年才正式成为欧共体的一员。当时戴高乐就曾预言，“岛屿的（英语里该词也有‘心胸狭窄’的意思）、海洋性的英国”在这个欧洲俱乐部内将感到格格不入。

对欧盟始终缺乏热情的英国，果然成了欧盟其他成员的一个“勉强的伙伴”。分析其原因，一方面是英国始终对没有成为欧共体六个创始成员国之一耿耿于怀，因为欧共体最初的条约和策略框架，都是为解决创始国之间共同关心的问题而设计的，尤其照顾法国和德国的利益；另一方面，因为英欧之间在政治和文化传统上存在明显差异，比如英国的“议会主权”观念（被称为“议会之母”的英国议会享有至高无上的立法权）与欧洲联盟法的“最高效力”原则之间就存在冲突。

只要从之后英国拒绝成为申根区和欧元区成员这两点上就可以看出，英国根本是“身在欧盟心不在”，在涉及向欧盟让渡主权的问题上，总会出现一些抵制。过去几十年里，英国公众对欧盟制定的单一货币、统一欧洲等宏伟目标反应冷淡，参加欧洲议会选举的投票率不足30%，是欧盟成员国中投票率最低的国家之一。特别是1996年，欧盟因疯牛病禁止进口英国牛肉，这严重损害了英国经济，也让英国人再一次对欧洲疑虑丛生。每年一次的“英国社会态度调查”数据显示，在过去几十年里，始终只有大约15%的英国人认为自己是欧洲人。

近代历史上，实行间接民主（代议制）的英国一共只举行过三次直接民主的全民公投，其中两次涉及英欧关系。1974年——即英国加入欧共体仅仅一年后——取代保守党政府的工党政府就开始与欧共体重启谈判，以纠正对英国“不利的”加盟条件，并于次年就是否保持欧共体成员国地位举行了英国历史上第一次全国范围的公投。

2016年的“脱欧”公投带来的只是英吉利海峡两岸关系的又一次调整，也为英国带来了又一次身份危机。在加入欧盟43年之后，英国第一个要求退出这个覆盖450万平方公里、涵盖5亿人口的政治经济联盟。用英国首相特雷莎·梅的话说，“脱欧”让英国重新拿回原本让渡给欧盟的三项权力——法律（不受欧盟法律限制）、财政（不向欧盟缴纳会费）与边界（不允许欧盟公民自由进入英国）。她关于“脱欧”的另一句口头禅是：“‘脱欧’只是让英国脱离欧盟，但我们并未脱离欧洲。”我想她应该加一句：“只是‘脱欧’后，英国离海峡那头又远了一些。”

桥梁

英吉利海峡虽然是英国与欧洲大陆的分界，但狭长的海峡让英欧交流成为可能。换个角度看，这块海峡始终也是它们之间的桥梁。正是因为有了分界，也才有了交通、贸易和文化交流。仔细梳理历史就会发现，不管英吉利海峡上的风向如何、风力如何，英国这艘帆船，其实从来就没有真正驶出过欧洲海港的怀抱。从古罗马人征服英格兰、将其作为古罗马帝国的一个行省，到1066年来自法国的诺曼人入侵英格兰、封建君主制在英国建立，再到“二战”中英国发挥重要作用、并在“冷战”中携手欧洲对抗苏联，英国虽然对欧洲“犹豫、摇摆、矛盾、迷茫”，但从来没有也不可能与欧洲真正一刀两断。

正是因为英国是岛国，才让走向海洋、走向海洋那头的大陆像伊甸园里的禁果一样始终诱惑着不列颠人。英国与欧洲大陆的跨海峡交流从未间断。早在公元前，产自英国西南康沃尔郡的锡矿就被运送到地中海地区；整个中世纪，英格兰出产的羊毛出口到欧洲大陆，让那里的纺车转个不停；即使是在实行“光荣孤立”外交政策的时候，英吉利海峡两岸的贸易也没有受到影响。在海峡两岸战火纷飞的日子里，商船、走私船、邮轮也在商业利润的诱惑下，在由高潮位、暗沙与风暴统治的英吉利海峡中驶向“敌方”的海港，源源不断地运回荷兰的杜松子酒、印度和中国的茶叶以及法属圣多明戈的咖啡。

在海峡的深处，至今还沉睡着数以千计的商船、战舰、潜艇、扫雷艇和被击落的飞机的残骸。多佛的博物馆里，展出着一艘在英吉利海峡附近打捞出来的不完整的沉船，长约10米，是博物馆的镇馆之宝，它的船体可能是世界上最古老的了。船的主体部分用四块橡木板拼接，木楔嵌合、红豆杉树藤绑扎而成，木板结合处的孔隙用苔藓和蜂蜡堵严实。它属于青铜时代，运送的货物包括粗制陶器、金属工具、石斧、粗布与牲口。如今它躺在昏暗的灯光中，黝黑的船板上泛着冷光，就像一个巨大的木乃伊。这艘让多佛人骄傲的船在向游客证明，自己曾在英吉利海峡上无畏航行，就像如今每天航行在这海峡之上的四百艘轮船一样。只不过，它们不再需要像这艘橡木古船那样在风平浪静的日子里也要花上5

小时才能到达对岸，现在只要用1.5小时。

今天，英吉利海峡是世界上最繁忙的航道之一，海峡上很大一部分是往返于英国与欧洲大陆之间的货轮。欧盟是英国最大的贸易伙伴，英欧贸易额大约占英国对外贸易总额的一半，因此英欧之间在“脱欧”后形成什么样的贸易关系始终是最受关注的议题。

一辆宝马MINI车的制造过程就可以向你展示英国与欧洲大陆之间的贸易关系有多紧密：首先，这台车的发动机曲轴要在法国的上马恩省被铸造出来，然后被运送到宝马在英国汉姆斯霍尔的发动机工厂钻孔、塑形，接着被运回奥地利的工业小镇、著名的金属加工中心斯太尔，在工厂流水线上被安装进引擎，然后再送到牛津郡被装入车身。在这一过程中，货物至少三次穿越英吉利海峡。

如此频繁的贸易往来将因为英国的“脱欧”选择而受到挑战。现在，作为欧盟成员国的英国也是欧洲共同市场与欧盟关税同盟的成员国，这意味着英国与欧洲大陆实行自由贸易、对第三国实行统一关税。一旦英国如现任政府承诺的那样在“脱欧”过渡期结束后退出欧洲共同市场与欧盟关税同盟，而英欧之间又无法达成自由贸易协议，那么类似汽车曲轴这样的货物每跨越一次英吉利海峡都将面临烦琐的核查、征税程序，几千辆货运大卡车将排在英吉利海峡两侧等待通关。

“脱欧”让英吉利海峡变宽，而经济的无形之手却又总将它拉窄。

英国“脱欧”，意味着要从欧盟拿回边界主权，英吉利海峡这条英欧之间的政治边界将再次“变硬”。为了宣誓国家的“再次独立”，英国政府决定将现有的、印有欧盟标志的红色护照换成新版的蓝色护照，但最终中标印刷新护照的是一家实力强大的法国企业。需要通过依靠欧洲来证明“脱欧”，这算哪门子“独立”呢？

沙洲

我曾找到英国前首相撒切尔夫人的私人秘书、现任议会上院议员查尔斯·鲍威尔勋爵，问他如果撒切尔夫人还活着，对“脱欧”会是什么态度？要知道，当年正是撒切尔夫人在与欧盟的谈判桌前据理力争，成功地让英国在欧盟会费问题上获得减免，她反对创设“不实用的欧元”，反对英国加入欧元区，因此被视为英国对欧洲强硬派的代表。

“撒切尔夫人会认为‘脱欧’是个战略性错误。”鲍威尔的回答让我有些意外，“她应该会是个‘留欧派’，‘脱欧’可能被她视为退却。”

满头白发的鲍威尔曾于20世纪80年代起连续八年担任撒切尔夫人的私人秘书，是后者当政期间最重要的外交政策顾问之一，被视为“最了解撒切尔夫人的人”。他曾兴致勃勃地和我聊当年撒切尔夫人在结束与邓小平的香港问题谈判后、在人民大会堂外的石阶上摔的那个著名的跟头，将它归因为撒切尔夫人的高跟鞋和重感冒。这个资深政客回忆，撒切尔夫人总是说，戴高乐在1966年宣布法国退出北约军事一体化机构是个错误，她会通过努力谈判，来让英国在欧盟内获得更多权益，而非选择退出。虽然撒切尔夫人与欧盟有诸多分歧、在本能上并不想让英国深度融入欧洲，但她从没提出过要离开欧盟。鲍威尔说：“撒切尔夫人相信欧盟在经济上的力量，并且在建立欧洲共同市场的过程中发挥了重要作用。”

颇具讽刺意味的是，英国保守党目前的立场是支持“硬脱欧”，英国将彻底退出确保欧盟国家间商品、资金和人员自由流动的欧洲共同市场。而当年英国加入欧洲共同市场时，保守党将之标榜为其领袖撒切尔夫人的主要政绩之一。

英吉利海峡中，有一片叫古德温的沙洲。这片长16公里的沙洲距离英国海岸大约6公里，平时隐形在北海之中，只有在夏季傍晚落潮时才能露出水面一个多小时。这个位于世界上最繁忙海峡中的沙洲被水手们称为“寡妇制造者”，因为它已让超过两千艘船只葬身于此。莎士比亚的《威尼斯商人》中就曾提到这处“危险的沙滩”：“许多大船的残骸埋葬在那里。”曾有英国人建议，在沙洲附近围海造地，修建一条双跑道机场以解决英格兰东南部机场运力不足的问题。但这个建议至今没有下文。

不过，从1824年起，海边的英国居民每年总要在这海峡里的沙洲上举行一场“不可能的板球赛”。四周是海水奔腾，球员们却在这不知从何而来的沙地上嬉笑、挥棒、奔跑。起伏不平的沙洲上到处是大大小小的水坑，球常常落入水中，拾起来后打在木头球板上总发出闷闷的“砰砰”声。不过没人真正在意比赛的规则和结果，球员们满脑袋想的是要在潮水重新淹没沙洲前回到海中等待的船里。

这世界上最奇怪的比赛会让观看者产生一瞬间的恍惚：英吉利海峡是不是没了？

多佛：谁是英国人？

站在码头上，凝望这海边的小镇，我在沉思，却疑惑渐增；在这壮观的白崖之下，我被比安息日更深沉的宁静包围。

——英国诗人威廉·华兹华斯

火车缓缓驶入多佛站，六节车厢即将在这个英国东南部肯特郡的海边小镇停稳。这一站的正式名称是“多佛小修道院站”，但修道院早已在小镇的千年沧桑中无处可寻。

从地理上讲，多佛是英国距欧洲大陆最近的地方，每个英国小学生都能背出多佛距离法国加莱的距离只有34公里；但在英国人的心中，多佛可能是整个英国离欧洲大陆最远的地方——多佛是英国，多佛不是欧洲。

车窗外是百米高的白色崖壁，白得在阳光下闪闪发亮，陡峭悬崖上屹立的多佛城堡远远望去就像是戴在白崖上的一个王冠。悬崖下是北海墨蓝色的海水，那蓝浓到化不开，海面上大小如蚁的货轮被这蓝吞进去又吐出来，若隐若现。这样惊心动魄的自然景观，再加上多佛几千年来作为英国领土“第一道防线”的悲壮历史，让到此的每个英国人激动不已。在多佛，英国人最能感受到自己的英国人身份，这里简直应该是英国人的“爱国主义教育基地”。

爱国主义

爱国主义在英国是个颇具争议性的话题。中小学里没有爱国主义教育课，也没有升国旗仪式，一半以上的英格兰孩子及他们的父母都弄不清英格兰的国庆日（即4月23日的圣乔治日）是哪一天。中小学老师们则在课堂上刻意回避爱国主义的话题，因为他们也弄不清在讲述“日不落帝国”历史时应如何在爱国主义和民族主义之间平衡，生怕踩了“政治正确”的红线，被指责说“爱国主义不过是流氓最后的避难所”，或是被贴上“种族主义者”的耻辱标签。对国家的热爱也是英国人会努力隐藏起来的多种情感之一，就像他们不愿在公开场合表达和宣扬自己的宗教信仰一样。他们不善于在大庭广众下表露情感，于是用开玩笑来掩饰。男人们在酒吧里喝上一品脱苦啤酒，开开政府的玩笑，调侃调侃他们在理论上可以随时废除的王室，这在他们看来是比唱国歌更能凝聚起英国人的行为。有人说英国缺乏民族主义和爱国主义的一个原因是它在1066年诺曼征服后就再也没有被外国占领过，本地文化也长期没有受到外族挑战，没有“亡国灭种”的危险。

过去几年里，五花八门的民意测验总是给出相反的答案，让“英国人究竟是否爱国”的讨论总是不了了之。2018年发布的英国民调结果显示，在18岁至24岁的英国年轻人中，只有45%为自己是英国人而感到骄傲。英国人自嘲说，他们最公开地表现自己爱国的行为，就是每个家庭会悄悄买上一条“国家名胜古迹信托基金”为募款印制的纪念茶巾，然后一直塞在储物柜里，永远没机会使用。

但没有人会否认，英国人（主要是英格兰人）的爱国热情在以下几个场合会被激发出来，毫无隐藏：有英格兰队参赛的足球场（尤其是对阵法国队和俄罗斯队的场次）；在胸前佩戴红色虞美人花的11月11日阵亡将士纪念日；2017年伦敦和曼彻斯特几次遭遇恐怖袭击后；每年6月的皇家爱斯科赛马会；乐迷们忘情挥舞英国米字旗的伦敦夏季音乐节，即“逍遥音乐节”（BBC Proms）的最后一夜；新元首的加冕典礼——虽然上一次还是早在1953年的伊丽莎白二世加冕礼，但这种“将幻想与现实、历史与当下、高妙的文字游戏与庄严的宪法法案、基督徒的献身与部落的牺牲、赞美诗与军号混成一气”的仪式还是在电视直播的帮助下久久地留在了英国人的记忆里。还有就是在多佛。

对英国人来说，多佛镇是离家最近的前线，也是离前线最近的家。镇上的四万居民中，95%以上是在英国出生的白种人。走在多佛镇的街头，我发现这里有许多代表英国的符号。即使是在阵亡将士纪念日过去近半年后，镇上高街的灯柱上仍然挂着红色的虞美人花图案。通往多佛城堡的街上也飘扬着在其他小镇难得一见、代表英格兰的圣乔治白底红十字旗。与英国米字旗相比，圣乔治旗在英国的政治语境中常常与“右翼”“排外”“白人至上”“种族歧视”等危险的概念有瓜葛，因为圣乔治旗常常被英格兰街头的足球流氓或是“英格兰防卫联盟”（英格兰的极右翼组织）中的成员挥舞，强调他们更愿意做英格兰人而非英国人。对他们而言，英格兰是个情感概念，而英国仅仅是个政治概念。几年前的一次调查中，就有四分之一的英格兰人认为圣乔治旗是种族主义的标志（奇怪的是，苏格兰人对圣安德烈十字旗、威尔士人对红龙旗的喜爱却很少被这样解读），这面旗帜几乎和美国人的那顶绣着“让美国再次强大”标语的帽子一样，让一些人自豪，却让另一些人厌恶。唯一的例外可能是在世界杯期间。在2018年世界杯英格兰队小组赛两连胜后，有英国议会下院议员向首相特雷莎·梅提问：“公共建筑能否悬挂圣乔治旗？”首相回答，在接下来有英格兰队比赛的日子里，首相府会悬挂圣乔治旗，也“鼓励”其他政府部门这么做。但梅同时补充说，在第二年的女足世界杯期间，也同样会这么做。谨慎的英国政客在拍照时会避免和圣乔治旗站在一起，而愤怒的英格兰人则会悬挂它来表达强烈的感情。在英国的采访经验告诉我，圣乔治旗越多的地方，这里的人选择“脱欧”的比例就越高。这一点后来在多佛再次被证实。

英国海军元帅约翰·费舍尔在100年前就将多佛与新加坡、好望角、埃及亚历山大、直布罗陀并称为“世界的五把锁钥”。镇上处处是城堡、战场和要塞，虽然有的早已湮没在战争的硝烟与漫长的历史中。离我住的旅馆不远处，一个蓝色圆牌被钉在一堵不起眼的砖墙上，牌子上写着：“1914年圣诞夜，第一枚空投到英国的炸弹在这附近爆炸。”那里是“英国的卢沟桥”。

白崖

如果要探求多佛为何与英国人的国家意识和民族情感紧密相连，不能不先提白崖。在英国人的心目中，英吉利海峡与矗立在海峡边的多佛白崖是一体的——海峡是护城河，白崖是卫兵，它们共同守卫大不列颠这座城堡。英国人的爱国热情被锁入这俯瞰一切的骄傲巨岩中，看到白崖的形象，作为英国人的自豪感与满足感就会迸发出来。以撰写爱国文章出名的英国作家阿瑟·米就说：“白崖是一个离家许久的英国人眼中最让人快乐的景象。”

这条在英国东南海岸线边绵延29公里的白色悬崖位于福尔科斯通镇与迪尔镇之间，到了白崖就是到了英国，过了白崖才是欧洲。在意大利1546年绘制的地图中，白崖就被作为英国的重要标志凸显出来。有学者考据，不列颠岛的古称“阿尔比恩”（Albion）源自古凯尔特语“白色”的拉丁读音，这可能就和白崖有关。它是从海上前往欧洲大陆时看到的“最后一眼英国”，也是从欧洲大陆前往不列颠岛时看到的“第一眼英国”。

在多佛镇稍微偏僻的路上，随手就能捡到白色石块。这些小石块和白崖一样，都是古老漫长的时间在海边的结晶。它们由混合着燧石的白垩岩构成，多为红藻类化石演变而来，形成于白垩纪时期，至今已经有1亿3千万年，在英国南部比较常见。这种白垩岩由无数微小的海贝类生物沉积形成，每1000年才增长1厘米。白石块拿起来使劲一捏就会成为白粉。游客经常去捡它们在地上写字，将他们的内心感情转化成石头下的各种字符与图案：有的情侣写下各自的名字，约定海枯石烂，至死不渝，有的游客写上自己来自哪个国家，有的英国人写个“英格兰”再在外面画上颗心，还有的干脆就写“天佑女王”。

古老、伟大、优雅、独立、神圣的领土、顽强的抵抗、高傲不屈的大不列颠——这些意象被诗歌、游记、歌曲、政治宣传画、现代成像技术注入这片极富视觉冲击力的白色崖壁，使它被塑造成英国的国家形象，英国权力的前哨。在英国人的话语体系中，白崖始终与“防御”“抵抗”联系在一起。要占领英国，首先要征服白崖。

公元前55年，罗马大将恺撒挥师西进，想要征服英吉利海峡那头的英国。那时，45岁的恺撒行将夺取高卢（今法国），心高气傲。征服仍处于铁器时代的英国，将让他成为第一个完成此壮举的罗马人。但英吉利海峡上的天气诡异善变，风暴与潮汐使战舰上的恺撒和他的两个军团苦不堪言。当他们历尽艰辛在多佛港登陆时，不列颠人早已在白色崖壁上等候，他们随即对罗马人展开猛攻。“无敌之神”恺撒征服英国的梦想最终没有实现。

2000年来，刀劈斧削一般的多佛白崖静静矗立在英吉利海峡边。它像警觉的哨兵，注视着对岸欧洲大陆的一举一动。从公元前的罗马人、5世纪的盎格鲁-撒克逊人，到8世纪的维京人、11世纪的诺曼人，再到20世纪的德国人，他们都知道要占领英国必先征服白崖，即使最先登陆地点不在白崖，随后也必须辗转回来，拿下这战略要冲。

白崖又像个忠诚的朋友，迎候前往欧洲战场的英军士兵凯旋。看见白崖也就回到了家，它是英国人最能感受到“回家”的地方。这种情感在1940年、“二战”期间的“敦刻尔克大撤退”中被最淋漓尽致地表达了出来。当时英法盟军被刚刚瓦解了马其诺防线的纳粹德国士兵包围，撤至法国北部港口敦刻尔克。为避免被德军围歼，盟军在代号“发电机行动”的大撤退中坐上军舰和各种前来救援的货轮、汽艇、渔船、私人游艇，在德军飞机与潜艇的围困下，成功撤离到英吉利海峡那头的多佛。那次被丘吉尔称作“奇迹”、被媒体称为“只要英格兰人还长着舌头，一谈到就会怀着敬意”的大撤退历时9天，虽然损失惨重，但将近34万军人从敦刻尔克撤回英国，为盟军日后反攻保存了有生力量。那些饥困交加、刚刚从死亡边缘被拽回来的英国军人坐在颠簸的渡船上，看到前方的白崖，他们心里一定升腾起“回家”带来的安全感与幸福感，那是他们终于可以吃上烤牛肉、喝上加奶的英国茶、可以刮胡子的地方。

英国人深爱白崖，几年前这块崖壁在一次降雨后发生的大面积坍塌事件让他们揪心。一个足球场那么大的崖壁崩塌，砸向大海，发出巨响，英国媒体广泛报道。英国人还将这个让他们热血沸腾的名字随他们的战舰带到了世界各地，用它驯服帝国的新疆域。19世纪70年代，威尔士出生的英裔美国记者、探险家亨利·斯坦利就将刚果河流域的一道“在太阳照射下发出白色光芒”的悬崖命名为“多佛的崖壁”。

在巨大的白崖背后与下方，隐藏着三层迷宫般的隧道，总长度超过5公里。这些隧道从12世纪就开始挖建，目的是在多佛这样对欧洲大陆的战略重镇用更为隐秘的方式调兵、驻兵、存放武器，隧道内最多时曾庇护过两千官兵。在拿破仑对英国虎视眈眈的年代和“二战”期间，英国人又继续挖掘隧道，让这些原本已被废弃与遗忘的通道在几百年后复活。白崖的主要成分是碳酸钙，易于掘进，崖壁背后一层层的隧道也隐藏着一部部英国战争史。导游领着我和其他游客穿行在这些如今被称为“多佛战时秘密隧道”的通道内，灯光音效和历史影像将我们带回战火纷飞的年代。隧道高2.5米左右，蜿蜒曲折，似乎没有尽头，里面寒气逼人。当年英国海军司令伯特伦·拉姆齐上将正是在这隧道里的办公室中下达敦刻尔克撤退命令。如果当年敦刻尔克大撤退失败，“二战”的最终结果也许会被改写，今天的世界也会是另一副模样。

如果我是一个画家，我肯定会常去白崖写生。蓝天下的碧蓝海水，白色悬崖上的绿草坡，坡下划出婀娜曲线的海岸，不断拍打灰色卵石的海浪，怎么画都美。

每个人在白崖的所见不同，这些影像和感受只属于观察者自己。人人拥有一座自己的白崖：

莎士比亚的《李尔王》里，瞎眼的葛罗斯特在这里看到的是“峭拔的绝顶俯瞰着幽深的海水”，这里是已知与未知的分界。

英王查理二世在这里看到的是血腥的复仇。1660年，流亡海外的查理二世在白崖登陆，随后在法国的支持下恢复了被推翻的君主制，并将“弑君者”克伦威尔及其支持者的尸体从坟墓里拉出来，砍下头颅，游街示众。

柯南·道尔在这里看到的是诡异与险恶。在他的笔下，归隐乡间的夏洛克·福尔摩斯就住在这个“海岸都是白垩的峭壁，只有一条小径能通到海边”的地方，并在这里破解了奇案。

英国艺术家帕克在这里看到了灵感。1992年，他将一个镀镍的锡茶壶从白崖上扔下去，这个残破的茶壶于是成了艺术品，被伦敦泰特现代美术馆收藏。

港口

站在白崖上，我看到的是多佛港平静的海面。两三层高的白色渡轮像是静止了，要好好享受这阳光与海水。只有当它们驶近时，我才看出这些庞然大物的速度，船上大烟囱里冒出的淡淡黑烟瞬间被这速度扯向后方，再也看不见。渡轮会在从多佛港内伸出的几条码头旁停靠，一辆辆厢式货车从它们的肚子里鱼贯驶出，一辆、两辆……我在数到第68辆的时候失去了耐心。据说最大的渡轮每次可以搭载一百多辆这样的货车。

在多佛的公路上，这些货车从我身旁驶过，车上货柜的体积大到让我总担心它们会侧翻下来。12米长的货柜，近80立方米，如果装满瓶装依云矿泉水，够一个人喝上一辈子。每年，有210万辆这样的货柜车要开上多佛港的渡轮，驶向英吉利海峡对岸，每年英国GDP的17%就这样从多佛经过。有科学家预言，到21世纪末，白崖与对岸的欧洲大陆之间的距离将在地壳运动的影响下增加18米。不过，白崖边的这些货车就像密密麻麻的针线，在经济上将英国与欧洲大陆紧紧缝合在一起。

城堡

白崖上的多佛城堡是英国的另一个标志。白崖在2000年前就已经是驻防要地。城堡修建于800多年前，是英格兰现存的最大城堡，被史家赞为“英格兰之钥”。就像许多英国城镇一样，城堡是多佛的主心骨，它像一枚被钉在镇子中心的吸铁石，让镇子里的每个人都被它吸引凝聚，仿佛在为下一场不知何时爆发、不知敌人是谁的战斗而备战。城堡居高傲视其下的大海，顺着螺旋形的石梯登上最高处的石台，透过窥孔向外面望一眼，你就会感觉自己是个雄心勃勃的地缘政治家、战略家或是一个要拔剑指挥千军万马的大将军，就像拉姆齐上将那样。他手持单筒望远镜的铜像立在城堡中，和各个年代遗留在这里的十几门火炮一样，正对着欧洲大陆。不过这些大炮已经是孩子们攀爬的大玩具，当年惊心动魄的战争对他们来说只是一次游戏的情节。现在的海峡中偶尔会升起黑烟、鸣起号声，不过它们来自驶过的货轮，而非某场战争。

这城堡几乎可以算是一座小型的英国历史博物馆，游客们在一两个小时内就可以看到几千年里一批批登上不列颠岛的“侵略者”们在这里留下的痕迹。罗马人在这里留下了24米高的石头灯塔，这塔曾为罗马战船标明不列颠门户的所在，多佛被他们纳入帝国不列颠尼亚行省。罗马人走后，盎格鲁－撒克逊人占领不列颠，罗马人灯塔旁的圣玛丽教堂就是他们留下的印记。1066年，法国诺曼底公爵威廉率领一千多艘战舰横渡英吉利海峡，占领多佛并下令加固此地驻防。正是威廉的重孙亨利二世下令建造了今天的多佛城堡，现在城堡的石墙上还挂着代表这个英格兰国王的狮子纹章和旗帜。

如果用现在的政治概念来判断，亨利二世是法国人。这很有趣，多佛城堡因此陷入了“似非而是”的宿命：一个法国人，成了英国国王，在英国修建了一座城堡，这城堡在后来的英法百年战争、拿破仑战争中被用来抵抗法国军队。我有点迷糊了。

“没错，而且现在我们正在用这座法国人建的城堡来赚法国人的钱。”葛文·怀特对我说。他是多佛城堡历史遗迹部主管，被公认为多佛城堡里“知识最渊博的人”。城堡每年的游客中大约有一半来自国外，许多是海峡对岸慕名而来的法国人，城堡各处的解说词也是英法双语的。

怀特在多佛镇生活了35年，但至今还是没能真正被地域与身份意识极强的多佛人接受为“自己人”。

“在酒吧里，他们在喝了几杯啤酒后还是会调侃我是个外来者，不是真正的多佛人。”怀特说，“虽然他们可能只是在开玩笑，但毫无疑问，多佛是个更会逼人思考‘谁是外来者？’这个问题的地方。”

“那你是英国人吗？”我问白皮肤的怀特。他的父母是苏格兰人。

“我？护照上的国籍一栏写的是英国。”怀特神秘地说，“但我可以告诉你更精确的答案：我25%是苏格兰血统，50%是斯堪的纳维亚血统，1%是欧洲犹太人血统，1%是蒙古血统，剩下的我忘了。”

那是怀特基因测试的结果，这个名为“你的祖先来自哪里？”的测试是妻子送给怀特的生日礼物。

英国人

多佛最有资格回答“谁是英国人？”的问题。这里见证了一批批跨海而来的“外来者”，他们到来、征服、融入，又迎来新的“外来者”。

如果“英国人”是指不列颠岛上的原住民，那么他们应该是最早到来的伊比利亚人、莱茵兰比克人和凯尔特人。他们如今已经被消灭或被后来者同化，目前只有爱尔兰人、威尔士人、高地苏格兰人等仍然坚持使用凯尔特语，并因自己的凯尔特人血统而自豪。这样算的话，莎士比亚和丘吉尔都不能算是英国人。

如果“英国人”是指盎格鲁-撒克逊人，那么他们应该是在罗马人撤出不列颠岛之后来自日耳曼的盎格鲁人、撒克逊人和朱特人。这样算的话，英国历史上在罗马人占领之后就再也没有英国本土国王，他们是罗马人、丹麦人、威尔士人、法国人和德国人。今天的伊丽莎白二世和她所属的温莎王朝其实就是源自德国。她的家族原本的姓氏是萨克森-科堡-哥达，只是在“一战”期间为了稳定英国民心、与德国划清界限，才改为现在的温莎。

英国的历史在某种程度上是随着英格兰的发展而向前推进的。如果“英国人”是指英格兰人，那么亚当·斯密、休谟、詹姆斯·瓦特、柯南·道尔、罗伯特·伯恩斯、J. K.罗琳、乔治·贝斯特、瑞恩·吉格斯这些人都不是英国人。但如果“英国人”指的是目前联合王国四部分的子民，“爱国”又成了相对模糊与困难的概念。极端的例子是，当英格兰与苏格兰或威尔士进行足球比赛时，酒吧里的苏格兰人会唱《苏格兰之花》，威尔士人会唱《我祖辈的土地》，没有自己国歌的英格兰人可能只好唱颂扬君主政体的《天佑女王》，“爱国”对他们来说意味着不同的概念。苏格兰人、威尔士人和北爱尔兰人的特性并未因为当了“英国人”而消失，他们至今仍挣扎在多重身份的纠结中。

如果“英国人”是指拥有英国国籍、生活在大不列颠及北爱尔兰联合王国的人，那么在伦敦每天早上的第一班地铁上或者英格兰中部和东部的蔬菜种植园里，绝大多数人都不是英国人。他们来自罗马尼亚和波兰，是在欧盟人口自由流动政策下进入英国的东欧经济移民。今天的英国央行行长和剑桥大学校长都是加拿大人，牛津大学校长是爱尔兰人，大英博物馆现任馆长和英国第二大国立博物馆维多利亚与艾伯特（V&A）博物馆前馆长都是德国人，正是这些外国人掌管着英国的重要机构。

历史上，移民对英国的崛起起到了重要作用。诺曼征服后，英国对外贸易主要由外国人经手，他们带着欧洲的商品涌入英国市场：威尼斯人和热那亚人带来丝绸、天鹅绒和香料，荷兰人带来亚麻布，西班牙人带来铁，挪威人带来沥青，德国人带来皮毛和琥珀，他们为英国带来了自由贸易的传统；来自欧洲大陆的织工、枪炮工匠、玻璃制作工匠将手艺和先进的生产理念带到英国，为后来的工业革命做出贡献；为了躲避屠杀与宗教迫害，犹太人、尼德兰新教移民、法国胡格诺教徒也先后来到英国，他们带来资本，促进了英国工商业的发展。英国的国王们在征税问题上很早就受限于议会，但他们逐渐发现，外来者可以为他们解决财政危机。于是，在税收、勒索、罚金的驱动下，来自欧洲的移民成了

“王室的农奴”“王国的奶牛”，受到王室的欢迎。而在民间，大部分英国城市居民对这些移民的态度更复杂，既有接受与帮助、同情与容忍，也有猜忌与仇恨。许多移民后来就留在了英国，成了英国人。

多佛地区议会领袖基思·莫里斯告诉我：“英国是个混血国家（mongrel nation），这正是让我们骄傲的地方，我们是大熔炉。”他强调，多佛是英国“最爱国的地方”，但这种爱国也是“适量的”，远远不是沙文主义。“多佛人对外来者是友好的，虽然他们往往都只是多佛的过客，他们的目的地是伦敦、曼彻斯特、伯明翰这样的大城市。”

我能感受到这个政客对多佛和对英国的热爱，他努力要改变我对多佛的先入为主。“多佛人不仅最能感受到他们是英国人，也最能感受到他们是欧洲人。”莫里斯说，“多佛是分界，也是桥梁。”

的确，代表英国的多佛有它的另一面，它是英国与欧洲大陆之间交流往来的见证者。美国旅行作家保罗·索鲁曾绕着英国的海岸城镇旅行一圈，在多佛写下这样的文字：“多佛是个略有大蒜味儿的地方”——我想那是因为法国人以爱吃蒜出名。在这个海边小镇走上一圈，你会感到这个小镇有些法国味儿，那味道在商店的英法双语招牌里，在食物的口味中，也在多佛人的言谈中。他们会聊这个周末要去西班牙的哪座城市休假和购物，会聊自己又多了一个法国邻居。英吉利海峡上的第一次气球飞跃、第一次游泳横渡、第一次飞机飞越，都是以多佛为起点或终点。当然，无数次失败的气球飞跃、游泳横渡、飞机飞跃也发生在这里。多佛人至今还经常看到偷渡客们藏在货柜卡车下，试图从海峡那头法国加莱的难民营进入英国。在偷渡客们看来，这是一个说他们能听得懂的语言、能找到更好工作的地方。多佛人对此似乎并不在意，毕竟这些偷渡客也只是在多佛稍作停留，便像历史上所有的移民一样前往英国内陆的大城市了。

选择

正是因为多佛既代表英国、又代表英欧之间的交流，英国“亲欧”与“疑欧”两派人马都视这里为最具象征意义的“圣地”，也成了两种情绪交锋的前沿。每到英国与欧盟关系紧张时，多佛就会有聚会与示威，不时有冲突。最近几次是在英国公投“脱欧”前后。

在“脱欧”公投中，多佛人中选择“脱欧”的超过62%，比全英数据高出10个百分点。善于构筑城堡的多佛人这一次在英吉利海峡边搭建了一座隐形的防御工事，防范对象是来自欧洲的移民与难民。这是让我和在多佛住了30年的莫里斯都费解的一道“多佛难题”：多佛人最能享受到欧洲一体化带来的便利，来自东欧的移民与藏在卡车下的难民也并未在多佛停留、影响这里的生活，但多佛人为何如此希望“脱欧”？

“奇怪的是，你很难发现这些投‘脱欧’票的人，没人愿意在公开场合谈论这些。”莫里斯说。我有一种感觉，他自己也许就是这些隐形的多佛“脱欧派”之一。因为我两次追问，他都不愿说出自己当时投了什么票，只说目前为止只有妻子知道他的选择。

“每个人的政治选择都是他自己的选择。”莫里斯用这句绕口的、“正确的废话”来搪塞我的提问。

在多佛——或者说在其他任何一个英国城镇——与人谈投“脱欧”票的原因总是件难事。人们不希望自己的选择被与种族主义、沙文主义挂上钩。多佛镇长内尔·雷克斯在“脱欧”结果公布后只公开谈论过一次他支持英国退出欧盟的原因。

“我不愿被其他国家的人管辖，我父亲曾为了一个独立的不列颠而战，我想让英国再次伟大起来。”他说，“布鲁塞尔（欧盟总部所在地）确实在给我们提供一些资金，但如果你看看更大的图景，我们能从英国的中央政府得到一切我们想要的。”

在那次引发争议的讲话之后，雷克斯就不再回答媒体关于“脱欧”的任何问题。他的新闻官至今也没有给我发来许诺过的书面采访内容。

整个多佛只有一栋建筑上的巨幅涂鸦画毫不掩藏自己的政治倾向。那是一幅英国“涂鸦教父”班克斯的作品，有三层楼那么高。画面上，一个工人站在梯子上，正用手中的斧凿从欧盟的蓝底十二星旗帜上凿下一颗星，碎屑四溅。欧盟旗帜上的十二颗星是圣母马利亚的象征，寓意完美，五角星象征着欧洲的统一与团结。而这幅多佛的壁画则象征着英国的蓝领工人们是“脱欧派”的主力。

经济也许是多佛人“脱欧”选择背后的原因，他们用选票表达对现状的不满。在多佛的高街上走走，就会发现关门停业的店铺特别多。和英国的绝大多数海边城镇一样，多佛曾在20世纪初享受过“度假经济”带来的辉煌。但随着60年代起英国与欧洲大陆的航线日益增加、通关日益简便，越来越多的英国人选择去巴塞罗那、巴黎这样的地方休假、购物，那里阳光更好，去那儿的机票更便宜。英吉利海峡隧道也在悄悄将多佛的航运业谋杀。多佛没落了。

“脱欧”也许是多佛人对现实的报复。但他们没有想到，“脱欧”给英国带来的影响会令多佛首当其冲。“脱欧”后，多佛港将成为欧盟区与非欧盟区的交通枢纽，核查、通关的时间将较现在大大增加。有人测算，如果每辆从多佛港前往欧洲大陆的货车通关时间增加两分钟，那么每天排在多佛的队伍将长达27公里，这只比从多佛到海峡对岸加莱的距离少6公里，汽车尾气和沿途的垃圾将是多佛的噩梦。

我告别多佛时，火车仍从高大的白崖旁经过。我盯着这白色崖壁看，很想听听它对多佛人选择“脱欧”的看法。100年后回首今天，多佛人的选择是爱国的吗？

唐宁街10号：府院之争

英国政府，全称为“女王陛下的政府”。

——英国政府网站

国宴厅是唐宁街10号里最大的一间屋子。

它在首相府的第二层，巨大的穹顶会让走进这屋子的人感觉它比实际面积要大。大厅只有约100平方米，大小只是故宫太和殿的约二十分之一。插着塑料蜡烛的吊灯从穹顶上垂下来，灯光照在用黄色橡木板贴皮包裹的四壁，让挂在墙上的装饰瓷盘看起来更老更旧。壁炉里是几块还没烧过的桦木，壁炉上方挂着一幅英王乔治二世的画像。画像中，国王头戴白色假发、身披长袍，身旁是金色的权杖与王冠。历史上，乔治二世以热衷军事知名。1743年，他曾在失去战马的情况下，步行挥剑指挥英军战斗，最终大败法国军队。他也成为英国历史上最后一位“御驾亲征”的帝王。

前一天晚上，首相府的工作人员刚刚从大厅里撤去那张能围坐20人的大木桌，端走桌上的银餐具与烛台。他们将国宴厅布置成一场新闻发布会的现场，参加者是各国媒体驻英国的记者，发布者是英国首相特雷莎·梅。

开战权

发布会开始前几小时，首相刚刚授权英国军队参与对叙利亚的空袭，四架英国“狂风”战机将每枚5米长的“风暴阴影”巡航导弹射入一处据称保存了化学武器的地方。这是梅担任英国首相以后对外发动的第一次军事行动。

“对一个首相而言，没有什么是比发动军事行动更重大的决定了。”梅的脸上露出疲惫，她试图说服记者们自己发动的是一场正义之战。但记者们最关心的问题是：此次军事行动未经议会授权批准，而是由政府直接决定，这在法律程序上是否正确？先后有三个记者追问这个问题，首相的回答显然不能让人满意。两天后，议员们即将结束“复活节休会”，重新回到不远处的议会大厦。

“为什么不能等两天，由议会投票决定是否开战？就两天会有什么区别吗？”我提问。

“我们已经穷尽了各种外交努力的可能，各种情报都指向叙利亚政府军，他们使用了化学武器……（轰炸）是正确的事，我已经说过，对一个首相来说，没什么是比发动这样一次军事行动更重大的决定了。”这样的回答在我看来还是在回避那个最关键的问题——政府与议会究竟谁有权发动战争？

根据英国的政治体制设计，政府享有“皇家特权”。这种特权是英王在这个君主立宪制国家里所剩余的权力，它可以由君主或其大臣在没有议会许可的情况下直接行使，包括宣战、媾和、处理重大对外关系等。而民选的议会拥有制定和废除法律的权力，政府也需受议会的检查与挑战。“皇家特权”之一就是政府可直接调动军队，不需要议会批准。

“鸦片战争议案”

第一次中英鸦片战争就能说明这个问题。我曾在英国议会档案馆里查询1840年第一次鸦片战争期间的议会辩论记录，想看看当年4月那场著名的议会下院辩论。一些关于鸦片战争的书（包括《鸦片战争史论文专集》和茅海建先生论述鸦片战争的名著《天朝的崩溃》）中写到过，正是在那场用时三天的辩论后，英国议会下院经过投票，最终以“支持多于反对九票”的结果决定对中国开战。如果真是这样，那么决定发动第一次中英鸦片战争的罪魁祸首并非英国政府，而是英国议会。

我来到档案馆，想找出这份决定“开打鸦片战争”的议案。馆员将一本1840年4月议会下院辩论记录集轻轻放在我面前，嘱咐我用手边的配重条压住书页，慢慢翻动。我查询发现，那个最终“以九票优势通过的、对中国开战”的议案并不存在。1840年4

月9日，议会下院在经过三天辩论后，投票表决的是一份由当时的反对党辉格党人詹姆斯·格雷厄姆提出的对政府的不信任案。这份议案并非关于与大清的鸦片战争或是备受争议的鸦片贸易，而是抨击当时的首相巴麦尊（“在国际关系中，没有永恒的朋友，也没有永恒的敌人，有的只是永恒的国家利益”正是他的名言）在对华政策上缺乏远见、思虑不周，并忽视了给予当时英国驻广州相关人员的权力。这份不信任案最终“以反对多于支持九票”的结果“没有通过”。我还查到，议会下院在1840年7月27日通过了一份向前往中国的远征军拨款173,422英镑的法案，但当时鸦片战争早已爆发多时。

根据议会记录，格雷厄姆在那次辩论中指出，英国和印度的财政收入的六分之一取决于与中国的贸易，因此中国很重要。他提出，英国对中国了解太少，只是基于一个港口的认识，“和这样一个民族贸易不是比与他们争执更明智吗？”这份档案记录下当天投票前的情况：“男爵（格雷厄姆）被来自两党的‘投票、投票’‘提问、提问’的巨大喊声打断，议长高呼‘秩序’。男爵还想继续说话，但他的声音完全被‘投票、投票、投票’的喊声淹没了，最终不得不放弃，坐回他的位子上。”

而就在英国议会下院举行投票时，英国的舰队已经在前往中国的路上。也就是说，英国开打第一次鸦片战争，并非经过议会授权，而是首相以“皇家特权”直接下令的。英国议会的那次辩论与“九票优势”的投票并非如此前一些人认为的那样是授权政府开打鸦片战争。

著有《鸦片战争》一书的英国伦敦大学教授蓝诗玲证实了我的理解。她向我强调，事实上英国当年发动鸦片战争，在英国人看来也是“道德上十分纠结”的事，并非像中国一些教科书中所述，是泾渭分明的决定。

如此看来，由英国首相、而非议会拍板对外发动军事行动更理所当然。但这个问题在2003年之后变得更加复杂。为增强对外军事行动的合法性及获得后续资金支持，英国政府从2003年起形成将战争提案交议会辩论投票的惯例。那一年，布莱尔政府将“派遣英军参与在伊拉克的军事行动”这一议案提交给英国议会表决，并在议会最终投票通过议案后才批准发动军事行动。这也是英国政府首次将战争议案交付议会表决。那之后，首相得到议会批准后再批准军事行动就成为惯例。2013年，英国议会投票否决了政府对叙利亚开展军事干预的议案，大多数议员认为“指控叙利亚政府使用化学武器的证据不足”，英国政府最终并未参加对叙军事行动。人们以为，政府从此自愿交出了“皇家特权”，将发动战争的权力彻底交给议会。

而这一次，梅首相并没有遵循惯例——等到议会批准授权后再出兵，这再次引发了英国人对府院权力之争的关注。

回答问题时，首相一抬头就能看到记者席背后的那幅乔治二世画像。不知道梅与这位“好战”的帝王在出兵前是否都曾有过一番天人交战。

唐宁街10号

唐宁街10号处处彰显着首相的权力。推开那扇有名的黑色大门（事实上首相并不需要亲自动手，一般由屋内人员负责开关房门），地面类似国际象棋棋盘的黑白色方块地砖是在诺斯勋爵担任首相期间铺设的。顺着石质大楼梯走上二楼，一侧墙壁上挂着历任首相的画像或照片，它们统一装裱在黑色镶金边的相框中。近代的首相都在自己的照片上签了名，在梅卸任后，她的照片会出现在最接近二楼的墙面上，成为这些照片中的第二张女性面孔。二楼那扇隔音门后，就是内阁会议室，内阁成员按惯例每周四一早在这里开会。会议室的壁炉上方悬挂着罗伯特·沃波尔的画像，他从18世纪20年代起作为手握重权的内阁首领，辅佐来自汉诺威、不会说英语的英王乔治一世，被视为英国历史上第一位首相——虽然“首相”这个词真正成为正式的英国官衔出现在英王敕令上还要等到1905年。小书房的墙上悬挂着撒切尔夫人的画像，她和丘吉尔一样，是最被英国人津津乐道的首相，丘吉尔曾经最爱坐的大沙发至今还在唐宁街10号里，旧沙发上还有那个被他挠出的大洞。这个洞以及首相府里那只名叫“拉瑞”的猫已经成为新闻官最爱向新记者介绍的内容。

如果来访者运气好，还能在首相府中瞥见首相的那几个红色手提箱，内阁成员用这些红箱子运、呈机密文件。它们由松木制成、羊皮包裹，仔细看，已经被磨得发亮的箱面上还有英国王室的王冠标记。我掂过一次这箱子，即使空箱也有近3公斤，据说这是为了让它们在不慎落入水中时快速沉底，便于寻找。使用红箱的传统可以追溯到19世纪，其后官员们手手相传。英国人善于创新，却也守旧，他们的礼制就藏在这一个个红箱中。

唐宁街10号时常举行首相新闻官主持的记者会，记者与新闻发言人在会上斗智斗勇。我记得有一次，众多记者询问前一日在首相乡间别墅举行的内阁闭门会议的情况。首相府新闻秘书詹姆斯·斯拉克一问三不知。有记者佯怒：“拜托詹姆斯，你昨天就在现场，我们在新闻照片里看见你了。”发言人还是三缄其口。记者再追问：“给我们讲讲，任何东西都行。”发言人实在推脱不过，只好从文件夹中翻出一份当日会议的晚餐菜单，开始报菜名：慢炖羊肉……全场大笑。

英国首相与内阁的权力实际上是英国王权的延伸。唐宁街10

号本身就是乔治二世在1732年御赐给首相沃波尔的礼物，这里现在还悬挂着众多英国君主的画像，比如首相府最大的客厅皮亚尔屋里挂着伊丽莎白一世的油画像。正是在这位以贤明与荣光著称的女王治下，黄金时代的英国击败了西班牙的无敌舰队，为此后“日不落帝国”的崛起奠定了基础。

历任新首相在其就职演说中的第一句话总是：“我刚刚从白金汉宫出来，英国女王陛下邀请我组建新政府，我答应了。”事实上，新首相是通过民众选举产生，大选中在下院获得绝对多数席位政党的党魁或者执政联盟的领袖自动成为首相。但在程序上，首相人选需经英王授权，才能负责组建“国王陛下的政府”。电影《女王》中，女王就义正词严地纠正在大选中带领工党获胜、准备接受邀请组阁建立新政府的托尼·布莱尔：“是我的政府，不是你的政府。”

新旧首相的交接也是在白金汉宫完成。那是繁忙的一天。即将下台的首相要在首相府门前发表告别讲话，然后乘车前往白金汉宫向女王递交辞呈。几乎就在他的车驶出白金汉宫同时，载着新首相候选人的车驶入王宫，并在获得君王邀请后同意组阁，这才正式成为真正的新首相。

既然首相的权力来自君主，政府与议会在“谁有权发动战争”这一问题上的角力，其实就是神授的君权与民选的议会之间的角力。交锋实质是大不列颠几百年来王权和民权争斗的延续。从1215年颁布的《大宪章》确定“王在法下”原则，到1628年议会向国王提出《权利请愿书》规定未经议会同意不得强迫纳税，再到1689年《权利法案》规定国王无权废除法律、议会有独立运作的权力，从某个角度看，英国历史、特别是近代史其实就是一部限制王权的历史。

现在，英国的君主权力已经转为议会权力，遗留给君主的只是权力的点缀物而已，保留的“皇家特权”在适用范围与条件上也有很大限制。用19世纪的英国法学家沃尔特·白芝浩的话说，君主在立宪制度下只保留有三项权力——商议、鼓励与警告。

英国人认为“人性本恶”，必须用制度制约的方式避免出现“权力恶”。比如，议会对政府权力的制约让“开战”的决定无法迅速地被做出，而是让它在思考更周详、辩论穷尽各种极端情况之后才被做出，以此避免犯颠覆性的错误。

官司

政府在对叙利亚采取军事行动问题上使用“皇家特权”是这几年来英国的第二次府院之争。上一次争议是2016年英国全民公投决定“脱欧”后，当时政府与议会就究竟谁有权启动“脱欧”程序各执一词，最终不得不引发一场载入史册的“‘脱欧’程序案”。这场诉讼案也让一个女人的名字被载入英国法制史——吉娜·米勒。

我第一次见到米勒是在英国最高法院里“‘脱欧’程序案”的终审现场。这个51岁的女经理人比我想象中的要纤弱得多，她伸过来的手握起来也绵软无力。正是这个刚过“知天命”之年的弱女子凭一己之力改变了英国历史。

这是一个“英国秋菊打官司”的故事。原告是米勒，被告是英国政府，要的那个“说法”是究竟政府和议会谁有权启动“脱欧”。这场“民告官”的官司开始时，英国刚刚在全民公投中选择退出欧盟，英镑暴跌、苏格兰与北爱尔兰威胁“脱英”独立、执政党内“脱欧”与“留欧”两派争斗不休，巨大的不确定性笼罩着英国。和其他48%选择“留欧”的英国人一样，从圭那亚移民到英国、在伦敦工作的米勒感到震惊、失望。

接着，英国政府坚持，触发“脱欧”条款、正式开启“脱欧”进程不需要议会授权，可由政府首脑即首相直接决定。理由有二：首先，英国选择“脱欧”的公投结果已充分体现了国民意志，启动“脱欧”不需要由议会按照代议制精神再次批准；第二，首相手握英国王室历史上给予的“皇家特权”，在包括启动“脱欧”这样的外交事务上无须由议会批准，即可自行决定。

但一些议员认为，启动“脱欧”这样重大的政治议题远不止是外交事务，一旦英国开始退出欧盟，将面临一系列法律变更，从作为欧盟成员国、使用欧盟法律转变为使用英国自身的法律，而“皇家特权”不能在涉及法律变更的领域使用，因为只有议会是英国唯一的法律制定者和废除者。

在米勒看来，政府要越过议会启动“脱欧”，是程序错误，涉嫌违宪。她说自己真切地感受到人民的挫败感，“这不仅是我个人的选择，也是人民的选择”。

米勒决定做一个挑战者，她自掏腰包将政府告上法庭、用法律修正她眼中的程序错误。事实上，在英国公投决定“脱欧”后一个多月内，就有包括米勒和西班牙裔发型师桑托斯在内的数名英国人向高等法院状告政府，认为政府要在未经议会授权的情况下启动“脱欧”不合法。当这场“‘脱欧’程序案”被提交给英国高等法院审判，最终以“米勒－桑托斯诉‘脱欧’事务大臣案”的名字被载入法律史时，英国媒体则更喜欢称这案子是米勒与梅首相“两个女人之间的官司”。

米勒曾当众解释自己为何非要和政府打一场确保“程序正确”的官司——一个在“脱欧”进程中不受挑战、不受制约的政府将损害英国的民主架构，并“把英国带回1610年”。1610年，英国王权达到顶峰。英王詹姆斯一世在那一年放话：“国王是法律的创立者，而非法律创造国王，国王在世上可任意行使神圣的权力。”限制王权、议会至上、约束权力、防范独大——这是英国宪政民主的内核，也是米勒眼中不可触碰的红线。

“人们认为我状告政府只是因为‘脱欧’，但其实背后的原因是更深层的。”米勒告诉我，“英国没有成文的宪法，宪法性的内容散落在不同文件和判例中。但我们宪法的核心内容之一就是，只有议会才有权剥夺或削减人民的权利。一旦政府可以越过议会、擅自启动‘脱欧’，在英国的判例法制度下，这意味着此后任何首相都能绕过议会、剥夺人民的权利——工作权、休产假的权利、残疾人权利或是其他任何权利。”

“你认为这是一种爱国行为吗？你通过状告政府来爱你的国家？”我问米勒。

“我这么做正是因为我如此热爱英国，我来到了这里，这里就是我的家，我怎么会不想去保卫她？因为我想让英国始终是一个稳定、民主的国家，我不想让她变成一个独裁的国家。”米勒回答。

“那为什么是你呢？因为你认为没有人愿去做这件事，但这件事又必须有人去做？”我追问。

“总要有人站出来挑战。”米勒说。

这个倔强的女人选择和政府打一场官司，这与她的家庭、职业密切相关：米勒出生在南美洲的英属圭亚那，父亲曾任圭亚那的总检察长。10岁时，棕色皮肤的米勒来到英国读书，后来又在这里获得了人力资源管理硕士学位，创办多个金融服务机构，现在是一名女经理人。她曾三次结婚，有三个孩子。米勒从小就常去法院看父亲出庭，熟知程序正义的重要性。她在英国读书时，既要忍受和父母分别的痛苦，又要完成学业、做家务，还曾遭遇校园霸凌和种族歧视，这些经历都使她变得坚强与疾恶如仇。米勒告诉我，家庭一直在教育她，让她懂得生活在这个世界上，就是要在看到错误发生时，大胆地站出来反对，“我们唯一拥有的，就是我们的声音、我们的行动和我们的良心，我们必须对它们善加利用”。

米勒于2009年创立“真相与公平基金会”，目的是帮助社会弱势群体，三年后又发起同名公益活动，游说英国政府、议会和监管者，推动基金管理人让费用和投资去向更加透明。在米勒的仇敌看来，外表纤弱的她是个地地道道的狠角色，有人给她起了个外号——黑寡妇蜘蛛。

2016年11月，“‘脱欧’程序案”由伦敦的高等法院宣判，三名法官一致裁决米勒胜诉，政府不经议会批准，不能启动“脱欧”，政府随即上诉至最高法院。

英国最高法院位于英国议会大厦附近，与大本钟遥相呼应。法庭庄严，高高的穹顶下悬挂着多位著名法官、公爵的油画像。

法院现有的11名法官历史性地全体出庭，他们坐成半圆形，在四天的庭审中听取政府律师与米勒的代表律师的陈述，并将在第二年年初做出终审判决。

自从米勒决定打这场官司时，她就承受了很大的压力。“脱欧派”担心判决让原本就复杂的“脱欧”程序变得更加复杂，进而延缓英国“脱欧”进程。他们认为米勒是在搅局，有人甚至给她寄子弹，让她闭嘴。

“你不害怕吗？有没有想过撤回诉讼？”我问米勒。

“我一向憎恨恃强凌弱，每个人都有言论自由，而我提出的是一个非常合理的问题。”米勒很坚定，“这实际上是在鼓励我，他们越威胁我，我就越坚定。”

当我在最高法院见到米勒时，她正承受着诉讼开始以来最大的压力。审理开庭当日，在法院外聚集了大批记者与请愿者。“留欧”与“脱欧”两派的支持者分别打出标语牌，高喊口号。一些从伦敦以外跑来的“上访户”也借着媒体的关注，为自己被没收的出租车驾驶许可证或是英国对以色列的政策问题请愿。法庭内，法官们不时发问，代理律师们对情况了然于心，往往不看资料，直接回答。

我清楚地记得，第一天上午庭审结束时，米勒从她的座椅上站起来，似乎刚刚完成了一场大考。她对身边的同伴说了她当天在法庭上的第一句话："中午吃三明治？"

2018年1月24日，英国最高法院法官最终以"8对3"的投票结果驳回了英国政府的上诉。米勒胜诉。她说那不是她的胜利，而是英国宪法的胜利。那一天，米勒11岁儿子的历史老师把他叫出教室，他当时还以为是自己惹了麻烦，结果老师却对他说："我只是想告诉你，你妈妈刚刚改变了历史。"米勒说，儿子回家后把这件事告诉她，那是她最自豪的一刻。

戴高乐曾说过："政治太重要了，不能把它交给政客。"也许正因如此，历史把它交到了米勒手中。不过，和"秋菊打官司"的结局一样，米勒也面对着"赢了官司、输了人情"的荒谬。一些人在米勒的社交媒体账号下谩骂，有几个英国人因为扬言要买凶杀她而被捕，英国《每日邮报》在头版刊登米勒的照片，并将她斥为"全民公敌"。米勒不得不请了保镖，但她坚信，英国人应该感谢她。她将"全民公敌"的头衔视作荣誉的象征。

几个月后，我再次见到米勒。她一眼认出了我，并向我打听中国读者对她和政府打官司的看法。我说，中国人将你视为"秋菊"，并给她讲了这个为了"要个说法"而打官司的中国女人的故事。

"只是她是为自己的事打官司，你是为国家的事打官司。"我说。

“我也是在为我自己的事打官司。”米勒说，“我捍卫的是我作为一个公民的权利。”

我问她，如果有机会重选一次，是否还会和政府打这场官司？

米勒似乎早想过这个问题。她说如果再来一次，她会全力以赴让更多人加入她，而不是孤军奋战。

“当我提起诉讼时，我认为我会成为带头人，我原以为振臂一呼、众人响应。”她颇有些失望，“但我没想到在诉讼结束时，我仍然是完全依靠自己的力量。”

“‘脱欧’程序案”宣判时，它被英国媒体称为“英国历史上最重要的法律案件之一”。这次审判深刻影响了英国的历史进程与政治发展，为英国的府院之争留下了历史的脚注。在“‘脱欧’程序案”中败诉后，英国政府按程序向议会提请启动“脱欧”，并在议会上下两院议员的几轮激辩后获得批准，“脱欧”程序最终仍然如期启动。

威斯敏斯特宫：权力运行

英国人民自以为是自由的；他们是大错特错了。他们只有在选举国会议员的期间，才是自由的；议员一经选出之后，他们就是奴隶，他们就等于零了。在他们那短促的自由时刻里，他们运用自由的那种方法，也确乎是值得他们丧失自由的。

——法国哲学家让-雅克·卢梭

入夜，泰晤士河西岸。英国议会所在的威斯敏斯特宫被一层黄色灯光包裹，乳黄色的墙壁被暖光衬托，就像一片燃烧着的煤炭。建筑是一种权力的雄辩术，虽然伦敦一向以金融业务闻名，但它真正的权力中心则是这座拥有1100个房间、100座楼梯、4.8公里长走廊的巨大宫殿。

议会

宫殿北端的钟楼就是大本钟。近百米高的大钟在黑暗中被灯光凸显出来，看起来就像是一根坚挺的阳具。这座13.5吨的大本钟建成于160年前，那时正是大英帝国雄起时，英国仍是全球唯一的工业强权国家。大本钟的时间就是全世界的时间。伦敦格林尼治天文台的官员每天两次派人校对时钟。它仅有的一次报错时是因为一名在大本钟上干活的粉刷工在钟面上挂了一个油漆桶，钟因此走慢了。现在大本钟已经哑了。从2017年8月起，大本钟开始为期四年的修复工程，钟的摆锤被卸下，齿轮及四面巨大的表盘都要进行检修。大本钟静音，这让英国人有些失落。要知道即使在“二战”期间伦敦遭遇轰炸时，大本钟也只是关掉了钟面上的灯光，它那118分贝的钟声每天仍在响。现在已经有几个保守党议员呼吁，希望大本钟能在2019年3月29日英国“脱欧”当天的午夜敲响，好在那悲壮的时刻一扬大不列颠的威风。

威斯敏斯特宫的外墙砖来自南约克郡小镇阿斯顿，这种黄沙色的石灰岩易于雕凿，但后来也被证明很容易崩裂脱落。19世纪末，笼罩伦敦的雾霾侵蚀了外墙，让这代表了英国权力的建筑外墙一块块剥落。这似乎是一种隐喻，那时的“日不落帝国”也正被德国与美国赶超，它遍布全球的殖民地即将在涌动的民族主义情绪中陆续宣告独立，帝国已是风烛残年。像样的维修要等到几十年后，英国人决定用一种产自英格兰中部拉特兰郡的石灰石对威斯敏斯特宫外墙进行修补。“英国最美村落”科茨沃尔德地区的房屋正是由这种形成于侏罗纪的石料装扮而成，游客们将它的颜色描述为“蜂蜜混合着阳光”。今天站在议会大厦哥特式风格的宫殿外细看，还是能看出外墙颜色的细微差别。那外墙下埋藏的水管锈裂、屋顶漏雨、火灾隐患等问题如今仍然威胁着宫殿的安全，不时引起“议会大厦何时大修”的讨论。但这样的讨论总是无疾而终。有人建议在维修期间议会搬去不远处的伊丽莎白二世会议中心，但在投票决定这样重大的事项之前需要漫长的辩论，可能还需要另一场投票来决定是否需要用投票方式来做这样的决定，这让议会大厦始终只能被修修补补。

13世纪末，英王爱德华一世向贵族筹集战争经费对外开战，催生了第一个正式议会。从那时起，各个时代的议会都设立于此。威斯敏斯特宫总被称为议会大厦，它象征着英国人用对抗与限制王权的方式维护“争取自由”的传统和英国代议制民主。这种发源于英国、以公民选举代表间接实现民主的形式已被现代国家普遍采用。议会入口处散发给各国游客的宣传册上简明扼要地写着议会在国家治理中扮演的角色：“议会代表了英国人民。它对政府的工作进行检查与挑战，制定法律并且有权制定税率。”议会官方推特账号上的介绍更“简单粗暴”：“监督政府、辩论法条、制定税率。”

作为一个文字记者，我很喜欢来议会旁听。这里不让拍照，不过即使可以拍照，图片也很难将英国权力与民主的运行方式呈现出来，因此这里是最需要用文字来描述的地方。这里聚集着一群相信可以像上帝一样“用说话来改变世界”的人。他们确实将自己当作上帝，通过在议会里的陈述与辩论，驯服了暴君，约束了权贵，避免了革命。

议会的媒体官们总喜欢带着新记者参观议会大厦，并展示这里神圣、精确、开放、荣耀的一面，让他们觉得整个议会就是一个集合了这些优秀品质的神殿。他们会说：“议会是个大公司，有各种关系需要打理，我们就是这里的人事部，我们负责帮你找到你想要见的人。”

有一次，一个资深媒体官在和记者的座谈会中向我们介绍议会的各个部门。

“记者喜欢问的问题五花八门，比如‘“脱欧”程序究竟是由政府还是议会启动’‘如何联系上下两院的议员采访’，或者是‘议会下院的酒吧里一年能消耗多少瓶啤酒’等等。”她说，“这些问题都可以得到回答，可以打电话，也可以给我们写信。”

我举手提问：“能否说说看，议会下院的酒吧里一年能消耗多少瓶啤酒？”

“具体数字我得查查。”她说，“为何不上议会的网站查查，重要信息都会公开。”

很快我就明白了她为何对啤酒的问题如此谨慎。英国媒体每年都要就议会酒吧中的公款消费问题做文章：2016年的标题是

“议会两年喝掉120万英镑，却叫我们少喝酒”；2017年的标题是“过去两年议会酒吧账单增加两倍，下院议员和他们的客人们喝掉180万英镑的红酒、白酒和香槟”，文中讽刺地写道：“这两年内的大选和‘脱欧’公投也许是议会内酒精消耗量如此之高的原因。”

夜访

我曾在一个夜晚进入议会大厦，想看看它和白天有何不同。入口处的安检依然严格，这让我想起一则趣事：一位中国领导要去议会参观，但希望安检时享受“不解皮带”的礼遇，我提前联系议会，被告知来访者中只有王室成员和各国大使可以不解皮带，其他人从不例外。我为难地将这一答复告诉领导，最后领导想了个两全其美的办法：不系皮带。

我从整个大厦中最寒冷、最古老的威斯敏斯特大厅穿过，踩着甘地、罗素和曼德拉曾经发表演讲的地方。行走在历史上是一种奇妙的感觉。那时，每天八千个挂着胸牌的访客已经从这里离去，空荡荡的建筑让我一直试图将自己的脚步声压得更小一些，生怕吵醒了圣史蒂芬厅壁画与雕像中复辟君主制的查理二世或是英国最年轻的首相小威廉·皮特。

我最熟悉的地方是议会大厦的中央大厅，它的两侧是连接通向上院和下院辩论厅的走廊，也是整个议会大厦中唯一可以采访议员并拍摄视频的地方，因此它那三吨重的大吊灯和繁复的花格地砖总是出现在英国广播公司的新闻画面中。抬头，可以看见八角形大厅的墙上均匀分布着四幅用马赛克拼成的圣徒画像，分别代表联合王国的四个组成部分。很难想象一旦苏格兰或北爱尔兰独立，这个大厅将会如何改变。这也许正是设计者要传递的信息：大不列颠及北爱尔兰联合王国不可分裂。在这个彰显议会权力的大厅里还有历任首相的雕像，尺寸最大的四座落地铜像分别是率领英国人赢得“一战”的威尔士政客劳合·乔治、率领英国人赢得“二战”的丘吉尔、在战后选举中击败丘吉尔的艾德礼以及撒切尔夫人。这里少见地四下无人，我仿佛听到他们在对话。

劳合·乔治：“我说，如果让我来和欧盟谈判‘脱欧’，它们肯定占不到什么便宜。你看我当年是怎么让德国人接受《凡尔赛条约》的。”

撒切尔夫人：“如果我来当首相，根本就不该用全民公投的方式来决定是否‘脱欧’。我们这样一个擅长间接民主的国家，用一人一票的直接民主方式来决定这么重要的问题，根本就是政治赌博。”

丘吉尔：“我早就说过，民主是‘最不坏’的政治制度。”

艾德礼：“是啊，你在‘二战’中战功卓著，战后选民们却没能选你连任首相，看来民主的英国人有点‘忘恩负义’。”

丘吉尔：“没错，但‘忘恩负义’正是一个伟大民族的特点。”

…………

如果将英国的政治运行方式分为“尊严的部分”和“效率的部分”，那么上议院（贵族院）属于前者，而下议院（平民院）则属于后者。用19世纪的英国法学家沃尔特·白芝浩的话说，“尊严的部分”是英国政治制度的外观，“效率的部分”是其本质；前者具有激发和保留人们崇敬之心的功能，使政治制度获得了权威和动力，后者是对这种权威的现代运用；前者在悠久的历史中被继承下来，复杂堂皇，古老庄严，后者具有现代性，简单有效，孔武有力。上下院的座椅至今以红、绿两色区分，据说是因为以前红色染料的价格太贵。从法律上讲，英国议会由君主、上院和下院组成，只有经三者一致同意，一部成文法律才能通过。但现实是，如今真正掌握权力的是下院，这里的650名议员来自全英国的650个选区，每个议员代表自己的选区议政，最激烈的争论正是发生在下院的辩论厅中。

夜晚的辩论厅里空无一人，让我有点认不出它。辩论厅的天花板上垂下一根根细线，吊着84个小麦克风。直到1975年，议员们才终于允许这一新鲜事物进入强调传统的议会。两年后，议会辩论才第一次通过电视直播，那是在下院议员们首次讨论“是否直播”这一问题的10年后，也是在这个古老的权力机构面临“脱离人民”的指责时。现在，整个议会中已经安装了116个摄像头。和所有古老的礼仪或机构一样，议会也总是面临一种风险，因稳定而变得墨守成规、因权威而变得自以为是，这与当年那些为之创立而奋斗之人的初衷相背离。

到目前为止，辩论厅内仍然没有电子投票器，重要法案的投票随着议长的一声响亮的“Divide（分组）！”开始，议员们在党鞭的注视下分别进入大厅两侧的“赞成厅”与“反对厅”，排成三队通过计票处，由站立在那里的工作人员记录姓名、清点人数，再由厅内的议长宣布最终投票结果。

对于新当选的议员来说，如何在党派利益、所代表的选区利益，以及自己坚守的底线与判断这三者之间做出选择是一门需要尽快掌握的学问，特别是当它们发生冲突时。我问当选不到一年的下院议员莎拉·欧莉，如果她代表的伦敦里士满公园选区的选民反对“脱欧”，而她所在的自由民主党提出某项支持“脱欧”的议案，她将如何投票？

当时我们正坐在议会下院的餐厅里吃午餐，窗外就是泰晤士河。这个问题显然有点让欧莉尴尬，她将勺子放在盘中的提拉米苏旁，拿起餐巾轻轻擦了擦嘴。

“很难说，毕竟这样极端的时候不多。”她说，“我当选下院议员时只比对手多了1800票，因此我可能会更多考虑里士满公园选区的意见，特别是当这份假设的议案能在下院轻松获得通过时。”

辩论厅

下院的辩论厅看起来要比坐满议员时稍大，但在初访者看来它还是太小。据说这里只有427个座位，不过没人知道真正的数字，因为一条条绿皮长椅的座位上没有扶手隔开，往往能挤得下更多的人。工作人员叮嘱我不要坐在长椅上，理由很简单，“只有下院议员可以坐”。在下院工作了40年的罗伯特·罗杰斯爵士说，辩论厅的座位数大概能保证三分之二的议员有地方坐，事实上在下院辩论厅这样大小的空间内，议员相对而坐，相邻两人又仅“隔一条胳膊”而非坐在独立的舒适座椅中，只要一百个出席者就足以让这个房间看起来充满活力。当辩论厅内坐满高声叫嚷、哈哈大笑、闭目养神的议员时，它有时像是个亲密无间的俱乐部，有时又像是个事关政治生死的角斗场。丘吉尔就十分支持议会采取这种“对立的长凳模式”，他曾经说过，英国人想要的辩论厅正是这样一个“可以以自由、便利的方式开展辩论的地方”。下院的一个简单却关键的特质是：它是个长方形的小辩论厅。

民主决策的方式决定立法机构的形态，政治集会的空间决定辩论讨论的氛围。欧洲议会在布鲁塞尔和斯特拉斯堡的会议厅都模仿希腊和罗马剧院的半圆式结构，席中成员虽按党派分配席位，却被凝聚成一个整体，促进代表各方利益的议员更高效地达成共识。

英国议会下院的长方形辩论厅将英式民主中的“争论”“反对”“挑战”等元素发挥得淋漓尽致，每次辩论都像是一场比赛，或是一次裁决。这种产生于几百年前的布局方式与英国的两党制政治制度极为相适，它让坐在辩论厅中央议事桌两侧的执政党与反对党议员们看起来似乎是对垒的双方，发言时在身旁同伴的簇拥中直面对手，更能挑起激烈的辩论。两边的前排议员脚下各有一条贯穿辩论厅的红线，它们相距3.96米，据说正好超过两柄剑的长度，以确保辩论的双方不会一言不合动起手来。议会规则对辩论者使用的语言也有限制，比如按规定他们只能向议长陈述，因此试图说服的对象并非对面的议员，而是作为第三者的“议长先生”。提到对手也不能直呼其名，而只能用“这位尊敬的来自某选区的先生”（对不同党派议员）或“我尊敬的来自某选区的朋友”（对本党派议员）来称呼，避免正面的语言冲突。这种剑拔弩张却又自我约束的机制成功替代了一手遮天的君王，成为英国政治决策的独特方式。

正是在这间屋子里，工党影子财政大臣约翰·麦克丹尼尔曾从口袋中掏出一本《毛主席语录》，对着时任财政大臣的乔治·奥斯本宣读："我们必须向一切内行的人们（不管什么人）学经济工作。拜他们做老师，恭恭敬敬地学，老老实实地学。不懂就是不懂，不要装懂。"

正是在这间屋子里，苏格兰独立党的议员们曾齐声高唱欧盟歌曲，表达对英国"脱欧"的不满，可议会连鼓掌都不允许，何况唱歌？歌声很快就被议长喝止。

也正是在这间屋子里，英国前首相、保守党前党魁大卫·卡梅伦曾拿着一张字条痛斥反对党工党留下"财政烂摊子"。那张臭名昭著的字条是时任财政部首席大臣、工党议员亚姆·伯恩在卸任时"幽默地"给自己的接任者、保守党议员大卫·劳斯留下的，上面写着："亲爱的首席大臣，我恐怕账上没钱了。"虽然伯恩将此解释为"1930年以来财政部首席大臣之间的传统玩笑"，但这张字条为后来保守党政府推行财政紧缩政策、大幅削减财政赤字提供了依据，也常常被批评家用来证明英国的两党制导致相互拆台。

我曾在议会大厦对面形如蜂巢的保得利大厦（Portcullis House）议员办公室中采访伯恩，并将那个有点尴尬的问题留到最后："如果再给你一次机会，还会留下这张字条吗？"伯恩哈哈大笑，坚称这张字条只是他的"黑色幽默"。他辩解道："事实上，那届保守党政府的借债比任何一届工党政府都多。”我并没有告诉他我在视频网站上已经看过他红着脸、当众承认这张字条“是个错误”的那段视频，只是请他在我带去的一张白纸上写下他的名言作纪念：“亲爱的首席大臣，我恐怕账上没钱了。”伯恩欣然应允。

首相问答

我走到议事桌前，那里摆放着象征权威的礼仪权杖，两个原本用来向国王呈送机密文件的木头文件箱已经开裂。两个箱子之间摆放着过去十几年间议会通过的法案，只是它们几乎从未被人翻动查阅过。箱子上用铜片镶嵌出代表英国议会的王冠与带铁链的城堡吊闸图案，它们如今最被熟知的作用是在“首相问答”时间作为首相与反对党领导人摆放文件夹的垫子。木箱来自新西兰，是一种当地产的名叫新西兰牡荆的木头，它们与来自澳大利亚的议长座椅、来自加拿大的议事桌、来自印度和巴基斯坦的木门、来自牙买加的议会围栏木条一样，象征着辩论厅对英联邦的重要性。木箱上颜色的深浅之别透露出它曾被多次清理过，这其中就有前首相戈登·布朗用黑色钢笔留下的印痕。被戏称为“佐罗”的布朗当年在箱前进行“首相答问”时喜欢情不自禁地挥舞手中的笔，常常在强调自己的观点时无意间将笔尖扎在箱子上，因此被英国媒体批评为“破坏公物者”。

但考虑到“首相问答”的残酷性，布朗的行为似乎可以原谅。这种每周三中午举行的半个多小时的问答简直是一场狩猎游戏，猎物是首相。所有议员均有机会向首相提问，首相代表政府回答，接受议会的检查与挑战。提问的名额通过抽签决定，但作为主要“狩猎者”之一的反对党领导人最幸运，可以有六次“开枪”的机会，首相必须对迎面射来的“子弹”随机应变。这是议会下院辩论中观赏性最高的时间段，也是热衷于起哄的议员最活跃的时候，端坐在辩论厅一侧的议长在这时高呼“秩序！”“安静！”的频率也最高。英国前首相托尼·布莱尔在他的自传中毫不避讳地将“首相问答”描述为“最伤脑筋、最令人泄气、最紧张、最难受、最恐怖、最考验勇气的经历”。

“再没有别的地方能比坐满人的下议院更能让人彻底变成傻瓜的了。”他写道，“你的回答会越来越冗长难懂，你的音调会越来越尖利，你的脸色会随着口中论据越来越苍白而变得越来越红。”

再英明的领导人在这几十分钟的快速问答中也只是个接受询问的受监督对象，他（她）的表现会将自己是人而非神这一常常被遗忘的事实凸显出来。那是首相们最不像神的时候，他们只是些会用假笑掩饰尴尬，会用自嘲讨好反对者，会用结巴掩盖忘词，会用口误或者一时的思虑不周让自己登上第二天报纸头条的普通人。但首相们也总在努力反抗，他们想要通过急智、口才、逻辑与自信塑造自己的神性，让自己看起来总是“不由自主地伟大正确”，这事关他们团队的士气和自己的权威。

我的采访本上记录下我于2018年2月21日旁听的一次“首相问答”：首相特雷莎·梅在40多分钟的问答时间内共回答了31个提问（本届议长约翰·伯考总是将30分钟的问答延长，这一举动也并未受到来自各党派的任何反对），其中超过一半的提问来自非保守党议员，这意味着梅无法提前得知自己要回答的大部分问题是什么。当天的问题涉及“脱欧”、英国空气质量改善计划、警察经费的筹集、家庭暴力受害者权益保护、制造业、某选区犯罪率上升、政府在帮助老年痴呆症患者方面的努力、高层建筑防火材料安全性、纳粹屠犹研究教育基金、驾校教练与学生的关系、禁止对宠物狗使用电击项圈等，除一个关于保守党经费筹集的问题被议长判定不用回答之外，首相对其他问题悉数作答，有的回答明显做过准备，有的则用外交语言搪塞过去。那次问答中火药味十足的对战来自梅与反对党工党领袖杰里米·科尔宾。

科尔宾：“昨天，政府‘脱欧’事务大臣试图说服大家，称退出欧盟不会让英国陷入反乌托邦小说《末日先锋》里那样的‘乱世'，难道首相不觉得，政府设定的标准可以更高一点吗？"

梅："英国'脱欧'进程中，唯一小说式的情节是我尊敬的朋友所在的工党，到目前他们的前座议员们（党内位高权重者）甚至还没有统一他们在'脱欧'问题上的立场。"

科尔宾："议长先生，首相在一年前的演讲中曾表示要在'脱欧'后实现和欧盟的零关税贸易，但她为何在最近的演讲中背叛这一承诺，只说要和欧盟实现'尽可能零关税的贸易'？英国的工人们可是需要'零关税贸易'来保障他们的工作岗位啊！"

梅："我必须对这位尊敬的先生说，既然你谈到保障工人权益，那我们就来看看保守党在这方面的绩效。是谁在改善'零工时契约'（一种导致某些企业剥削工人的合约方式）问题上采取行动？是保守党而非工党！是谁邀请马修·泰勒（工党党员、布莱尔政府顾问）组成小组来就如何既不阻碍创新又能保护劳工权益这样的问题给出相关的调研报告？是保守党而非工党！是谁制定政策增强普通员工能在公司董事会上的发言声音？是保守党而非工党！"

科尔宾："首相是否愿意借此机会告诉各位下院议员，政府在和欧盟的'脱欧'谈判中到底想要达到什么样的'理想结果'？"

梅："我很乐意告诉大家，我们想要达到的'理想结果'是一个量身定制的经济伙伴关系。"

科尔宾："到目前为止，政府就'脱欧'后与欧盟达成何种关系的表述言辞空洞，议长先生，这届政府并没有走在一条'脱欧'的道路上，它走在一条'死路'上。"

梅："我想我此前已经提醒过这位尊敬的先生，他在这里的任务是提出问题。但我十分乐意就他的观点进行回应……这位尊敬的先生每周总是在这里要我（就'脱欧'）签一张'空头支票'，我知道他喜欢'支票'（英文中的'支票'与'捷克'为同音词，暗讽当时科尔宾被媒体曝出曾与捷克间谍秘密见面一事），但这实在是很让人沮丧。"

…………

这样的辩论已经和丘吉尔与艾德礼、撒切尔夫人与尼尔·基诺克之间的对垒，一道成为英国人津津乐道的段子了，也成为政治心理学与辩论术的经典案例。

在下院一般性的辩论中，只有涉及自己代表选区利益的议员才会出席，因此不少时候辩论厅里的议员并不多——这也解释了为何650名议员会在只有427个座位的房间里开会。在2017年的一个141天的议会会期内，平均每次辩论持续6小时38分钟，有484名议员出席。他们中的大多数只会参加与自己最相关的讨论，然后走到辩论厅门边，向议长鞠躬后悄悄离开，去议会餐厅和刚刚还在辩论中势不两立的对手喝杯咖啡，在聊天中帮助彼此更新情报。在一些不太重要的议案表决期间，议员们甚至借助“结对子”（pairing）的策略，确保自己不需要到场。这种协议由执政党与反对党之间两名议员私下达成，以“人盯人”的方式确保其中一人无法参加投票时另一人也主动缺席，以此实现彼此选票抵消，从而不影响投票结果。那些最重要的、涉及国家利益的辩论却总是在拥挤的环境中进行，没有抢到座位的议员只能站在辩论厅里的一条白线外，挤在同僚中等待辩论后的投票。这种拥挤制造出一种紧迫感，让辩论中出现了许多“灵机一动”和“会心一笑”。

贝茨勋爵

从19世纪起，当人们谈论一份议案能否经议会通过成为法律时，主要是在说它能否在议会下院获得投票通过。虽然非民选的700多名上院议员们有权利通过“乒乓战术”将一份议案反复打回下院重新讨论，甚至拖延上一年再通过，但事实上这样的情况很少发生。被嘲讽为“老人院”的议会上院如今更多的是扮演象征性的角色，它是“现实与幻想、传奇与战绩、喜剧与威严的结合”。

“作为上院议员，你们对下院有‘权力杠杆’吗？”我曾问上院副议长蒂姆希・博斯维尔。

“有，但可能只是一个‘软杠杆’。”他说，“我们有各种政策委员会，会坐在一张张马蹄形的会议桌前讨论、写出各种调研报告，对下院，我们有时候就像个在丈夫耳边唠叨的妻子。”

虽然上院失势只是在过去200多年间才逐渐成为事实，但今天的英国人认为这很合理，不经民选则无赋权。人们习惯了看着年迈的上院议员为了领取一天300英镑的“出席补助”颤颤巍巍地走进议会，半眯着眼睛听完冗长的辩论，毫无悬念地通过一个个法案，例行公事地走完法律程序。上院议员只是在下院缺乏有效反对党的时候才会更多地被人注意到，他们要做的是通过质疑与挑战来穷尽某项法律通过后可能产生的后果，以“反对者”的身份为下院创造出多一次辩论与思考的机会，目的就是让所有意见都被讨论，避免出现重大错误。即使它最终对下院妥协，政府也不得不将它的这些反对声纳入施政考量。如果说下院是个战场，那么上院更像个讲坛。一些上院议员没有从政经历，只是因为在诸如绘画、科技等领域的杰出贡献而被首相提名、女王任命为上院终身议员；现在上院还有176位中立议员，他们不属于任何党派，也不与任何政党结盟。在政治问题上，他们要用自己的“非专业知识”来判断，甚至以一个门外汉的视角来审视下院递交来的议案。很明显，上院的存在并不能让英国的决策过程更快，但却能让它更周详；它无法让英国走得更快，但却努力让它走得更稳。

我第一次去英国国际发展部国务大臣麦克·贝茨勋爵家拜访，是在他因“迟到事件”向首相提出辞去上院议员职务四个月后，他的那个申请并没有得到批准。2018年1月31日，贝茨走进议会上院的辩论厅，他看到上院党鞭正在回答工党议员的提问，而那时接受质询的本该是贝茨自己。贝茨迟到了一分钟。当党鞭替他回答完问题后，贝茨走到议事桌前，向提问的工党议员及全体上院议员道歉。他随后说的话出乎所有人的意料。

“我们在代表政府回应立法机关的问题时，应该秉承最高标准的礼节和尊重。”贝茨一脸严肃，“在对方提问时我未能到位，为此我深感羞愧。因此，我向首相提出辞职申请，即刻生效。我郑重道歉。”随后，他在一片哗然中夹着文件低头走出辩论厅，几个议员试图抓住他手臂挽留，均未成功。贝茨因迟到辞职，这在英国引起热议，有人说他敢于担当，是个真正合格的议员，也有人说他小题大做。贝茨始终以“真正成功的政治生涯是从不出现在媒体报道中”为人生信条，他并未就此事接受任何媒体的采访。

但不久后的调查让剧情反转：当日因为前一项议程提前结束，议会临时决定将大臣接受质询的环节提前了几分钟，因此根据此前算好的时间准时抵达的贝茨才“迟到”了。

“如果你当时知道自己‘迟到’的原因，你还会选择当场辞职吗？”我问贝茨。

“我将自己回答质询的责任看得很重，这也是为什么当时我为自己的迟到感到羞愧难当、并当场决定辞职的原因。”贝茨坐在他家里宽大的沙发上，谈起那件戏剧性十足的事，他的脸上仍然没有笑容。“我想当时如果我知道前因后果，可能我只会向大家道歉（而非辞职）。”

57岁的贝茨从政30年，他曾做了5年议会下院议员，代表英格兰东北的原兰巴尔选区（已取消），并在2008年被英女王封为终身贵族，成为上院议员。

“你感觉做上院议员和下院议员有什么不同？”我认为贝茨最有权回答这个问题。

“比如你开了一家小店，在下院的感受是，你要习惯顾客的抱怨、要操心商品质量、要支付各种账单；在上院的感受是，你不用担心这些，因为你的小店没有顾客。”贝茨的意思是上院议员不用对选民负责。他举的这个例子让我想到拿破仑的名言：“英国是个小店主之国。”

我们又谈到英国的代议制民主，谈到以“一人一票”的直接民主方式决定的“脱欧”，以及英国真正实现“一人一票、同票同权”的自由、平等、普遍的选举方式只有70年历史，是西方主要国家中最短的一个。这时贝茨的华裔夫人、和他坐在一张沙发上的李雪琳插话了，她认为以中国人的观点看，“脱欧”这种干系重大的政治问题由代议制的精英、专家来做决定似乎更合适。

“对投了‘留欧’票的那48%的英国选民来说，‘脱欧’的结果其实并未考虑到他们。”她说。

“但如果人民不认可‘脱欧’的全民公投结果，他们本有机会在上次大选中改变它，他们完全可以投票给承诺‘二次公投’的自由民主党，但你可以看到，自由民主党的得票并没有出现大幅提升。”贝茨反驳。

“但看看现在的情况，真是一团乱麻。”雪琳不依不饶。

“我可不认为现在是一团乱麻，没人说‘脱欧’是件容易的事，我们都在努力。”贝茨说。

我尴尬地告诉贝茨夫妇：“很抱歉，让你们家变成议会下院。”

贝茨指着雪琳，笑着对我说：“别担心，在这个屋子里不管辩论什么，赢的总是那一侧。”

立法

一份议案在威斯敏斯特宫变成法律的速度并不总和它的重要性或正确性成正比，当然“重要”与“正确”在这里也总是难以定义的字眼。议会就像个旋转的万花筒，这一刻所见的美丽在下一刻就变化得让人不敢认，曾经让所有人深信不疑的决策逻辑在如今看来却可能荒唐可笑。

20世纪50年代末，美国著名喜剧演员鲍勃·霍普来伦敦表演，对“雾都”印象深刻。一次登台，他这样开场：“对不起，我迟到了，因为我在这大雾天迷了路……我本想吹个口哨，叫辆出租车，但这雾太大，我连自己的嘴都找不到了。突然，我看见不远处有一点光亮，那光越来越近，越来越清晰，最后我终于看清了——那是我自己嘴里叼着的烟。”

霍普看到的伦敦雾已经不是最浓的了。就在他到伦敦的前几年，黄黑色的雾刚刚在这座城市里毒杀了4000人，后来的研究发现，实际死于1952年那场伦敦浓雾的人数是官方承认数字的三倍。这让英国人终于下决心治霾。雾霾杀人时，伦敦人刚刚挺过“二战”中德国飞机的狂轰滥炸，终于熬来了和平，死亡却没有停止。英国人愤怒了：“我们坚守，我们忍耐，我们拼命，可不是为了过这样的日子！”

后来的事情，人们已耳熟能详。大家常会谈起英国议会在1956年通过的那部《清洁空气法》，以及伦敦在6年后彻底告别雾霾。但另一个事实常常被忽略：从19世纪起，霾就随着伦敦的迅速扩张成为一个公共问题，但英国议会最终立法治霾是在整整150年后！早在1791年，奥地利作曲家海顿在到访伦敦时就曾写道：“雾如此之浓，以至于都可以抹到面包上。”雾霾天，交通事故多发，人们看不清前方来车，许多鸟也因为无法觅食从天上跌落下来，撞死在汽车上。

我找到剑桥大学学者、《伦敦雾》一书的作者克里斯蒂娜·科顿。在她出生前几年，伦敦已经告别了最后一场雾霾，她在旧纸堆中翻找，并以传记的形式描述了雾霾与伦敦的“恩怨情仇”、雾霾下的伦敦人和被淹没在历史中的往事，试图还原一个国家的治霾史。

“英国人为何花了150年这么长的时间才下定决心立法治霾？为什么即使是在威斯敏斯特宫被浓雾吞噬时，辩论厅内的议员仍然无动于衷？”我问。

“议会中有‘爱霾者’。”科顿回答，“19世纪至20世纪伦敦在处理雾霾时立法行动非常迟缓，每当有议员提出要立法治霾时，他们总要受到一些议员抱怨，说伦敦雾霾问题被人民夸大了。”

科顿认为，原因之一是：对伦敦工厂生产燃煤和家庭取暖燃煤的管控，涉及对资本主义两大基石——市场自由和个人自由——的挑战，没有立法者敢轻易触碰，更别说当这背后还有工厂主以“影响生产力提高和利润增加”为由的阻挠。

时任英国住房大臣的麦克米伦就曾在议会下院批评主张治霾的议员“忽视更广阔的经济考量”是愚蠢的。麦克米伦在成为英国首相后曾建议，用口罩和交通警示灯来解决雾霾问题。20世纪50年代，英国内政大臣菲夫则在下院呼吁，要区分工厂和家庭燃煤产生的霾和自然形成的雾，不要夸大雾霾对健康的影响。作为内政大臣，维持国内安全与秩序是菲夫的主要职责。

最终推动《清洁空气法》通过的英雄是议会下院议员杰拉尔德·纳巴罗爵士，因为他要求政府对任何造成伦敦空气污染的行为进行干预，减少或杜绝烟雾排放。但在科顿看来，这并非靠纳巴罗的一己之力，“他背后是强大的民意和舆论基础，他只是在正确的时间成了那个正确的人”。

光线穿过浓雾，像流水般灵动，倒是意外地激发了艺术家的创作灵感，让他们笔下和画板上的伦敦雾色彩丰富。20世纪初，法国印象派画家莫奈在雾霾笼罩的泰晤士河边画下《雾中的滑铁卢大桥》。他曾在写给友人的信中说，自己最爱伦敦的雾霾，没有雾，伦敦就不会是个美丽的城市。莫奈写道：“起床时，如果窗外没有雾，我就会陷入恐惧，陷入绝望，我所有的画板上空空如也……但慢慢地，壁炉逐渐点燃，一家接着一家，烟回来了，雾也回来了。”狄更斯对治霾也十分迟疑，他甚至在报刊上撰文强调煤炉在英国文化中的重要性。伦敦寒夜的大雾里，一家人围坐在煤炉前，这样的伦敦在狄更斯看来才理所当然。

终有一日，烟消霾散。历史，只有回望，才会看清那些滑稽的人、荒诞的事和颠倒的逻辑。

舰队街：新闻街兴衰录

报纸是如此肮脏、野蛮，以至于没有一个正直的人会愿意将它带回家，哪怕是丢在厕所门口当擦鞋垫。

——英国作家查尔斯·狄更斯

到伦敦后不久，我便去这城市里的一条街朝圣。它只有500米长，却曾是英国媒体机构的大本营，英国的第一份报纸、第一份彩色印刷的报纸都产生于这里。对一个记者来说，这里就像华尔街之于逐利的投资客或是香榭丽舍大街之于热恋的情侣，不来不行。

新闻街

舰队街得名于其街面下流淌的舰队河，它们与真正的舰队并无关联，只是这样的意译比将它音译成“弗利特街”更有些趣味。舰队街是伦敦四万多条街道中最短的几条之一，在地图上很容易就错过，看起来和伦敦的其他街道差别不大。道路两边有不少百年历史的建筑，门面多为“巴克莱银行”“劳埃德银行”等金融机构或快餐店、咖啡店和酒吧，西装革履的年轻人穿梭其间。当你偶尔拐入一条小巷，瞥见诸如“老柴郡奶酪店——重建于1667年”这样的木头招牌，才能看出这条街的年纪。

除了街头地铁站前摆放着的免费取阅的《旗帜晚报》外，今天的舰队街似乎很难和当年的“新闻街”挂上钩。它的传奇性和影响力现在只是出现在历史书和旧照片上，在各种新闻颁奖典礼的获奖者致辞里，或是在伦敦各个绅士俱乐部会员们闲谈中的一段段逸闻趣事里。但如果仔细看，还是能找到报业曾在这里兴盛发展的影子：一面商店外墙上残留着“伦敦新闻社”的字样，老建筑也被安上了“每日快报”“太阳报”等报社的纪念铜牌。舰队街附近，国际金融公司高盛的总部就是过去《每日电讯报》集团所在的大楼。红色的伦敦旅游双层大巴穿梭在舰队街，导游词说：“这里曾经是英国报业的心脏。”

从1702年世界上第一份定期出版的报纸《每日新闻》在舰队街面世后，英国各大报社纷纷将其总部设在舰队街，最多时超过百家。这里一度云集了《泰晤士报》《卫报》《金融时报》《经济学家》等全英几乎所有举足轻重的报刊，除英国全国性的报纸外，不少地方报纸驻首都办事处、外国新闻机构驻英分支也都挤在舰队街区域内。19世纪初，因报刊发行量和广告收入大幅增长，舰队街在英国的影响力急剧上升，成为全英信息集散地，被誉为“掌英国舆论之舵的报业王国”“第四等级（新闻界）的爱丽舍宫”。而大英帝国的全球霸权也让舰队街不再只是英国新闻界的代名词，它同样也受到其他国家和地区的关注，成为“地球脉搏的示波器”。

我慢慢走完整条街道，想弄清它为何曾对媒体有如此大的魔力、现在又为何丧失了。它连接着英国政治与经济的两个中心——西边是英国政府与议会所在地伦敦威斯敏斯特区，东边是伦敦金融城区。这种独特的枢纽地位让舰队街在历史上就是伦敦最繁华的路段之一。在没有互联网的时代，这里就是新闻集散地，永不疲倦的记者在这里跑腿、打探获取各种政经信息。

舰队街附近有圣保罗大教堂、圣布莱德教堂、圣殿教堂等好几座教堂，正是它们为报业发展提供了最早的消费人群。教堂的神职人员是几百年前最早出现的可以阅读的知识分子，他们对信息交流的需求为建立报社奠定了客户基础。16世纪初，欧洲刚刚走出黑暗的中世纪时，第一批印刷业者和书商就在舰队街聚集。随后产生的产业布局“集聚效应”将报社、印刷厂、发行部门、酒吧、咖啡馆等相关机构吸引到这里，它们之间相互关联、补充，形成了一条完整的报业产业链：编辑在楼上编报，地下室和后街就是印刷工厂，数以千计的记者奔走于议会、唐宁街、白金汉宫采写新闻，并聚集在酒吧和咖啡馆交流分享信息，报纸零售商和售报人在街上游走、批发报纸，发送到遍布全国的营销网点售卖。

教堂

如果说舰队街是新闻人的麦加，那么圣布莱德教堂就是这麦加城中最神圣的卡巴圣殿。它隐在两座临街的高楼后，小巧的塔尖一层叠一层，看起来像个婚礼蛋糕。以资本搅动舰队街的传媒大亨默多克就钟情于这座不太知名的教堂。84岁那年，他在这里举办了自己的第四次婚礼。

圣布莱德被称为“记者教堂”，里面的墙壁上、座椅上镶着许多纪念小铜牌，上面是英国知名媒体、出版人、记者、编辑、讽刺漫画家的名字。圣歌、烛光、铭文，这是一个名人堂，却弥漫着家的温暖。无论记者们在外面做错了什么，当他们回到这里，总能得到爱与肯定。他们能在这里用“插了钉子”（spiked，意味着稿子被毙）、“小鞭炮”（squib，用于填补报刊空白处、新闻性一般的简短新闻）这样少有人懂的出版术语对话，分享过去一周内记在采访本上、却无法写进新闻稿里的见闻，开上几个玩笑讽刺那些正平步青云的政客。这些似乎都是一种仪式，让这些理想主义者们在走出这间小教堂时，打消继续当记者的唯一一点犹豫与顾虑。

只有宗教能填平这些媒体人政治观点上的鸿沟，让他们在死后能以和平的方式共居一处。要知道，他们曾和所属的媒体在政治问题上站队，不管他们如何声称，总不外乎自由派与左派两个阵营。也许在大多数日子里，各份报纸的头版头条还会在某个内政、外交问题上达成一致，有时甚至令人迷惑地以对方的立场出现。但在那些“大日子”里，它们一定会毫不犹豫地显露出自己的政治底色，剑拔弩张。

这是舰队街延续到今天的传统之一。只要看看2017年6月8日英国大选日各报的头版头条，就会找到这一传统。《每日镜报》指责首相特雷莎·梅的保守党撒谎；《太阳报》列出工党领袖杰里米·科尔宾的十大罪状；《每日邮报》则刊登首相的大照片，呼吁选民通过支持保守党来“重燃英国精神”；《每日快报》的头条最为直截了当——“今天投票支持梅”，并以博彩公司1赔20的赔率暗示首相落选纯属冷门。传统上派性色彩最强的《泰晤士报》和《卫报》虽然在那天故作中立，但并不难从他们的报道中读出各自的立场。《泰晤士报》引述民调结果，指出工党支持率下跌而保守党支持率保持稳定，这与上次大选前民调结果相同。而在那次选举中，保守党赢得了议会下院绝对多数议席从而上台执政。《卫报》只是报道两党领导人在最后时刻的拉票情况，但其头版照片还是将它的左派立场表露无遗：科尔宾的照片要大得多，并且被支持者簇拥，而梅的照片就很小。

圣布莱德教堂的一角放着一张祭坛，上面摆满在战争与灾难中死亡的记者照片，来祈祷的人会为他们点一根蜡烛。英国不少去叙利亚、伊拉克驻外的战地记者回国后都要来这里感恩。教堂的建立者或许希望，在这里走上一圈的人都会被塑造成一个理想主义者，也许他们会重新相信“当一个新闻记者是改变世界最直接、最快速的方法”这样被新闻系大学生写在毕业纪念簿上的箴言。

“什么样的记者死后会将照片放在这里？”我问身着黑袍的教堂司事罗宾·特纳。

特纳正在为刚刚结束的一场礼拜收拾圣餐器具，这场在5月3日的世界媒体自由日前举行的仪式上，牧师特意提到希望大家能为祭坛上的那些名字祈祷。

“如果你的朋友是记者，不论国籍、宗教信仰，都可以。”特纳说。

“每周日来做礼拜的人还都是记者吗？”我问。

“教众里有一些出版人，但有没有记者我不确定。”特纳说，“也许有人还会跑来吧，毕竟这里和记者之间有着不同寻常的精神纽带。”

“罗宾·艾瑟现在还来吗？”我随口问道。上次我来教堂的时候碰巧遇到这个老记者。

“罗宾死了。”特纳平静地说，“去年11月，我们刚刚在这里举办了他的追思会。”

“格里维斯呢？”我迫不及待地问，生怕听到另一个坏消息。那是我上次在记者教堂遇到的另一个老记者。当时他正在做志愿者，坐在一张小桌子后售卖与教堂相关的纪念品，我甚至忘了他的名字。

“你是说威廉·格里维斯？”特纳问。

“对，那个《每日邮报》的老记者。”

“很不幸，威廉也去世了，也在去年，12月，79岁。”特纳说，“他的葬礼就是在圣布莱德办的。”

报人

每一个英国老报人的名字都和舰队街紧密相连，他们是“最后的舰队街记者”，他们的离世让这条街的魅力又减损一分，也让英国人眼中那个“新闻记者的黄金时代”渐行渐远。在罗宾·艾瑟和威廉·格里维斯当记者的那些年头，他们和全英国的其他年轻记者一样，都怀揣梦想、挤破脑袋来到舰队街工作，那是他们职业生涯的高光时刻，也是一枚荣誉勋章。那时这条街是新闻的圣殿，是一个新闻记者最好的归宿。他们在巨大的压力下抢新闻、写稿子，和头顶光环的大记者同台竞技，累得半死，但在离开后却又常常梦到那条街，梦到那里通宵营业的酒吧、往来穿梭的汽车，梦到他们又回到那里，还是那么活力十足。

我曾前往艾瑟家做客，那是他去世前一年，他82岁。艾瑟的家在伦敦富人区帕森斯格林，两层洋房，通透明亮，工作室里洒满阳光，屋子四壁挂满了装着新闻报纸、漫画的镜框。它们显示着新闻生涯带给艾瑟的巨大财富与名望。

艾瑟解开两颗休闲衬衫上的扣子，剩下的扣子像是在和他的大肚腩搏斗，要阻止它撑破衬衫。他说起话来就像个国王，话不多，句句带着权威与分量。他似乎更适合自己擅长的提问，而非接受采访，或者更擅长作为总编辑向记者布置任务，而非由记者来主导谈话的节奏与方向。我想起海明威笔下的老渔夫圣地亚哥，艾瑟一辈子不知和多少条大马林鱼搏斗过。回顾自己的一生，艾瑟说这辈子有三件事最让他自豪，一是成为第一个采访阿波罗十一号登月宇航员的英国记者；二是在40年后兑现了当年对母亲的承诺，成为她最爱读的报纸《星期天快报》的编辑；三是进入舰队街，并见证了那条传奇街道最后的日子。老人平静地向来访者讲述自己和新闻一辈子的缘分：8岁时就梦想像邻居的儿子那样成为一名职业记者，在牛津大学读书时担任校报记者，毕业后成为英国《每日快报》记者，再之后被派去美国当驻外记者，回到英国后担任《星期天快报》总编辑，再担任《每日邮报》执行总编辑，退休后一直担任英国快报出版集团的顾问，并积极投身争取媒体自由的斗争。他在自己出版的第三本书《锁链中的十字军》中严词批评英国政府通过反恐法、贿赂调查等手段危害向媒体爆料者的安全，变相侵害新闻自由。他写道："如果这个国家要继续做个民主国家，政客们要继续受纳税人监督，媒体就必须自由。"艾瑟在家中去世那天，他本该去剑桥参加一场主题为"为真正的新闻而战"的新闻年会。

"我享受在'舰队街'的每一分钟，再活一次，我还愿意在那里当编辑、记者。"艾瑟说，"那时候报纸是王。"

20世纪50年代正是英国报业的鼎盛时期，那时电视还处在"幼儿期"，社交媒体还没有诞生，一个人能接触到的信息，绝大部分都来自报纸，他们的不满也只能对报社记者说。当时仅《每日快报》和《每日镜报》的发行量就达四百万份，一份报纸往往又在四五个家庭成员中传看，影响力巨大。作为世界上第一个现代化国家，英国的报业历来发达，报刊亭里各种报纸琳琅满目，各种立场的报纸拥有不同社会地位、不同理念的读者群，也通过影响他们来影响英国政治。英国的"国宝级"系列喜剧《是，首相》中，曾对不同报纸的读者群做了经典的概括：

“《泰晤士报》的读者是治理这个国家的人，《每日镜报》的读者是认为自己正在治理这个国家的人，《卫报》的读者是认为应该由自己治理国家的人，《每日邮报》的读者是治理国家的人的妻子，《金融时报》的读者是拥有这个国家的人，《每日快报》的读者是认为这个国家像过去一样治理就行的人，《太阳报》的读者并不在乎谁在治理这个国家，他们只要求‘三版女郎’的胸脯够大就行……”

艾瑟在舰队街长期供职的《每日快报》从内容上看属于小报（tabloid），与《泰晤士报》《卫报》这样的严肃大报在报道话题选择、报道角度与立场上有差别，但报道质量上并不差，不能以“大报的报道站位高、有深度，小报的报道眼界低、娱乐化”来笼统概括。小报更受普通英国人的喜爱，直到今天，英国发行量最大的报纸也是《每日邮报》和《太阳报》这样的小报。

2017年3月29日的英国报纸就很好地展现了各个报纸的主编在新闻选择上的差异。那一天，春寒料峭，英国正式向欧盟递交了“脱欧”信函，正式启动了“脱欧”程序。几乎所有大报都以“‘脱欧’程序启动”或“别了，欧盟”这样的标题作为头版，而当天《每日镜报》的头版关注的则是英国经典肥皂剧《加冕街》中的男主角肯·巴罗是被谁推下楼梯的。20世纪60年代，正是《每日镜报》的评论员说这部刚刚开播的新剧撑不过三周。但直到“脱欧”

程序启动那一天,《加冕街》的剧集已经持续更新了57年。

虽然对同一条新闻的报道立场不同，但拼抢新闻时效、挖掘独家新闻却是几乎每一家报馆对每一个记者的要求。舰队街上总是充满了拼抢新闻的火药味。在艾瑟当记者的那个年代，每个舰队街记者身上都带着四便士和一把刀，四便士够在电话亭打一个投币电话向编辑口述重要新闻，而那把刀是用来扎破竞争对手的汽车轮胎，好第一个冲回报社写稿子。

酒吧

记者是最圣洁的职业，也是最肮脏的职业。记者如云的舰队街曾经笼罩在光环下，但在许多英国人的记忆中，这条街也代表着耻辱。这条街上曾密布着专门挖掘丑闻、内幕等惊悚消息的媒体，有时记者为了获取新闻不择手段，监听、行贿、行骗无所不用其极，为外界不齿，诸如毕佛布鲁克男爵和罗伯特·麦克斯维尔这样善用资本控制舆论、达到政治目的的报业巨子也让这条街臭名昭著。巧合的是，这些毁誉参半的舰队街风云人物（包括默多克）均来自英国以外，这也增加了英国人对媒体的不信任感。

几乎每个舰队街的老记者都在自己的回忆录中提到这条街上的酒吧。酒精是舰队街上的必需品，那些在半夜喝得醉醺醺的记者、编辑、印刷工人，也是这条街道得名“耻辱街”的原因之一。当年舰队街上知名的记者酒吧“舰队街出版社”和“埃尔·维纳斯”仍在营业。我走进“埃尔·维纳斯”，坐在维多利亚时代的木头长椅上和酒吧招待打听当年的情况。年轻的招待戴着时尚的鼻钉和唇钉，那个风云际会的时代对她而言只是如今酒吧内放置的怀旧老打字机、老报纸。她哪里能想象得到在格里维斯叱咤风云的那个年代，酒吧对这些舰队街记者意味着什么。

记者们在舰队街的酒吧里喝酒聊天、互通信息。此外，当记者们把稿子从“洞里”扔下去（舰队街术语，排版和印刷工人在一楼工作，记者在二楼写完稿之后就把稿子通过连接管道递送到楼下）之后，需要等待编辑排版、印刷，这之间有大量时间需要打发，紧张写稿的压力也需要释放，去街上的酒吧喝一杯自然成了不二之选。格里维斯那个年代，舰队街记者的一顿典型晚餐要有香槟，再加一高脚杯的雪莉酒，一瓶夏布利酒，两瓶波尔多红酒，再来点白兰地，最后以几杯波特酒收尾。每家报馆都有自己钟情的酒吧，比如《每日电讯》的记者会在“国王与钥匙”酒吧聚集，他们很少去“红狮”酒吧，目的是避免和盘踞在那里的《每日快报》记者们打架。

许多记者在自己的回忆录里开玩笑，提出要捐赠自己的肝脏用于医学研究，让人们看看当年他们那些喝大酒的日子。他们会说，一顿喝得醉醺醺的午饭要比在工作台前啃金枪鱼三明治更能激发出好文章。他们写出的新闻就像他们喝下去的白兰地，给人热情，让人清醒。

格里维斯便是舰队街记者里喝酒的行家。他26岁进入舰队街，曾担任《每日邮报》特稿记者。《每日邮报》在他去世后登出的讣告中就提到他所著的一本关于英国酒吧历史的书和他创造的"格里维斯规则"。那是现在英国酒吧中仍普遍遵循的一套规则，规定了在吧台前的一群陌生人应该按照什么顺序轮流请所有人喝酒。那正是格里维斯在当《今日报》记者时根据自己丰富的经验创造出来的。

"现在记者们不去酒吧了，他们写稿时喝的是依云（矿泉水）。"他告诉我，"现在的记者们不在'埃尔·维纳斯'见面了，他们最多只在社交网站上联系，而报纸也面临电视、推特、脸书这些新媒体带来的巨大竞争。"

格里维斯的儿子吉拉德·格里维斯目前是《每日邮报》副主编，他用电脑和互联网指挥编辑工作。每一代新闻人都要用自己的方式解决问题，吉拉德的方式不再是酒精，他遇到的问题也不再仅仅是不断迫近的截稿时间，或是每晚对版时发现竞争对手拿到了独家新闻。他需要面对的是报业的衰败和记者的贬值。

报纸

虽然政论家们仍将媒体与金融、政客、企业、大家族一同列为操纵英国的五种力量，但传统媒体的衰落已是不争的事实。只要点开《卫报》的网站，就能明显感觉到一种悲哀弥漫在以它为代表的英国传统媒体里。这份创刊近200年的报纸在网站上弹出的通告中写道："和许多其他媒体一样，《卫报》也在面对竞争性十足的商业环境，这种竞争让人难以置信……我们的广告收入正在下滑……我们的网站并未（如其他媒体网站一样）设置'付费墙模式'，我们想尽力让新闻被所有人读到……准备好为《卫报》捐款了吗？"这样辛酸的文字一度被嵌入每篇报道中。为了降低成本、方便阅读，《卫报》从2018年起将自己的版式缩小为4开，变为和《每日镜报》这样的小报同样大小。即使是《每日邮报》这样有100多年历史、日发行量在150万份（考虑到英国的人口，这个数字几乎算是个奇迹了）、在英国报业竞争中排名第一的媒体，也常常处于将被母公司出售的传言中心。在利益的冲击下，没有什么是永恒与神圣的。

在这样的浪潮中，任何一条逆势而上的鲑鱼都会壮烈牺牲。最近的一条"鲑鱼"是2016年2月创刊的纸质报纸《新的一天》。上一次英国发行付费阅读的全国性报纸还是在30年前。《新的一天》

的开设初衷是希望缓解读者在网络时代的信息负载感，“把读者拉回亲切的纸媒”，它将自己的目标读者设定为中年女性，号称将保持“政治中立”，“正能量”和负面新闻都报。就在《新的一天》发行前一周，英国《独立报》刚刚宣布，将在不久后终止报纸纸质版的发行，完全转为网络版。这让《新的一天》的逆行更加刺眼。但理想主义者最终败给了现实，这条倔强“鲑鱼”的尾鳍在不到9周后就停止了摆动，报纸的发行量不到预期的六分之一，不得不停刊。这也给对重回“舰队街时代”仍存一丝幻想的英国记者们泼了一盆冷水。报纸当然不会在下周突然消失，但10年后呢？

2016年的一项研究为英国记者画了一幅速写：他们绝大多数是白人，一半以上是男性，信仰宗教者的比例明显低于普通大众，持中间偏左政治立场的约有一半。他们中的大多数抱怨报道自由正在不断减少（这样的抱怨似乎从查尔斯·狄更斯拄着他那根磨秃了的拐棍、在伦敦街头为《晨报》采访时就存在）。他们出身私校的比例远高于一般行业的从业者。媒体聚集在生活成本极高的伦敦、实习期间零工资等都让做记者的门槛提高，新闻业在英国可以说是一个封闭性较强的俱乐部，特别是资深记者和编辑——这本身也被一些人作为论据来证明“英国报纸很难真正独立客观”。记者们的收入水平比人们预想的要差，五分之一的记者年收入等于或低于英国的最低生活工资，超过四分之一的记者兼职做其他工作。除了收入，很难说这些仰望星空的理想主义者和70年前舰队街记者们有何不同。

每年圣诞节前，伦敦的“外国记者协会”都会组织一次颁奖仪式，那几乎是英国记者界最大的年度聚会，英国人称之为“新闻界的奥斯卡”。几百名英国国内外记者打着黑领结、踩着抛光的黑皮鞋，围坐在某家大饭店宴会大厅里，和特邀而来的意大利前总理或是约旦王后一同见证年度最佳报道奖项的揭晓。作为这个年度新闻奖里一个分奖项的小组评委，我深知英国记者们心中最好的记者是什么样的：他是个单枪匹马的“扒粪人”（muckraker，新闻术语中的“揭黑者”），经过一段奥德赛式的旅程，在重重压力和阻力下将最光鲜的外表下最丑陋的现实呈现在众人面前。近年获奖作品包括对英国足坛性侵丑闻的揭露、对叙利亚阿勒颇战争的描述，以及对难民危机中历史重压下的个体的关注。

作为西方式民主的重要组成，媒体起到监督权力的作用，认为公权力不值得同情，记者应以“将公众之事公之于众”为己任，哪怕这样的事是自己的“家丑”。2018年，在英国广播公司任职已达30年的中国区编辑郭艾莉辞职，以抗议该公司“严重违反‘男女同酬’规定”。率先报道这一独家消息的正是英国广播公司自己的网站，后来第一个报道该公司向郭艾莉道歉的也是它。把这样的“家丑”消息推送到全球超过3.7亿台手机上，这家国营媒体的编辑团队似乎是要高调地向外界证明“编辑自由、新闻独立”，反驳“资本控制新闻”的指责。这一年英国广播公司在人事方面另一条备受关注的新闻是，该公司2%的员工为跨性别者，平均50名员工中就有1人，这让它“企业多样化”部门的负责人十分骄傲。

有人说，正是英国的记者让“脱欧”更稳妥，却也更艰难。2016年12月，守候在唐宁街的摄影记者用长焦镜头拍摄到一个匆匆走过的保守党下院议员幕僚长，当时她刚刚走出“脱欧”事务部，手臂下夹着一本翻开的笔记本，上面的字密密麻麻。在将照片放大后，摄影师在这些潦草的笔记中竟然找到了“机密”“法国可能是最难对付的对手”“我们不希望欧洲出现不稳定”“……害怕我们成为竞争对手”“又留蛋糕又吃蛋糕”（“脱欧”谈判中英国政府著名的“蛋糕哲学”，指的是既想得到留在欧盟的好处却不愿付出相应的代价）等字句，这些内容随后成为媒体的独家新闻。而就在这次“笔记本泄密”事件的前一个月，《泰晤士报》刚刚独家全文披露了一份英国内阁办公厅的“‘脱欧’备忘录”，即使是《每日邮报》和《每日快报》这样支持“脱欧”的报纸也“不顾后果”，进行了转载。报纸往往能通过线人提前挖出英国政府与欧盟谈判中的立场与底线，并将其早早公之于众，供国内各方监督评判，满足公众的知情权，让各方利益都能被充分考虑与代表；但这种“不讲政治、不顾大局的行为”也给谈判桌前的英国政府带来麻烦，他们要和知己知彼的对手周旋，手里的底牌却早已曝光。最该为英国报纸欢呼的应该是欧盟的谈判官员。英国的报人们似乎并不在意这样的行为是否“最有利于国家利益”，那是政客应该考虑的事。但讽刺的是，英国媒体人与政客之间的那扇“旋转门”是如此明显，《泰晤士报》曾经的记者鲍里斯·约翰逊后来成为外交大臣，曾经的财政大臣乔治·奥斯本后来成为《旗帜晚报》的主编都是那么顺其自然。

但要做出“英国报纸置国家利益于不顾”的结论也失之偏颇。只要看看各大报纸在2018年“毒剂门”事件（俄罗斯前情报人员谢尔盖·斯克里帕尔及女儿在英国街头“中毒”一事，英国指责俄罗斯为幕后黑手，此事导致了西方国家与俄罗斯相互驱逐百余名外交官的外交风波）中对俄罗斯的同仇敌忾和选择性发声，就知道它们并非总与国家为敌。当英国反对党领导人杰里米·科尔宾主张先调查清楚事实后再考虑对俄行动时，几乎所有英国报纸都对他进行批评。他们指责这个支持向富人增税、将部分领域国有化的领导人“极左”的思想，翻查出他当年与捷克间谍秘密见面的历史，甚至半开玩笑地将来自西伯利亚、被称为“东方野兽”的寒流肆虐英国也归罪于科尔宾的“通俄”。

我和英国《金融时报》副总编、首席经济评论员马丁·沃尔夫聊起英国媒体爱在“脱欧”问题上拆政府的台。

“政府应该更小心。”沃尔夫一如既往地面无表情。这个矮个子的老派报人以严谨和善于从数字和图表中挖掘真相而知名，被称为“世界上最有影响力的专栏作家”。每次我给他写信问他是否愿意在未来几周见面茶叙，他都会很快通过手机回复：“可以。”再去信追问他“何时合适？”，沃尔夫总会回复：“这是另一个问题。我需要查查我的日程安排。”

沃尔夫在《金融时报》工作了31年，他和这份粉色纸张的报纸一样，是自由贸易的绝对拥趸。“脱欧”在他看来是个绝对的错误。

“‘脱欧’带来的直接影响将让英国的经济前景变得更糟，唯一不确定的是‘将有多糟’。”他说，“不确定是在‘坏’和‘灾难性的’之间的哪个位置。”

我猜他恨不得媒体能让“脱欧”作罢。

金融街

在互联网和不断攀升的地价的冲击下，媒体逐渐离开寸土寸金的舰队街，移去他处，这条辉煌了200年的新闻街已走向没落。随着2016年8月苏格兰周报的《星期日邮报》关闭其在舰队街的办事处，舰队街上的所有新闻机构都已撤离，取而代之的是财大气粗的银行和咨询机构。“舰队街”仍被用来代指英国媒体，但在这条街上找不到一个新闻机构和一个记者，它已经名不副实。

新闻街的衰落始于20世纪80年代，科技变革带来的生产力进步是传统媒体撤出舰队街的根本原因。虽然英国报业工会始终以担心工人被裁为由抵抗电子排版、彩色印刷等新技术的引入，但报业巨头们对节省人力、获取更大利润的渴望让他们不断推动报社的技术变革。1986年，默多克以舰队街过于狭窄“无法提供新技术新设备需要的宽敞场地”为名，在东伦敦建立电子印刷厂，并于同年宣布将《泰晤士报》系的《太阳报》《世界新闻报道》等五个报社迁往新址。迁往新址的报社用从美国引进的电脑设备相连，提高了排版发行效率，新技术让《泰晤士报》需要的印刷工人人数减少了一半。默多克随后宣布解雇舰队街上5000名冗余员工。

《泰晤士报》的迁出标志着英国报业从维多利亚时代跨进电子时代，也敲响了舰队街的丧钟。电视机成了彩色的，舰队街也要成为彩色的。彩色印刷设备更大更长，舰队街太拥挤了，装不下，印刷厂、报社必须得搬。在《泰晤士报》的带动下，英国除《每日快报》和《每日邮报》外的17家全国性报纸在随后两年纷纷搬出了舰队街，多数搬到了伦敦东南相对贫穷的港口区道克兰茨，并安装电脑作业设备。在舰队街裁员迁厂的风潮下，曾经举足轻重的印刷工人成了失业者，成为报业技术革命的牺牲者。

媒体撤离舰队街的另一个原因是成本的攀升。在互联网技术的冲击下，舰队街曾经的集聚效应已不再是优势，交通技术的发展也使得报社和印厂没有必要留在市中心，舰队街当年因之兴盛的发展优势日益减弱，“媒体一条街”模式被抛弃。伦敦房地产公司给出的数据显示，现在伦敦中心区平均房价是东伦敦一些地区的三至四倍。

当年风光无限的“新闻街”如今蜕变成一条“金融街”，令人唏嘘。有的英国记者说，舰队街并没有消失，它只是以另一种形态存在于互联网上，将这条虚拟街道重新黏合在一起的是媒体对新闻价值的共同理解、对新闻专业主义的不懈追求。也有人说，舰队街早就没了，新闻理想从来只是记者们的一厢情愿，英国报纸只是反映了在股权结构中掌控它们的那几个千万富翁眼中的世界，新闻从来是被资本随意打扮的小姑娘。

我向我最资深的雇员、利物浦记者拉瑞·尼尔德请教英国新闻业的发展。他做了50多年的记者，从英国的最后一批新闻学徒到舰队街记者，再到中国国家通讯社的英国雇员。他说大多数同行到了他这岁数早已经退休或转行，去做些“自尊自爱”的事情，而他还是在做记者——一个即使到了天堂也不愁找不到工作的职业，因为住在天堂东边的人总想知道西边发生了什么。这个红鼻子的英国老头有大智慧，他在向我传来稿子后总会说："你来决定用不用这篇，我完全没意见，因为我的任务到此为止。"也正因他总这么说，我反而在"枪毙"他稿子的时候特别慎重，要想好怎么给这个和我父亲年纪相仿的老人一个交代。

"拉瑞，英国的新闻记者是更自由了还是更不自由了？"我在微信上问他。

"20世纪30年代的时候，当爱德华八世要娶一个离过婚的美国女人时，英国媒体在政府的要求下一片沉寂，后来有媒体冒险'违规'报道，才导致这个英国国王在争议声中退位，流亡海外。"拉瑞说，"几天后，又是一个王室成员要迎娶一个离过婚的美国女人（哈里王子迎娶美国女演员梅根·马克尔），你可以看看现在英国媒体铺天盖地的报道。"

"没错，记者变了，人民也变了，你的意思是记者更自由了？"我问。

"更自由了，但标准也更低了，许多都是为点击量而糊弄出来的稿子。"拉瑞回复，"对了，我几分钟后会传一篇有关王室婚礼的稿件给你，你决定用不用，我完全没意见。"他还特意加了一个笑脸。

斯托克：瓷都兴衰录

与书法、绘画不同，瓷器也许是唯一能让西方人直接感受到中国艺术是如此高雅、如此完美的方式。

——英国前皇家首席大法官约翰·普拉特爵士

要从一群英国人里分辨出谁来自英格兰中部的斯托克并不难。

斯托克人每看到一个盘子或茶杯，都要情不自禁地将它翻转过来，看看款识是否是“斯托克制造”。这座城市甚至有个名为“翻盘子者俱乐部”的组织，已有100多年历史。它宣称自己建立的基础是“自豪感与历史根源”，承诺每个会员可以得到一张专属会员卡和“随时随地的翻盘自由权”。

衰败

斯托克的全称是特伦特河畔斯托克（Stoke-on-Trent），它是“英国的景德镇”，历史上就是英国陶瓷业的中心，工业革命更让斯托克成为全世界的陶瓷工厂。如果你在200年前来到斯托克，你鼻子里一定灌满了煤烟，脚下是早被轧出深深的车辙的煤渣，马车从你身旁匆匆经过，要赶到瓷窑外去排队，等着将那新出炉、打有斯托克各个瓷厂标志的瓷盘、瓷杯拉到运河边，最终端上欧洲人的餐桌。英国小说家阿诺德·贝内特在小说《老妇的故事》中写道：“要不是斯托克，你喝不了茶，也无法体面地吃一顿晚餐。”

我来到斯托克时，这里早没有了当年的盛况，瓷都衰落了。要判断一个英国城镇的经济好坏并不难，只要看看它的高街。刚刚下午4点，斯托克的高街上已有不少店铺打烊。几家店铺玻璃门紧锁，沿着缝隙塞进去的邮件、报纸在门下散了一地。街上老人很多，拄着拐棍儿、拖着买菜的小拖车，慢慢向前挪步。年轻人去了附近机会更多的伯明翰和曼彻斯特找工作，这才有了英国媒体常常炒作的斯托克无人居住的“鬼屋”“空店”。曾经的瓷都如今已沦为英国发展最乏力的城市之一，失业人数激增，劳动力受教育水平下降。在2016年的英国“脱欧”公投中，对现状不满的斯托克人选择“脱欧”，这里成了全英“脱欧”票比例最高的地区之一。

我曾给斯托克市政府的媒体官亚当·布莱克曼写信，和他说明我要来瓷都采访，想请他帮忙联系几个采访对象。布莱克曼很热情，但也许是来斯托克挖负面消息的记者太多，他显然有所提防。布莱克曼向我提供了一条新闻线索，并提了一个要求。那条线索是，斯托克目前正在竞争“2021欧洲文化之城”的头衔，并已成为最后几个候选城市之一；他提的要求是，希望不管从什么角度写，稿子在一个月后的英国大选结束后再发出，理由是“因为我们不想在政治上偏向任何一党的议员候选人”。

我想先去老瓷厂看看。我藏有一个1856年斯托克斯波德瓷厂出品的盘子，它的瓷质细腻，青花釉面看起来似乎是新出窑的，只有盘子背面烧印的各种符号与编号透露出它的年龄与出身。斯波德是斯托克知名的瓷器品牌之一，是与玮致活齐名、仅有的两个至今还在生产的创立于英国工业革命时期的瓷器品牌之一。我想去看看这个几百年历史的老瓷厂如今的样子，但找了半天，我只找到由斯波德瓷厂改造成的博物馆。老瓷厂如今已移去他处，将老厂房交给基金会打理，留下空空的瓷窑和满屋子曾经风行一时的青花瓷盘、瓷杯。不少斯波德这样的“老字号”瓷厂早已难以为继，关门歇业，半个世纪以来英国陶瓷的兴衰故事全都被埋藏在斯托克的瓷土里。

窑火

斯托克位于英格兰地理上的中心，自古大道通衢、工匠云集。它由六个独立的小镇合并而成，每个小镇都以制陶知名。斯托克成为英国的陶瓷中心，是因为这里产煤，煤炭伴生的盐类矿物可以用于制釉，因此斯托克很早就有制陶传统，窑火不灭。

17世纪初，制陶就已成了斯托克的全部逻辑。那里形成了细致的产业分工，有专业的运煤人，有专门培养制陶匠的学校，整个地区仿佛就是为了制陶而存在与运行的。我在斯托克的档案馆里翻找几百年来的当地报纸，上面始终刊有欧洲瓷厂来这里招聘匠人的广告。在这个陶瓷之乡，从玮致活到斯波德，从明顿到道尔顿，各种享誉世界的陶瓷品牌层出不穷。

斯托克的制陶工艺日臻成熟之时，正逢地理大发现后英国航海事业大发展。就在斯托克兴起前几十年，英国航海家弗朗西斯·德雷克完成了人类历史上第二次环球航行，英国航海家哈德逊也开始在北美探险。从1600年起，斯托克的陶器随着英国的三桅杆帆船流向全球，特别是欧洲、美洲、大洋洲。但斯托克真正的勃兴却是因为万里之外的中国景德镇，几乎每个斯托克人都听说过这个世界另一头的城市。一个去过景德镇的斯托克人还记得，那个中国城市处处是瓷，“连马路上的路灯柱都是用瓷片装饰的”。

自从达·伽马率领船队绕过好望角、开辟欧洲与东方贸易的新航线后，雪白晶莹的中国瓷器开始进入欧洲。瓷器光滑、明亮，震惊了当时还在使用陶器的欧洲人，中国瓷器被赞为“比金银或水晶都更高贵”。在巨额利益的驱动下，后来成立的东印度公司将大批在景德镇定制的瓷器贩运到欧洲。

得以一窥中国瓷器真容的英国王室与贵族为之疯狂，竞相收藏，既用作餐饮器皿，也用作室内装饰。钟爱中国瓷器的法国“太阳王”路易十四就曾为他的情人修建了一座瓷塔，然后和她在“画着中国鸟儿的天花板下的那张中式床上做爱”。中国瓷器让国王逃离现实，遁入梦幻。在当时，拥有一件被称为“白色黄金”的中国瓷器成了身份与品位的象征，是普通英国人奢侈的梦想。据说有的贵族家中举行宴会时，要安排专人看守桌上的中国瓷餐具，防止有人顺手牵羊。当时的英语中，也有了“像明朝花瓶一样稀少”这样的说法。普通的中国瓷器，运到欧洲就是天价。1680年，在荷兰出售的中国小茶罐的利润率竟超过800%。

斯托克陶瓷博物馆陶瓷部主任米兰达·古德拜带着我在摆满各式各样瓷器的斯托克陶瓷博物馆里行走，想要在最短时间里把英国制瓷业的发展历史向我和盘托出。我们从罗马人占领时期、英国人手工捏制的粗陶盆前走过，绕过斯托克本地的棕色陶土粗制的陶罐，再穿过摆着经斯托克本地匠人精心改制的黄色陶杯，随着英国制陶技艺的发展，粗制的陶瓷逐渐漂亮起来。

“但当人们看到中国瓷器时，曾经被他们视为精美的黄色、棕色陶瓷顿时相形见绌。”古德拜告诉我，“英国大众市场对中国瓷器有很大需求，但瓷器价格却高不可攀，正是在这一巨大反差的刺激下，斯托克的陶瓷技艺被迫改进，目标是生产出同样品质但更便宜的瓷器。”

“从这个意义上来说，正是来自中国的瓷器促进了斯托克陶瓷技艺的升级？”我问。

“景德镇的瓷器绝对是斯托克制瓷业发展的催化剂与推动力。”她回答。

在中国瓷器的刺激下，斯托克的匠人们开始通过实验摸索制瓷秘诀。但没有足够的投入，技术研究谈何容易。至今在斯托克陶瓷博物馆里还展示着当地瓷厂在17世纪对中国瓷器的拙劣仿品。匠人们给黄色的陶碗、陶罐施上白釉，让它们看起来接近中国瓷器，但白釉很软，极易脱落。

“那根本不是瓷器，但仍然有人购买这些廉价的仿品。”古德拜说，“那时还没有电灯，你可以想象，在烛光下，你那些从未见过中国瓷器的邻居看到桌上这些白色瓷盘时震惊、羡慕的眼神。”

中国瓷

18世纪初，为追求烧造出“中国那样的白色瓷器”，斯托克的瓷厂开始使用白瓷土。但英国出产白瓷土的只有西南康沃尔郡和德文郡等少数几个地方，那时还没有铁路和运河，只能靠马匹来驮。在利润的诱惑下，瓷土源源不断地来到斯托克。

从17世纪起，饮茶之风席卷英国宫廷。到18世纪中期，英国人无论贵贱贫富，几乎每天都要喝茶。欧洲对中国瓷器本已旺盛的需求继续增长，瓷器和茶叶也给欧洲人带去一种新的生活方式，延续至今。对于贵族来说，瓷器是权力、是美丽、是贪婪、是激情。法国诗人夏尔·波德莱尔的那句“给我倒杯茶吧，艾兰小姐，请用这精美的中国瓷杯”，曾刺激了多少人对中国瓷器的占有欲。欧洲商人发现，从东方运回茶叶时，瓷器可以压舱，也不会影响茶叶的品质。于是“茶叶加瓷器”的组合成为海上丝绸之路上常见的货物。17世纪末，英国在海战中大大削弱了“海上马车夫”荷兰的贸易与军事实力，逐渐成为东印度海域航运集团的霸主。到18世纪后期，伦敦已经有超过50家经销和承接委托定制中国瓷器的商店。

在斯托克的陶瓷博物馆里，我看到当年英国商人从景德镇定制的粉彩带盖牛奶罐和天主教礼拜仪式用的圣水钵。这种英式造型、中式花纹的外销瓷如今还常出现在英国的大小拍卖会上。每次看到它们，我就仿佛看到一个泡着乌龙茶的星巴克随行杯，或是一尊牵着骆驼的东汉胡人俑，这东西方文化的联姻让人有些猝不及防，但这美妙的结合又如此迷人。出口到欧洲的外销瓷订单源源不断，这让景德镇蓬勃发展，成为名副其实的世界瓷厂、全球瓷都。

那时的斯托克人还在探寻中国瓷器的秘密。虽然在1720年，斯托克的匠人通过向本地的棕色陶土中添加燧石粉的方法烧制出了乳白色的陶瓷，但他们真正掌握硬质瓷器的制作秘诀还要再等上80年，那还是靠一个法国传教士在景德镇得到的制瓷工序及配方。即使在他们掌握了中国瓷器的制造工艺、生产出在价格上能与中国瓷相竞争的产品后，斯托克出产的瓷器上还是打上了深深的中国烙印，因为中国风格的瓷器总有销路。那时斯托克出产的瓷瓶底下，常常画上一个方框，模仿中国瓷器的款识。另一个典型的例子是斯托克至今依然出产的“青花柳树纹样”瓷器。这种纹样是斯托克匠人对遥远中国的想象——柳树、亭台、燕子、船舶。

1824年，一个欧洲客户给斯托克的瓷厂发来的订货单上写着：“不管什么样式，只要（瓷器上）有青花柳树就行。”英国作家托马斯·哈代出版于1895年的小说《无名的裘德》中就提到“青花柳树纹样”的瓷盘，它出现在英国偏僻乡村的面包房里，可见其普及之广。白色的中国瓷器为斯托克带来灵感，也大大刺激了创新。在工业革命的驱动下，斯托克大量生产瓷器，成本得以削减，出口不断增长，最终从英国的瓷器中心发展为世界的陶瓷工厂。

玮致活

“英国瓷器之父”、斯托克匠人约书亚·玮致活正是在那时登上历史舞台的。今天一走出斯托克的火车站，就能看到玮致活拿着瓷罐的雕像。正是玮致活把斯托克从一个粗制的泥胎变成一件精美的瓷器。他是陶瓷匠人，也是个乐于探索的科学家，并且幸运地生活在工业革命期间的斯托克——一个崇尚科学与创新的地方。玮致活出生在制陶世家，幼时感染天花，右腿残疾，因此无法使用传统的脚踏陶轮塑陶。从那时起，他就开始思考如何改良制陶业。

1759年，玮致活给当时常见的粗瓷施上明亮的绿釉，这种瓷器风靡一时，英国富人为之倾心。当斯托克制瓷业规模不断扩大，玮致活又带头向议会请愿，要求修建运河，扩大出口。1782年，玮致活成为斯托克第一个订购蒸汽机的瓷厂主，蒸汽动力开始在斯托克的瓷厂替代不稳定的风力和水力。同年，玮致活在反复试验后，利用对黏土收缩率的计算革新了监测窑温的方法，让这一工序更加依赖科学而非匠人的经验，为斯托克制瓷技艺提升打下基础。因为这一发明，玮致活成为英国皇家学会会员。

斯托克所属的英国斯塔福德郡议会议长菲利显然为瓷都的历史骄傲。他告诉我：“玮致活和博尔顿、瓦特这样的大人物一样，都是工业革命的先驱，总想着如何创新。”玮致活最被人铭记的创新是他研制出通过向瓷土中添加动物骨粉而制成的骨瓷。英国骨瓷甚至比中国瓷还洁白，也更容易烧制。几年内，斯托克几乎所有的瓷厂都开始烧制骨瓷，玮致活、斯波德等品牌的瓷器也成为英国王室用瓷。

“历史上，玮致活既为王室生产瓷器，也为普通人生产他们用得起的瓷器，这两方面同样重要。”斯托克的玮致活博物馆馆长盖耶·罗伯茨说。现在，玮致活被安葬在家乡的教堂里，他的墓碑上刻着：“他将一种粗糙不堪的手工生产变成一种优雅的艺术，以及国家商业的重要部分。”

历史早已证明，创新发明固然可贵，但真正被记住的却是模仿改良、让这些点子真正造福人类、带来改变的人。瓦特被人记住，不是因为他发明了蒸汽机，而是通过他的改良让蒸汽机更加普及，最终导致工业革命，彻底改变了人类的生产方式；福特被人记住，不是因为他发明了汽车，而是通过他的改良让汽车大规模生产，最终走进普通家庭，彻底改变了人类的出行方式；古登堡被人记住，不是因为他第一个印刷《圣经》，而是通过他的改良，实现了《圣经》的商业化印刷，大量《圣经》的出现彻底改变了人类的信仰方式。玮致活也因此成为英国制瓷业发展的里程碑。

制瓷业的兴盛曾给斯托克带来极大的繁荣。当地制瓷业的雇员人数一度超过两万，鼎盛时有两百间瓷厂同时开工，最大的工厂雇工超过千人。欧洲人将玮致活瓷器视为与法国塞夫勒瓷器、德国德累斯顿瓷器一样的精品瓷。

18世纪末，斯托克出产的陶器与骨瓷已经流向印度、非洲、澳大利亚、美洲等地。一个法国人游遍法国后曾抱怨说，一个普通人家的厨房里竟没有一件瓷器是法国产的，全是英国货。1793年，乔治·马戛尔尼代表英王出使中国，并献上玮致活花瓶作为礼物之一赠予乾隆。不知道乾隆在看到英国人受中国工艺影响制作出的瓷瓶时作何感想。

在1851年伦敦举行的万国博览会上，斯托克的瓷器大放异彩——雪白的鹭鸶、画满荷花的墨绿瓷凳，各种瓷器融合了文艺复兴时期的设计、中式元素、法国风。1873年的费城博览会上，斯托克明顿瓷厂制造的一只一人高的彩色瓷孔雀夺人眼球。更为传奇的是，当时一艘船在澳大利亚海岸附近失事，几天后人们在海上发现了一个漂浮的柳条箱，打开一看，这只穿越了半个地球的瓷孔雀竟然完好无损，这更增加了斯托克瓷器的魅力。

消长

正当斯托克在模仿与改进时，景德镇却在不断衰落，最终拱手让出了世界瓷器市场的头衔。双城故事讲到了历史的拐点。

明末清初，战乱不断，民生凋敝，景德镇位于战乱地区，制瓷业一度衰落。康熙初年，在吴三桂叛乱的影响下，景德镇的窑业基础被破坏殆尽。此后又因沿海抗清政权的存在，清政府实行严厉的海禁，官方外销瓷贸易一度中断。中国瓷器的制造技术从清中期开始就不断下滑。当斯托克人开始采用温度计来控制窑温时，景德镇却仍在用焚香计时、试片测温。到19世纪中期，随着英政府对中国进口瓷器征收重税以及斯托克本地瓷业发展等原因，中国瓷的风尚淡去。英国从中国进口的瓷器逐年减少，直至最终不再进口。有时，斯托克的瓷器甚至返销中国。

历史总是三十年河东，三十年河西。

20世纪50年代后，景德镇的制瓷业逐渐恢复，广东、河北等地的陶瓷生产也迅速发展，成为“世界工厂”的中国再次占领全球日用和建筑陶瓷市场。不过，中国陶瓷虽然占有世界市场份额，但在设计与品牌上的缺陷导致高档陶瓷难出，中国瓷始终在低价区间徘徊。

而斯托克的经济则随着英国北部老工业区的衰败开始收缩。先是煤炭和钢铁产业，后来是制瓷业。在科技发展和生产外包的双重冲击下，斯托克的许多瓷厂关张，剩下的只有几个王室用瓷品牌以及一些生产复合、防火材料的工业用瓷厂家。21世纪初，斯托克的25万人口中，仅有约4万人从事和制瓷业相关的工作，瓷业衰败，直接导致失业率升高。

斯托克的命运向来系于制瓷，缺乏其他替代产业，如今它就像人到中年却突然被宣布下岗的工人，无所适从。在2016年的“脱欧”公投中，困顿的斯托克人纷纷用“脱欧”票表达对现状的不满。

但瓷都的故事还在延续，常在人们不经意间就出现戏剧性的变化。

我来到玮致活瓷厂的工作间。这里像个巨大的画室，只是多了一架子一架子的泥坯盘子，伏案工作的绘瓷工们已经习惯了周围参观的游客，有时会停下手中的活儿，和他们聊两句。47岁的绘瓷工李·麦克雷迪正俯身在瓷盘上描绘最传统的花卉图案与王室标志。他在这里画了28年，现在制作一个高档的玮致活瓷盘仍要像当年那样过八次火，由一名熟练的绘瓷工画上两天，然后运到伦敦的哈罗兹百货商店售卖，贵的能卖到几千英镑。

“30年前，我的父亲、叔叔都曾在这里的瓷厂干活，那时每到下午茶时间，几万个英国家庭里的斯托克瓷器就开始叮当作响，但现在这里的瓷厂少多了。”麦克雷迪说，“不过手艺一直没变，我们还是在生产一件件艺术品，而不只是普通商品。”

正是有麦克雷迪这样的手艺人的存在，让斯托克被认为是英国在未来20年“工作岗位最无法被机器人取代”的城市。这带给斯托克人否极泰来的希望。

玮致活瓷厂工作间的另一处，年轻的绘瓷工苏珊娜·赫斯科特也在专心工作。她戴着耳机，听的是英国“污秽摇篮”乐队的重金属摇滚，笔下勾勒出的线条却柔美轻盈。赫斯科特绘制的瓷盘是瓷厂新推出的“东方风情”系列，斯托克人希望当年玮致活所代表的创新精神能再次让这里腾飞。

80年代起，一些失业的瓷厂工人在斯托克成立了自己的工作室，转型制作个人风格鲜明的艺术瓷。这些瓷器在设计、制作上成本很高，只瞄准小众的定制瓷市场。一些来自欧洲、日本甚至中国的陶瓷艺术家来到斯托克，像当年的玮致活那样在这里进行试验与创作。

斯托克市商务局提供给我的数字显示，2016年1月至2017年6月，斯托克所属的斯塔福德郡出口中国的瓷器不到600万英镑，但总体趋势在不断增加。斯托克人也在努力将前往温莎城堡和牛津、剑桥的中国游客吸引到这个与中国颇有渊源的小城来。几年前英国旅游局为向中国游客推广瓷都斯托克，推出“英国等你来命名”活动，斯托克的瓷器被中国网民建议定为“万博陶瓷”，取博采众长之意。现在，玮致活瓷厂在上海已经开设了旗舰店，并力争将中国的门店增加到50家以上，据说玮致活限量版的瓷器正被中国的富豪们争相收藏。一些上海年轻人在结婚前也会向欧美人一样，定制一套属于自己的玮致活“婚礼瓷”。

瓷都兴衰录让人唏嘘与思考。领先与落后，得意与失意，兴盛与衰败，死亡与重生，它们的更替轮回就是历史永恒且唯一的主题。

曼彻斯特

从斯托克坐火车向北，40分钟就到了曼彻斯特。这座城市和英格兰北部的许多其他老工业城市一样，很好辨认，越是接近市中心，铁轨旁那一栋栋高大笨重的红砖房就越多。铁轨上的电车当年搭载的是上下班的工人，红砖房是摆满机器的厂房。200年前，蒸汽与飞梭是这些厂房里最好的装饰，它们象征着不竭的生产力与财富。红砖在雨水与雾霾的侵蚀下已经发黑，那颜色让人想起即将结痂的伤口，这些老厂房成了英国“锈带”城市的标志，几乎成了停滞、失业、衰败的代名词。

工业革命期间，正是曼彻斯特这颗强劲跳动的心脏向斯托克这样的英国城市送去技术革新的新鲜血液，让它们实现生产手段的创新，大规模工业制造成为可能。在许多人的印象里，曼彻斯特是一座享有无限荣光的城市。工业革命从这里发端，最终改变了全世界的面貌，也改变了人类文明的进程。曼联足球队和它们装满故事的老特拉福德球场则在所有球迷心目中占据着神圣的地位。

但我来到这里，却是想看看它那条穿城而过的运河。如果没有运河，曼彻斯特也许就不会成为英国工业革命的发源地，它和斯托克这样的地方可能也不会被世界所知。1761年，城市运河开凿完工，也被认为是英国工业革命开始的年代。产自英格兰北部的煤炭被大小船只由水路运进曼彻斯特的纺织工厂，投进火炉化为蒸汽，驱动纺织机器不停运转。因为有了蒸汽动力，机器不必再由水力驱动，原本只能临河而建的厂房开始向城市各处扩散，曼彻斯特也成了世界上最早的工业化城市。

我步行寻找曼彻斯特的那几条运河。它们太不起眼，早已风光不再，以至于我差点与它们擦身而过。站在只有几米宽的运河前，我很难想象，眼前这漂着落叶的狭窄水道就是当年连接工业革命强劲心脏的血管。出乎我意料的是，今天曼彻斯特穿城而过的运河边到处飘扬着“彩虹旗”，欧洲著名的“同性恋村”就沿河而建，平权运动在这座城市蓬勃发展。傍晚走在运河边，我不时能遇到同性恋者、变装者。他们在河边喝酒、打闹，旁若无人。有不少美国、欧洲大陆的同性恋者特意来到运河边的酒吧，希望在那里找到终身伴侣。

这竟然也是当年工业革命的“遗产”之一。我不理解，为什么这座工业城市会催生出“同性恋村”。我问当地人，他们都语焉不详。翻查资料才发现，一种较为合理的解释是，英国最反对同性恋行为的是重礼仪、讲法度、宗教观念浓厚的中产阶级。而工业革命期间，曼彻斯特几乎都是来寻找工作的劳动者，吃饱饭是他们的第一要务，根本没时间、没心思、没必要去关注身边的这些“不同寻常”。他们对同性恋的友善延续至今。工业革命为曼彻斯特积累了巨大财富，引来了顶尖的人才，于是这座城市诞生了世界上第一台存储式电脑，完成了世界上第一次原子分裂，这是工业革命的馈赠。“同性恋村”也是，只不过这样的馈赠稍显意外。

我开始思考：历史是否就是由一个个总略显意外的真相组成、推动的？第一次工业革命会诞生在英国这样一个孤悬于欧洲大陆之外的岛国，是否本身就是一个意外？

英国其实不产棉花，但寒冷湿润的天气有利于棉花精梳细纺，这让曼彻斯特、伯明翰和利物浦等北方城市成为棉纺工业的中心。课本上将英国的工业革命归功于技术进步和有利于资本主义成长的政治环境。比如，英国1215年的《大宪章》就明确规定了“王在法下”，这让英国的王权受到贵族的制衡，自由的传统得到保障，市民的利益得到尊重，这样的商业精神在欧洲其他国家姗姗来迟。如果研究18世纪英国与法国、德国的不同，就会发现英国工业革命成功的背后除了有进步的技术、有利的政治环境等因素外，还有一个略有些出人意料的原因——当时英国恰好是个煤炭价格低廉而人力成本高昂的国家。在逐利的工厂主看来，推广机器生产可以用廉价的煤炭替代昂贵的劳动力，从而获得更大的利润。18世纪，丰富的商品开始充斥英国市场，进口而来的蔗糖、茶叶也琳琅满目，消费主义盛行让英国人将赚取更多利润视为享受更好生活的唯一途径，工业革命也水到渠成。

简而言之，对财富的追求推动了工业革命的发展。或者说，人的贪欲是工业革命势不可当的根本原因。

在曼彻斯特红砖老厂房改造成的博物馆里，讲解员们开动模仿工业革命时期制造的纺织机器，展厅里顿时嘈杂不堪。他们试图还原19世纪曼彻斯特棉纺厂内的场景：空气热得人无法呼吸，纱尘飞扬，一个织工照看几台织机，忙着换线接线，几个童工在织机下钻来钻去，冒着被机器夹破头的风险，不停地收集掉落的棉絮。他们不敢抱怨，因为从乡下来找工作的人已在门外排起长队。

正是在那时的曼彻斯特，德国青年马克思和恩格斯目睹了工业化进程中工人命如蝼蚁的现实，并最终揭示了资本主义的内在矛盾，引领了共产主义运动。直到今天，当英国贫富差距拉大、普通民众始终处在增收乏力的状况下的时候，左翼思潮就会兴起、蔓延，宣称代表劳工阶层的工党也最终成长为英国两大党之一。这也许是英国工业革命诞下的另一个意外吧。

斯特拉福德：莎士比亚会选择“脱欧”吗？

人生不过是一个行走的影子，一个在舞台上指手画脚的笨拙的伶人，登场片刻，便在无声无息中悄然退去，这是一个愚人所讲的故事，充满了喧哗和骚动，却一无所指。

——莎士比亚《麦克白》

埃文河畔的斯特拉福德——在对世界文学稍有了解的人的心里，这个浪漫的地名总能激起一丝涟漪。它是英国中部华威郡的一个宁静古朴的小镇，是英国文学史上最杰出的诗人、戏剧家威廉·莎士比亚的出生地和安葬地，也是全世界莎剧迷的圣地。

我几次乘火车去斯特拉福德，都是从伦敦市中心的马里波恩站出发，中途在温泉小镇“皇家利明顿温泉”倒车。在过去200年间，拥有世界上第一条铁路的英国经历了铁路系统从私有到国有再到私有的改革，始终在效率、盈利与服务质量之间寻找最佳平衡点。说来也怪，每次怀着“朝圣”的心情去斯特拉福德，总赶上火车晚点。有一次搭乘奇尔特恩铁路公司的列车，到“皇家利明顿温泉”时晚点，没能赶上几小时内仅有的一班去斯特拉福德的列车。经铁路公司的工作人员多方联系，他们最后只好打电话找来十几辆出租车，分批将晚点的乘客送去目的地。我想也许得感谢莎士比亚，让我每次去他家乡的旅程都如此难忘。

静静流淌的埃文河水滋润了斯特拉福德南部开阔的田野，也为这座诞生了世界文豪的小镇添了一丝灵气。莎士比亚去世400年后，小镇中心区域的街道依旧保持着中世纪建筑风格。

小镇

斯特拉福德镇上都铎王朝时期的房屋已被改造成售卖鹅毛笔、十四行诗诗册的纪念品店和提供中世纪饮食体验的酒馆，接待每年来自全球的50万游客。但游客来了又走，这个人口约3万的小镇总体上仍保持着对世事超然的态度。大部分人还是围绕着教堂、酒吧、《斯特拉福德灯塔先驱报》、俱乐部以及慈善商店生活。这些年来唯一能让镇上居民“不淡定”的事是邻近的伯明翰将自己的机场命名为“莎士比亚机场”。但斯特拉福德人最多也只会义愤填膺地说一句：“他们可真会开玩笑！”

莎士比亚一生共写了154首十四行诗、37部剧本，48岁后封笔，从伦敦回到斯特拉福德，并在这里度过了生命中的最后4年。如果他活到今天，一定还能在小镇上轻松找到自己在亨利街的住所。他走出家门，左转并沿着亨利街前行，不久就会经过一所当年属于铁匠理查德・霍恩比的屋子。那屋子如今已是莎士比亚诞生地的礼品商店，童年的莎士比亚也许就在这屋前等待霍恩比的孩子一同出门玩耍。在快要走到那条以大桥命名的街道终点时，他会随着弯曲的街道进入中世纪的克洛伯顿石桥，这座埃文河上的桥如今仍然是从南部进入斯特拉福德的入口。大桥街28号是当年他父亲的朋友亨利・菲尔德的家。菲尔德的儿子理查德曾于1593年在伦敦出版了莎士比亚的长诗《维纳斯和阿多尼斯》。从斯特拉福德高街上的巴克莱银行拐弯，他会经过一家门牌号为高街1号的礼品商店，上面挂着"贸易点"的招牌。当年这里是一座小监狱，门口常常放着一个拘禁犯人的笼子，后来高街1号成为莎士比亚的小女儿朱迪斯与烟草商人托马斯・奎尼的家。

莎士比亚的亲家、布匹商人理查德・奎尼就住在同一条街上的31号。奎尼在1598年10月25日写给莎士比亚的一封信被保存在斯特拉福德的档案馆里。这张7厘米长、5厘米宽、满是霉点的纸片被偶然发现于200年前，如今被神圣地命名为"奎尼之信"。信中，奎尼向"亲爱的好朋友、同乡威廉・莎士比亚先生"借30英镑（约合今天的3750英镑），但后来的研究证明，莎士比亚并未收到此信。奎尼的邻居、高街32号当年住的是亚麻织品零售商丹尼尔・贝克，是个严厉的清教徒，也是斯特拉福德镇上少有的几个思想狭隘、官气十足的人之一，被莎士比亚的大女婿约翰・霍尔称为“坏蛋”。贝克在担任镇长时曾禁止艺人表演，不知道他要是看到今天镇上立着的铜像是莎士比亚《皆大欢喜》里的小丑会作何感想？就在这同一条街上，还有一座用黑木条装饰的三层小白楼，外墙上刻着字母“ＴＲ”，那是这房子曾经的拥有者托马斯·罗杰斯姓名的首字母缩写。这个精于算计的肉贩子当年做出的最明智的决定可能是将女儿嫁给另一个来自伦敦的肉贩子罗伯特·哈佛，托马斯因此得到了一个名叫约翰·哈佛的外孙，正是他后来移民美国，命名了哈佛大学。托马斯当年的肉铺、他的故居现在被游客称为“哈佛屋”。

当莎士比亚走到高街尽头，他会走上礼拜堂街。那里曾住着朱拉埃·肖（正是这位好友曾见证他在遗嘱上签下自己的姓名），莎士比亚唯一的外孙女伊丽莎白·霍尔和她的丈夫也曾在这条街上居住。街尽头靠近行会礼拜堂的地方是莎士比亚的另一处故居，如今以“新居”命名。这几间精巧的砖木房子是当时镇上第二大的宅子，莎士比亚在成为伦敦知名演员与剧作家后，花了用5年存下的120英镑买下这里给自己养老。莎士比亚可能会对“新居”现在的样子颇为吃惊，那里是一座根据维多利亚时代园艺书中所载的样式设计的小花园，里面摆放着一些与他相关的现代艺术品。买了景点通票又时间充裕的游客才会到此一游。就在莎士比亚和妻子安妮迁入“新居”的前一年，他们11岁的儿子哈姆奈特夭折，据说莎士比亚当时正在写作《约翰王》，其中恰好记录了一个母亲失去年轻儿子的悲痛：“悲哀代替了不在我眼前的我的孩子的地位；它躺在他的床上，陪着我到东到西，装扮出他的美妙的神情，复述他的言语，提醒我他一切可爱的美点，使我看见他的遗蜕的衣服，就像看见他的形体一样。”

再往前走，莎士比亚会经过爱德华六世文法学校里看起来有点歪的二层长楼，他也许会记起自己儿时在那里死记硬背拉丁文时的场景，或是校长西蒙·亨特向学生们讲授奥维德诗歌时的愉悦。那时这个学校还被称为“国王新校”，离他父亲和其他市政官一起出席会议的市政厅很近。如果他停下脚步透过学校含铅的玻璃窗向里面张望，他会看到伊丽莎白·杰尔德厅，他曾在那里观看行吟艺人的表演，英国知名的“莱斯特勋爵戏班”也正是在那时来到斯特拉福德演出，这里就是小莎士比亚剧院艺术的启蒙地。

在斯特拉福德，莎士比亚走完自己从出生到死亡的旅程只要十几分钟。路过几户在窗台上放着工艺烛台和瑞典达拉木马的人家，莎士比亚就能走到自己在圣三一教堂的安息地。教堂在埃文河畔，尖顶的哥特式建筑与散落的、几乎已被磨平的墓碑上长满了青苔与藤蔓，像是一个巨大的时间机器，将来访者一下子带回几百年前。400年前，莎士比亚的遗体被安葬在回荡圣歌、闪烁烛光的教堂内，如今要看他嵌在地下的墓碑先要往入口处的木盒里捐几个硬币。墓碑上是莎士比亚自己撰写的墓志铭，要看清它，只能俯身屈膝，甚至单腿下跪，参观者倒也不介意，反正他们是来“朝圣”的。

那铭文写道：“蒙天主仁慈，朋友们请不要碰触我的墓。那些让我的墓地保持原样的人会被保佑，而碰到我身体的人将遭到诅咒。”据说正是这句咒语打消了英国人将莎士比亚的遗骸移去伦敦威斯敏斯特教堂的想法，不少崇拜者们认为，莎士比亚本该在那里和拜伦、弥尔顿、哈代一同长眠。200年前，几个工人挖地窖时意外导致莎士比亚墓地的泥土塌陷，形成一个可直通坟墓、状如拱顶的空洞，但没有人敢去打扰这具由一段诅咒护卫的遗体。据说一个老司事曾斗胆在洞口向里瞥了一眼，但既不见棺椁，也不见骸骨，除了一抔黄土外什么也没有。

故居

斯特拉福德镇的心脏毫无疑问是莎士比亚故居。顺着高街走，绝对不会错过这栋斜坡瓦顶、黄色外墙的两层小楼，那是莎士比亚的父亲买下的，一半是住宅，一半是他制作、售卖羊皮手套的小作坊。与莎士比亚的文学造诣相比，他的商人特质并不广为人知。他出生在一个商人家庭，也继承了父亲的精明头脑。他投资房地产、参与分配莎剧演出收益、参股伦敦的几家大剧院，不久就将家中的老屋扩建，还辟出空房，开设旅店。当年，马车在这栋木头与泥巴搭成的房子里卸下生羊皮和用来制革的石灰、明矾、鸡蛋、狗粪和尿液，童年的莎士比亚应该很早就习惯了家里弥漫的臭味。这味道也是金钱的味道。和今天的香奈儿包、古驰香水一样，羊皮手套在都铎时期的英国就是引领时尚的奢侈品。莎士比亚的父亲因做手套发家，后来当上了镇长，才有了这栋小楼和满屋的豪华家具。他还特意修建了敞亮的窗户，目的是向路人炫耀屋内的奢华。

故居里，卧室、客厅和工作坊都按16世纪的样式布置，在导游的带领下走上一圈，几乎处处可以感觉出这诞生了天才的地方有一种骄傲的神气。年轻的导游想要在最短的时间内将这屋子的与众不同介绍给来访者，他背诵着不知重复了多少遍的解说词，那冷静里又有藏不住的热切。这和200年前美国作家华盛顿·欧文来访时并无区别。但屋内的许多物件已经散失，只有借助这位“美国文学之父”的记录才得以还原：

“屋里那些肮脏房间的墙壁上涂满了朝觐者用各种文字写下的姓名和题词，他们来自不同的国家，属于不同的阶层，处于不同的地位，从王侯直到农夫，但无不以朴素而感人的方式对这位天才的伟大诗人表达了人类自发的、普遍的崇敬……有那支火绳枪的破损枪托，莎士比亚在偷猎时曾用这支枪打过麋鹿；有他的烟盒，足以证明他在吸烟方面堪与沃尔特·雷利爵士匹敌；也有他扮演哈姆雷特时用过的那把剑，还有劳伦斯神甫在墓中发现罗密欧和朱丽叶时用的那盏货真价实的提灯！屋里还大量供应莎士比亚种植的桑树木片，它们也像那真正的十字架木一样，似乎具有出奇的自我增殖能力，现今存世的已多得足够造一艘军舰了。”

不过最令欧文印象深刻的是故居里莎士比亚的那把橡木椅。当年烟囱旁的那把椅子立在一个阴暗小房间的角落里，在他父亲工作间的正后方。童年的莎士比亚也许很多次坐在那张椅子上凝视着慢慢转动的烤肉叉，或者在傍晚时分听镇上的老朋友们闲聊，讲述英格兰动乱年代的教堂墓地故事和各种传闻，他向安妮求婚时据说也是在这把刻着各式花纹的木椅上。“在这把椅子上坐一坐，是前来参观这所房屋的每位游客的惯例，至于这样做是否是希望汲取那位诗人的一点灵感，我真不知道该怎么说才好。”欧文写道，“而我的旅店女主人私下向我保证，尽管这把椅子是用结实的橡木做的，但崇拜者们是如此狂热，每三年至少要给椅子换一次新底板。”这把传奇的椅子在流散多年后又重新回到斯特拉福德，如今摆放在安妮故居中。

故居外的花园曾是莎士比亚的父亲存放动物皮革的场地，石灰坑可能也建在那里。现在，花园里种着各种各样的郁金香和其

伦敦马拉松赛的选手们通过塔桥

2017年3月22日，英国议会大厦外发生恐怖袭击，当日正逢周三，是举行首相问答的日子，袭击发生时首相刚刚离开大厦

酒吧是英国唯一可以不用排队的地方，啤酒是英国唯一可以称赞的食物

一艘高桅帆船通过泰晤士河上的防洪闸

泰晤士河畔的伦敦塔，它曾是英王的宫殿，后来成为监狱，伊丽莎白一世就曾被关押在此

玻璃外墙的伦敦市政厅大楼建得歪歪扭扭，就像一个在风中摇曳的肥皂泡，为的是让建筑投在地面上的阴影减少到最小，使北侧泰晤士河边的人行道能够获得自然光照，这对阴多晴少的伦敦十分重要

伦敦金融城是英国乃至全世界财富最集中的地方，仅有2.6平方公里的地块上，堆积着巨额财富，聚集了全球的精英，也见证着无数创业者的梦想

伦敦诺丁山的丘吉尔酒吧。带领英国赢得“二战”的丘吉尔在战后即被英国人“抛弃”，在大选中惨败。他却说，对伟大人物忘恩负义，是伟大民族的标志

剑桥无围墙，这里是达尔文、培根、图灵、霍金的母校，他们都是致力于拓展人类知识疆界的拆墙人

伦敦摄政运河上的小威尼斯，名字据说是诗人罗伯特·布朗宁起的，这水道就是当年连接工业革命强劲心脏的众多血管之一

利兹古堡前的名车展。英国常常让人在古老与现代之间产生恍惚

英国草场上慵懒肥硕的绵羊总让人想起当年那个“羊吃人”的时代，那是工业革命的前奏

如果计算每平方公里内保留下来的历史传统数目，牛津大学应该是全英最多的。光荣属于牛津，权力则属于各个学院

隐匿在山谷中的英国斯托海德花园是世界上最好的景观园林之一，如今由“国家名胜古迹信托基金”管理

两千年来，刀劈斧削一般的多佛白崖静静矗立在英吉利海峡边，它已经成了英国的象征，英国人深爱这白色的崖壁

巨石阵是英国最著名的史前建筑，有学者推测巨石是古人用来记录太阳运行规律的

英国西部科茨沃尔德地区被称为全英“最美乡村”。林语堂曾说：“世界大同的理想生活，就是住在英国乡村。”乡村是一国实力的体现

马克思安葬在伦敦市北郊的海格特公墓。2018年是马克思诞辰200周年，英国共产党党员来墓前悼念

每年的切尔西花展女王必去。侍弄花草是许多英国老太太生活中的重要内容

英国各大城市每年都会有同性恋大游行。不同的观点、不同的性取向都不需要隐藏，因为不同在这里是常态而非异态，更非变态

英国北部湖区是户外徒步的好去处。能过“慢下来”的生活是英国强大的一个体现

每年伦敦的新年大游行上总能找到维多利亚时期的元素，那是“日不落帝国”最强盛的年代

爱书的布斯将家乡小镇海伊打造成全球爱书人的圣地，他还在那里买下城堡，自封国王，建设反抗权威的乌托邦。如今，城堡残破，国王老去，书镇在电子化阅读的冲击下也显露颓态

英国中部埃文河畔的斯特拉福德小镇上有莎士比亚的故居和他的墓地。"脱欧"还是不"脱欧"？这让斯特拉福德人纠结至今

泰晤士河畔的露天书摊是淘书人的好去处。伦敦大大小小的旧书店、旧书摊中藏着各种珍宝，待人发现

每年8月的伦敦诺丁山狂欢节是欧洲最大的夏日狂欢盛事，狂欢节源于当地加勒比移民的传统与文化

每年的伦敦时装周期间，街头穿着时尚的姑娘不知怎么地便会多起来

皮达尔·韦兰是天主教徒，年轻时曾是爱尔兰统一运动狂热的支持者，他在1977年的一次天主教徒武装力量组织的游行中被捕，他记得在警察把自己按倒前，他刚刚砸碎了一间房子的窗户

每年3月的圣帕特里克节是绿色的海洋，这是爱尔兰人的节日，绿色是爱尔兰人钟爱的颜色

讲述丘吉尔在“二战”时的故事的电影《至暗时刻》在英国的一个冬日上映。许多人说“脱欧”将让英国陷入“二战”以来最大的危机

他一些我叫不出名字的植物，其中一些可能曾出现在莎士比亚的剧本里。花园里还有一尊印度诗人泰戈尔的铜制半身像，据说他曾深受莎士比亚诗歌的启迪。故居中的另一座铜像由汤显祖的家乡、中国江西抚州市赠送，手持鹅毛笔的汤显祖与莎士比亚相对而视。这两个从未谋面的剧作家以及西班牙的塞万提斯均在1616年去世，中国人从这莫大的缘分中看出市场机遇，目前正在抚州修建“三翁（戏曲）小镇”，要把斯特拉福德整体“克隆”到抚州。对于这想象力丰富的复制计划，小镇上的居民倒是觉得新鲜兴奋，和世界上人口最多的国家拉近感情上的距离意味着更多的潜在游客和旅游收入。

英国人说，宁可失去英伦三岛也不能没有莎士比亚。斯特拉福德目前的收入与就业几乎完全依靠发展“莎士比亚经济”。镇上与莎士比亚相关的五处房屋均由“莎士比亚出生地信托基金会”独立管理运营，它是个慈善机构，收入主要来自捐款和门票收入，还包括一些纪念品、餐饮收入等，英国政府不投入资金。

基金会的项目主管尼克·福尔彻和我坐在莎士比亚故居内的咖啡店里，告诉我他对“三翁小镇”的想法有多着迷，对中国高中生在课堂上背诵十四行诗有多吃惊。

“这是与我们完全不同的运作模式，我知道政府的支持能让中国城市做事的效率大幅提高。”他说。福尔彻所在的信托基金会虽然是独立运作，但斯特拉福德地区议会领导人和镇议会领导人都是基金会董事会成员，保证基金会可以充分考量政府的意见。作为信托制度的发源国，英国大多数景点都是由与“莎士比亚出生地信托基金会”类似的信托基金会管理。政府有限地参与景点保护，不干涉资金运营，通过财税调节、规划督导、政策制定等行政手段，对城镇建设规模、发展方向进行宏观调控，调动公众及社会团体的参与热情。

“基金会模式有什么好处？”我问。

“我们不以赚钱为目的，所有收入都投入古迹维护和文物收集。”他说，“整个过程受英国慈善委员会监督，希望可以避免过度的商业开发，保护小镇的宁静和厚重的历史感。”

为了充分展示莎士比亚在这里“从摇篮到坟墓”的一生，斯特拉福德的各处景点都致力于让游客和自己的文学偶像进行心灵对话，增进情感交流，从走马观花的“旅”向互动交流的“游”提升。

“有你想听的十四行诗吗？任何一首，或是莎士比亚戏剧里的句子，我来为你背诵。”故居里，一个打扮成莎剧里某个王子的专业演员正向游客发出互动的邀请。我猜他最常背诵的是《可否将你比作夏日》或是“生存还是毁灭”。

“如果要你用莎剧的一句台词来描述英国‘脱欧’，你会选哪句？”我问他。

我本以为他会背诵《麦克白》中的“大夫，要是你能够替我的国家验一验小便，查明它的病根，使它恢复原来的健康，我一定要使太空之中充满着我对你的赞美的回声”，或是“黑夜无论怎样悠长，白昼总会到来”。

他想了想：“对不起，关于‘脱欧’我还是什么也不说了吧。”

样本

2016年6月的英国“脱欧”公投像一把无情的手术刀，将斯特拉福德的表皮瞬间切开，把深藏其下、最真实的繁复肌理与偾张的血脉呈现出来，它所带来的刺激与冲击也引起这个小镇最自然的应激反应。在那场公投中，小镇所在的斯特拉福德地区超过八成选民参加投票，最终52%的人选择“脱欧”，48%的人选择“留欧”。“脱欧”票只领先4个百分点，这与英国全国的投票情况完全相同，这赋予了斯特拉福德以小见大的样本意义。莎士比亚的家乡和英国一样，在纠结中选择和欧盟分道扬镳。

镇上人对“脱欧”的态度也分为两极。包括斯特拉福德地区议会领袖克里斯·思恩特在内的一些当地人在得知本地区“脱欧”公投的结果后都很平静，“很失望，但并不吃惊”。而71岁的当地居民大卫·斯蒂芬斯将英国公投“脱欧”的那一天描述为自己生命中“除了亲人去世的日子以外最糟糕的一天”。他的妻子英格丽德是德国人，是小镇上的自由职业译员。他认为，英国选择“脱欧”就是选择自我孤立，让人伤心。斯蒂芬斯引用莎士比亚剧本《理查二世》中的一段台词来形容自己在“脱欧日”的心情：

“英格兰，它的周遭为汹涌的怒涛所包围，它的岩石的崖岸击退海神的进攻，现在却笼罩在耻辱、墨黑的污点和卑劣的契约之中，那一向征服别人的英格兰，现在已经可耻地征服了它自己。啊！要是这耻辱能够随着我的生命同时消失，我的死该是多么幸福！”

莎翁洞察人性。莎翁的家乡人更懂得：从来没有无缘无故的爱，也没有无缘无故的恨。

在莎士比亚故居附近开店的美国古董商人斯科特已经在镇上住了十多年，妻子就是镇上人。斯科特说，自己身边的一些朋友总在抱怨，从东欧来的移民抢占了斯特拉福德的资源。“他们确实挤满了医院、银行、理发店，哪儿都在排队，而队伍里都是东欧人。”作为没有投票权的外国人，斯科特看得更清楚，“他们选择‘脱欧’就是想让小镇回到原来的样子。”

和英国不少地方的情况一样，斯特拉福德镇上酒吧、餐馆的服务员大多来自波兰、斯洛伐克等东欧国家。带东欧口音的英语似乎已经成了英国服务员的标准语言。按照规定，成员国劳动力可以在欧盟范围内自由流动，许多东欧国家的劳动者开始涌入西欧寻求工作机会。根据英国“脱欧”公投后公布的官方统计数字，8个2004年加入欧盟的东欧国家在英国工作的总人数首次超过100万。但事实上，一些数据也表明，在劳动力短缺的英国，外籍劳工为经济发展做出了不小的贡献。斯特拉福德的经济发展主要靠旅游业支撑，来自欧洲的游客是小镇的重要客源，来自东欧的劳工是支撑服务业运转的重要力量。人们担心，“脱欧”将提高外籍劳工来英工作的门槛，让外国人更难进入英国。

“这世界本是一座舞台，一切的男男女女只不过是演戏的人；他们各自有出场之时，又各自有退场之日。”莎士比亚去世400年后，他的话犹在耳旁，用来描述英国今天闹哄哄的“脱欧”进程，再妥帖不过。

如果莎士比亚投票，他会选择“脱欧”吗？这个问题在斯特拉福德引人遐想。

正如莎士比亚在《安东尼和克里奥佩特拉》里写的那样：“智慧是命运的一部分，一个人所遭遇的外界环境会影响他的头脑。”可以想象，如果他活到全球化的今天，他的生意一定与欧洲大陆密切相关。不管是为了羊皮手套向西欧零关税出口，还是为了吸引东欧游客，商人莎士比亚很可能会和今天伦敦的商人们一样，坚定地反对“脱欧”。

莎士比亚似乎不是一个仇外者或种族主义者，不会支持英国选择“脱欧”后针对外来移民的排外情绪。虽然他将犹太人夏洛克塑造成“冷酷无情的吝啬鬼和高利贷者”，但目的却是借夏洛克的嘴控诉当时欧洲的反犹主义，是要发出“难道犹太人没有眼睛吗？难道犹太人没有五官四肢、没有知觉、没有感情、没有血气吗？”这样的感慨，发出“你们要是用刀剑刺我们，我们不是也会出血的吗？你们要是搔我们的痒，我们不是也会笑起来的吗？”这样的呐喊。不过，莎士比亚本人是个坚定的爱国者。他在《理查二世》中毫不吝惜对英格兰的溢美之词——“统于一尊的岛屿”“庄严的大地”“战神的别邸”“新的伊甸，地上的天堂”，这可能让他在精神上和今天提出“让英国重新获得独立”的“脱欧派”产生共鸣。

有意思的是，在对欧洲的态度上，莎士比亚和他的家乡人一样，始终持模棱两可的纠结态度。一方面，虽然莎翁一辈子没有走出过英国，但他留下的37部剧作中，超过一半是以欧洲大陆为背景的故事：《罗密欧与朱丽叶》《奥赛罗》和《威尼斯商人》在意大利，《仲夏夜之梦》和《雅典的泰门》在希腊，《哈姆雷特》在丹麦……从这个角度看，莎翁不是对欧洲持怀疑态度的“脱欧派”。但另一方面，莎士比亚对欧洲人又是充满批判的。在他笔下，希腊人是“无礼的”，西班牙人是“夸夸其谈的”，丹麦人是“腐烂的”，荷兰人是“愚钝的”。他在《亨利六世》中写道：“只能利用法国，不能信赖法国。”这与英国今天实用、渐进、经验与怀疑的外交风格，以及功利主义的“疑欧传统”不谋而合。

莎士比亚在《哈姆雷特》里写道：“其实世事并无好坏，全看你们如何去想。”对莎士比亚而言，“脱欧”对英国是福是祸会像“生存还是毁灭”这个“哈姆雷特之问”那样，是个值得费劲思考的问题吗？

镇长

我和朱丽叶·硕尔特相约在她镇议会的办公室见面，办公室窗外就是莎士比亚曾经每天的上学路。这个和莎剧中那个知名女主角同名的女人是斯特拉福德镇的镇长，是她家族中在镇上出生、长大、读书的第五代，在大学毕业后又回到家乡经商、从政。她和莎士比亚一样，一辈子都没有真正意义上离开过小镇。有几件事让硕尔特特别自豪：一是，她创办经营的一家舞蹈学校里不断培养出舞蹈新星，目前已经连续三年有她的学生进入风靡欧洲的娱乐节目《英国达人秀》（*Britain's Got Talent*）的总决赛；二是，她和莎士比亚的父亲约翰·莎士比亚一样，都被小镇的居民选为斯特拉福德的“父母官”，他们的名字都被刻在议会的石墙上，刷上金漆。硕尔特在2000年和2016年两度当选斯特拉福德镇镇长，每届任期一年，目前还是斯特拉福德地区议会的议员。

68岁的硕尔特有一种本领，她既能充分表达自己的观点，又能让和她对谈的人不被冒犯，甚至感到一种愉悦。她似乎具备一种乖巧懂事的“讨好型人格”，以至于她的金色短发和略略沙哑的嗓音都显得低调而温暖。她特意戴上代表镇长身份的金色项链，站到由三只豹子的脸组成的斯特拉福德盾牌纹章前，不厌其烦地摆出各种姿势让我拍照。她的口头禅是“对”“那是”“绝对的”“毫无疑问”。这些词被不断替换，表达善意与亲密，她有时候甚至没有听完我的话就习惯性地提高音量，吐出其中的一个。我被硕尔特“小女人”的外表误导，直到我们开始谈“脱欧”。

“你一定投了‘留欧’票吧？”我想象不到这么温顺的女人会投出“反叛”的一票。

“我投了‘脱欧’。”她坦率而坚定的回答让我吃惊，“我不喜欢欧盟总对英国指手画脚，我们需要自己的法律，自己的主权，也需要找回我们一点一点失去的价值观，回到从前。”

硕尔特的语气开始严肃起来，仿佛我们谈的是生离死别。

“但斯特拉福德毕竟是个靠旅游业发展的地方，‘脱欧’有可能减少来自欧洲的游客量。”我说。

“如果‘脱欧’后，外国移民来英国需要经过更为严格的程序，或者外国游客申请签证需要交更多钱，我认为都不是问题。”她回答，“就像如果我真正想去中国，我不会在乎那152英镑的签证申请费，因为我想去。”

“从欧盟拿回我们失去的主权！”正是英国“脱欧派”的口号之一。英国在1973年加入欧盟后，国内“疑欧者”就始终认为，应该从欧盟拿回边界控制权和立法权，让英国重新成为一个主权独立的国家。而对承担高额欧盟会费和布鲁塞尔官僚主义的批评也让英国“脱欧”的呼声从来没有停止过。

“脱欧”带来的巨大不确定性虽然尚未影响英国经济增速，但已经让英伦三岛明显感受到物价上涨的压力，英镑兑美元的汇率也跌至历史低位，关于英国将逐渐丧失世界金融中心地位的警告也不时被提起。在斯特拉福德小镇上的超市里，当地居民们和其他英国人一样，能最直接地发现公投“脱欧”给英国带来的变化。英镑贬值造成进口成本增加，让超市里的马麦酱（英国人的“王致和”）涨价了，进口的瑞士三角巧克力价格虽然没变，但每盒的重量却变轻了。

现在再看当时的投票，硕尔特对自己的选择并不后悔。但她也承认，事实上当时报纸上的一些信息是矛盾的，一些头条甚至是误导性的。“如果当时政府给出更加清晰的‘脱欧’或者‘留欧’计划，或许结果会不同吧。”她说。

“你觉得莎士比亚会选择‘脱欧’吗？”我想听听这个斯特拉福德人的判断。

硕尔特哈哈大笑。“莎士比亚是个吟游诗人，他喜欢和各种人聊天，如果没有那么多欧洲人到他爸爸的手套店里去买手套，和他谈天说地，莎士比亚不可能这么了解人性、了解这个世界，不可能写出这么深刻的作品。”她说，“从这个意义上说，他可能会担心再也没有那么多外来者来和他聊天，所以他可能支持英国留在欧洲吧。”

布莱森

我再次和人聊起“莎士比亚是否会选择‘脱欧’”这个话题时，英国已经正式开始退出欧盟的一年倒计时。回答我这个问题的是客居英伦的美国作家比尔·布莱森。这是英语世界作家里一个响当当的名字，几乎在每家书店的畅销书书架上，你都能轻松找到他的书。他写英国的《小岛札记》被英国读者推选为“最能深刻传达英国灵魂的作品”，他在其中做出了类似“英国人是世界上最快乐的人”“英国人创造了世界上最多的游戏”这样的判断，让英国人自己忍俊不禁。他懂英国。

“莎士比亚应该会是个‘留欧派’，他显然十分清楚英国以外那个‘更广阔的世界’，也对人可以愚蠢到何种程度心知肚明。”布莱森很笃定，“选择‘脱欧’的这代英国人显然达到了愚蠢的巅峰。”

“蠢在何处？”我问。

“英国从一个小岛发展为一个世界性的国家，它在语言、人种、服饰、生活方式等诸多领域的多样性正是它的魅力所在，也是大家都想来这里的原因。”他说，“而现在英国竟决定抛弃这一切。”

“你打算写一写‘脱欧’后的英国，再记录一次这个你喜欢的国家吗？”

“我害怕这样的书写出来会让人感到郁闷压抑。”布莱森回答，“我没办法在这个主题上开玩笑挖苦英国。”

布莱森说起话来轻声细语、温文尔雅，这和他文字里美国式的冷眼观察、不留情面的讽刺挖苦大相径庭。这个在英国生活了40年的作家曾在《莎士比亚——世界舞台》一书中以史学家的热情考证了以下问题：莎士比亚的容貌如何？他支持英国新兴的圣公会还是罗马天主教？他和安妮是否未婚先孕？他的父亲是从哪里移居斯特拉福德的？大多数考证并没有结果，但他在和历史较真的过程中勾勒出莎士比亚时代的英国社会风貌。如果能自由选择，布莱森最愿意邀请这几个人来参加自己举办的派对——莎士比亚、艾米莉·狄金森、乔治·华盛顿和爱因斯坦。

“不过如果真有这样一场聚会，向他们解释其他来自不同时空的人是谁就会花好几个小时。”他说，“更要命的是，如何告诉他们派对结束时，他们还得重新死去？”

“莎士比亚在今天为什么仍被尊崇？”我问布莱森。在他的书中，他曾指出在莎士比亚去世时，与他同时代的弗朗西斯·博蒙特、约翰·弗莱彻、本·琼森等剧作家都比这个来自斯特拉福德的乡下佬要更成功，但在这场知名度的赛跑中，莎士比亚明显后来居上。不过莎士比亚与今天这个时代又有多息息相关？连家乡人都没能与他在是否“脱欧”的问题上达成一致。

“我真不知道他是否还在影响今天的世界。”布莱森说，“他的剧本都棒极了，超越时间，文字优美、睿智，但这些品质对今天的普通人来说是否重要？我真不知道。”

波士顿："脱欧"小镇

不能用*GDP*或其他经济数字来评价一切，还有一种标准叫生活品质。

——英国独立党前领导人奈杰尔·法拉奇

从伦敦坐火车往北走，两个小时就到了这座位于英格兰中部林肯郡的小镇。和多元包容的伦敦相比，波士顿是另一个世界——至少从2016年那次"脱欧"公投的投票情况来看是这样。

在今天的英国政治版图上，波士顿是"最支持'脱欧'的地方"。这个人口3.5万的小镇上四分之三的人都投了"脱欧"票，如此强烈的政治表达让政治评论家和学者都感到吃惊。波士顿在英国媒体的报道中成了"脱欧"与"疑欧"的象征，记者们从最拥护"留欧"的伦敦赶来这个他们从未关注过甚至从未听说过的地方，想要在这里解读英国人政治选择背后的逻辑。

我来到波士顿时，那次震惊世界的公投已经过去一年。但一听说我是记者，波士顿人还是敏锐地猜到我的来意，"脱欧"仍是小镇上全部的新闻。不知是巧合还是波士顿人善于伪装，我在镇子上遇到的绝大多数人都是投了"留欧"票的那四分之一。一年前还执着于“脱欧”的小镇似乎急于隐身，重归寂静。

风车

乍看之下，波士顿和其他英国乡村小镇并无二致，平静安逸。镇上多数居民支持执政的英国保守党，他们每天的生活围绕着三条主要商业街、《波士顿标准报》、每周两次的集市和高耸的圣博托尔夫教堂。中世纪时这座83米高的教堂曾是全英国最高的建筑，纪念的是公元7世纪的圣徒博托尔夫。博托尔夫因“驱赶沼泽中的魔鬼”留名基督教，我眼前的这座教堂只是全球70座以他名字命名的教堂之一。现在圣博托尔夫教堂已经和波士顿一样平淡无奇，它只是英格兰第14高的教堂，当地人称它为“波士顿大墩子”。

如果非要说波士顿和其他地方有何不同，倒也有两处。一是镇上的本地人多是老人，他们白发苍苍，拄着拐杖或是拖着买菜的拉杆袋，挪动脚步，要不就是一个人坐在咖啡店外的小桌子旁，面前放着一杯咖啡，偶尔抬头和身旁走过的老人打个招呼，聊聊他们共同的朋友。老人多，这和波士顿镇外成片的蔬菜种植园有关。近百年来，小镇的经济主要靠蔬菜种植及农产品加工，缺乏新的增长点，因此经济发展始终低于英国的平均水平。大多数年轻人选择前往不远的诺丁汉、伦敦等大城市工作。

第二处不同可能就是镇上那座七层楼高的荷兰式大风车。这座200年前建成的风车由五片巨大的叶片驱动，近距离看它时，我惊讶于柔和的风竟能驱动如此的庞然大物。钻进这风车磨坊里细看，落满灰尘的齿轮旋转咬合，转速随风速变化，一粒粒小麦落入石磨盘上深不见底的孔洞中。这风车是目前全英格兰仍在运转的风车里最大的，现在一周还工作六天，磨出的面粉装在印着风车图案的纸袋子里出售。站在石磨盘前，我感觉它就像一个巨大的钟表，嘎嘎作响，发出木地板开裂的声音。这种人类向自然索取动力的最原始方式让我觉得如此神奇，就像来到了爱丽丝掉入的那个树洞，四下无人，磨盘、碾棍却运转如飞。我想起曾经坐在一辆无人驾驶汽车里的感觉，惊奇兴奋之外，还有对失去操控权的焦虑和恐惧。

这风车是波士顿曾深受欧洲影响的证明。历史上，波士顿镇所在的波士顿自治市曾是英国最开放的地区之一。作为面向欧洲大陆的英国港口城市，波士顿从14世纪起就受益于与荷兰的羊毛、食盐自由贸易，经济日渐兴盛。17世纪起，欧洲大陆包括加尔文教在内的、与正统天主教教义相悖的“异端思想”正是从波士顿进入英国，波士顿镇也始终是英国在宗教思想上最“离经叛道”的地区之一。1620年第一批从英国搭乘“五月花号”前往美洲新大陆的清教徒中，就有一部分人曾试图从波士顿启程逃往荷兰，只是在计划失败后才转投英国西南的普利茅斯。从波士顿出发前往新大陆的清教徒用这个小镇的名字命名了好几处聚居点，其中大西洋那头美国的那座同名城市最为著名。

这就让我更加困惑。为何英国历史上与欧洲联系最紧密、思想最开放的小镇现在却最坚决地要求脱离欧盟、限制进入英国的欧洲移民数量？再看波士顿的风车，它似乎就和乔治·奥威尔《动物庄园》里的那架风车一样，预示着分裂与不祥。

西大街

有风车的地方必然有耽于幻想、可悲又可爱的堂·吉诃德。

我遇到71岁的波士顿人爱德华·弗雷德里克时，他正坐在小镇集市旁赫伯特·英格拉姆的雕像下发呆。英格拉姆是波士顿一个屠户的儿子，他在19世纪中叶创办了世界上第一份以图画内容为主体的周刊《伦敦新闻画报》。如果今天这份画报没有消失，它肯定会大篇幅报道弗雷德里克这样投了“脱欧”票的人，说不定会给他一个整版的肖像特写。弗雷德里克在波士顿出生、长大、工作、退休，他却说自己已经不认识这个镇子了。当镇上第一家中餐馆开张的时候，许多波士顿的居民就感到“震惊”，后来有人想把镇上倒闭的一家“鱼和薯条”餐厅改建成土耳其餐厅还遭到弗雷德里克和部分居民的反对。

“全都变了，商店变了，食物变了，我的邻居也变了，现在西大街也变成了‘东大街’。”他没好气地说。

“‘东大街’？”我不理解，以为他说的是镇子扩大后改变了街道的地理位置。

“那里到处都是东欧人，波兰人、罗马尼亚人、立陶宛人，波士顿已经成了他们的了。”老人说，“他们抢走了我们的工作，他们在英国赚了钱就寄回家，波士顿人越来越穷了。”

“‘公投’一年了，如果再给你一次投票的机会，你会怎么投？”我问。

“还投‘脱欧’。”弗雷德里克很坚定，“虽然一年来改变还没出现，但只有‘脱欧’才能让镇子改变。”弗雷德里克对自己政治选择的坦诚来自他的愤怒。他愿意向一个素不相识的中国记者承认自己支持“脱欧”，并公开表达对镇上东欧移民的不满，而其他波士顿的“脱欧派”则因害怕自己的选择被视作“种族主义”和“盲目排外”而选择沉默。

我去了西大街。那是小镇的一条不到500米长的商业街。如弗雷德里克所说，西大街上的不少店铺都是东欧移民经营的超市、餐馆，一般以“欧洲超市”“巴尔干餐馆”为名，门面上用包括英国、波兰、罗马尼亚、立陶宛等各国国旗做装饰，售卖香肠、熏火腿等东欧特色食物和用品。我走进一家立陶宛餐馆，服务员说没有英文菜单，只能连说带比画地给我解释什么是“skruzdėlynas”（一种形如烟囱的立陶宛甜点）。广播里播放的是东欧的节目，坐在我周围的也都是立陶宛人。我原以为波士顿这样的小镇“小而无内”，但西大街俨然成了镇里的“东欧村”。

波士顿人选择“脱欧”的第一个原因就是欧洲移民大量进入，镇上居民——特别是像弗雷德里克这样上了年纪的居民——觉得自己曾经熟悉的生活环境被这些移民彻底改变了。波士顿目前已是英国外来移民比例最高的地区之一，被媒体称为“小波兰”。小镇人口中，大约十分之一是移民，这是波士顿所在的林肯郡平均数据的三倍。波士顿的移民中，绝大多数来自东欧，一小部分来自巴基斯坦和印度。希望“脱欧”后的英国拿回丧失的边界主权、限制欧盟移民自由进入，这成了波士顿人要“脱欧”的最主要原因。

波士顿对来自欧洲大陆的移民并不陌生。20世纪中期，大批爱尔兰工人曾来到波士顿的农场工作，负责播种与收割，但大都是季节工，农闲季一到就回到爱尔兰。20世纪末，几千名葡萄牙工人涌入波士顿，镇上人还记得2004年葡萄牙欧洲杯英格兰队输给法国队后，波士顿当地人和葡萄牙社群发生冲突，引发骚乱。但随着2004年欧盟史上最大的一次东扩，波兰、立陶宛等东欧国家移民在经济动因的驱使下陆续来到波士顿找工作，最终成为这里最主要的移民。

“为什么来波士顿？”我问在镇上一家中餐馆打工的罗马尼亚人马里奥斯。

“我很喜欢这里，这里比罗马尼亚好。”这个18岁的小伙子英语生涩，好不容易才说全了一个句子。马里奥斯的两个哥哥先于他来到波士顿，他们动员弟弟来这里团聚，这里打工的收入是罗马尼亚的三倍。语言不是问题，马里奥斯在镇上一般只需要说母语，因为西大街上就有罗马尼亚人经营的超市、餐馆和理发店，还有针对东欧人的职业介绍所、新移民咨询中心。

独立党

波士顿人觉得，移民越来越多了，他们担心移民人数失控。镇上的酒吧招待、医院护士多是东欧面孔，镇外大片蔬菜农场里，雇用的大多数工人也来自东欧。英国的移民数据证明了波士顿人的感觉。在“脱欧”公投后的一年，英国净移民人数（移入人口减去移出人口）超过33万，为历史同期第二高；从欧盟国家移居英国的人数超过28万，为历史同期最高。目前在波士顿工作的东欧移民大多是像马里奥斯这样的年轻人，他们虽然没有对当地的医疗和养老系统带来压力，但少数人爱喝酒、酒后闹事、随地小便、随手乱扔形如子弹壳的“笑气小瓶”（一种英国年轻人中流行的新型毒品）等行为造成了对东欧移民的污名化。镇上一些商店门前就贴着印有东欧语言的招贴画，告诫年轻人这里是禁酒区域。波士顿人认为，正是移民的大量到来导致波士顿房租大涨，也加剧了当地公共资源的紧张，比如镇上堵车日益严重，医院、银行、幼儿园里总是人满为患，犯罪率也居高不下。而语言不通让当地人和东欧人之间缺乏交流。各自社区功能相对完善、自给自足，又进一步加剧了种族间的猜忌与隔离，让波士顿成了全英“居住者隔离程度最高的地方”。

但波士顿“脱欧”票比例如此之高，不能不提另一个重要因素——英国独立党。这个成立于1993年的右翼政党以推动英国“脱欧”为最终目标。在英国主流媒体的报道中，它被贴着“煽动民粹”“盲目仇外”的标签。它的历任党魁不是“不成功的商品经纪人和醉鬼”，就是“上任18天就辞职”的倒霉蛋，再不就是“因女友涉嫌用种族歧视语言侮辱王妃”不得不下台的可怜虫。独立党政客在宣传中称，英国加入欧盟导致它必须服从欧盟法律、缴纳高额会费，这些资源本可用来改善英国人的生活。围绕这一陈述总有各种证明或证伪的数学公式和理论模型。现在说起独立党，几乎没人弄得清它的领导者是谁，也没人清楚英国公决“脱欧”

后这个党还有什么必要继续存在。但在2016年，这个党员不到四万人的政党却作为当时的英国第三大党被载入史册。在“脱欧”公投结果揭晓那天，原本已经承认失败的独立党党魁奈杰尔·法拉奇却戏剧性地迎来了人生中最辉煌的一刻，独立党实现了它的建党初衷。波士顿当时就是独立党的“铁票仓”。

当我接到强纳森·诺贝尔给我的邮件回复时，我有点不敢相信。我原以为这个波士顿自治市（管理波士顿镇）议会中英国独立党的副领袖会拒绝我的采访要求，因为他完全可以不必理会对独立党总是进行负面报道的媒体。但从他的回信中看，他甚至是有点期待。按诺贝尔的建议，我们在镇上的“白鹿酒店”见面。维特汉姆河边的“白鹿酒店”在200年前曾是波士顿镇政治的核心，英国的自由党人和保守党人曾几次争夺这里的控制权，他们说谁拿下“白鹿”，谁就拥有波士顿。这让我想到，波士顿不正是英国充满恩怨纠葛、带着魔幻主义色彩的“白鹿原”吗？我在酒店的餐厅等待诺贝尔，想象着他的样子：年轻气盛、固执己见、振振有词……我预感到可能我们要就“移民对英国是福是祸”这一辩题来一场大辩论。

推门进来的诺贝尔和我的想象完全不同：50岁出头、秃顶、中等身材，爱皱眉，一身休闲西服，说话温和、不紧不慢，对来送咖啡的东欧服务员——那些他和他的党派要努力阻拦在英国之外的人——也彬彬有礼。在每条高街上的酒吧里，你几乎都可以碰到一个诺贝尔这样的英国人。他们是有固定职业的中产阶级，有栋离市区不远不近的房子，有几个读公校的孩子，养一条狗，复活节或圣诞节假期会去西班牙或法国休个假，日子过得不算失败，但也远称不上成功。诺贝尔是个中学老师，教音乐和历史。他是个太普通的英国人了，不过这也许正是他所代表的独立党能为波士顿的普通英国人带来共鸣的原因。我们从“脱欧”公投聊起，那次投票结果揭晓后，诺贝尔曾在镇上的中心广场打出“伟大的公投结果”标语牌感谢波士顿的居民。也正是在这个广场上，波士顿的年轻人曾在“脱欧”公投结果揭晓几个月后，举着英格兰的圣乔治十字旗、扯着“现在就启动‘第50条’（《里斯本条约》中启动成员国退出欧盟程序的条款）拯救我们的国家”大横幅，隔着维持秩序的警察与镇上的东欧移民对骂。

“波士顿成为‘脱欧小镇’你意外吗？”我问诺贝尔。

“不意外，我们为此做了好几个星期的拉票活动，这是波士顿人的真实想法。”他说。

“波士顿人为什么要‘脱欧’？”我问。

“移民当然是一个重要原因，他们为波士顿的经济做出了贡献，这点我并不否认。”诺贝尔说，“我们担心的只是过去这些年里不受控制的移民潮。”

“应该怎么控制？”

“‘脱欧’后，英国能自主控制移民数量和构成，限制非技术工人进入，让那些英国真正需要的、高素质的移民来英国。”

“但如果没有那些‘低素质’的移民，波士顿的蔬菜种植园里将没有足够多的工人。”我追问。

“已经来英国的移民将不受影响，我们只是希望对未来的移民数量进行控制。”诺贝尔仍不紧不慢，这些问题他应该对波士顿人解释了很多遍，“我承认大多数移民是来波士顿工作的，但他们让我们的公共资源不堪重负，医院、学校，到处都在排队，你可以去看看。”

我和诺贝尔的问答最终没有成为一场辩论，倒像是一堂课。他甚至让我觉得有种对波士顿人的愧疚，一个没有切肤之痛的外人来指责波士顿人选择“脱欧”是种族歧视简直是“站着说话不腰疼”。在这个历史老师的课堂上，他将欧盟称为“帝国”，批评它的官僚制度和腐败，认为欧盟严重损害了英国的主权。“1066年诺曼征服之后，英国再也没有被其他国家占领过。”诺贝尔说，“但现在人们感觉欧盟统治了英国，英国不再是个独立的主权国家了。”

在采访诺贝尔一年后，我见到了英国独立党的创建人、伦敦政治经济学院荣休教授阿伦·斯克德。这个70岁的老人头发花白，毛衣被塞得鼓鼓囊囊，就像是从哪里借来的，手里提一个蹭得发黑的白布袋。谁也不会想到独立党今天在英国掀起民粹主义的滔天巨浪是拜这个不起眼的老头儿所赐。

斯克德谈起自己在1991年创办的“反联邦派联盟”（英国独立党前身）就像是在谈论皇家爱斯科赛马会或是格拉斯顿伯里音乐节——总之像是与他毫不相关的事物。建党时，斯克德追求的是“英国退出欧盟”，认为腐败、反民主的欧盟拖累了英国经济。但几年后，斯克德辞去党主席职务，并公开指责英国独立党已经成为一个“（对移民）搞种族歧视的极右翼组织”。一个极端组织能成长为英国的第三大党，这对于向来反感极端思想的英国人来说是莫大的讽刺。

“我为英国‘脱欧’感到自豪，这毕竟是我的政治理想。”他说，“虽然今天的独立党已经是我当年憎恶的样子，但没有它就不一定会有英国‘脱欧’。”

迷思

西大街上的波士顿自治市议会很好找。在一家家东欧人经营的商店对面就是这座二层的维多利亚时代建筑。我和波士顿自治市议会领袖彼得·贝德福德约在他的办公室见面。贝德福德在市议会任议员近30年，波士顿镇选择“脱欧”他并不意外。这个温文尔雅的老人从没去过中国，说起话来却颇有些禅意。他认为波士顿人的选择“已经和人们对‘脱不脱欧’的态度关系不大了”。

“他们选择‘脱欧’主要是为了表达自己的怨恨与不满。”贝德福德并没有具体说是对什么的怨恨与不满，“一人一票，又是‘两者选一’的公投，这为他们发泄自己的情绪提供了便利。”这种情绪就是对生活现状的不满，而贝德福德所代表的建制就是这种现状的一部分。“脱欧”公投那年，贝德福德写给波士顿人的新年祝词中说：“有些时候，我们最大的敌人其实就是我们自己，消极情绪是‘绝望’这台轰轰作响的机器冒出的黑烟。”

我曾和英国上院勋爵、英国财政部前商业大臣吉姆·奥尼尔几次聊到英国人选择“脱欧”背后的这种不满情绪。他认为这种“怨恨”是全球金融危机的后遗症，原因是中等收入群体收入增长的长期停滞。这个曾创造出“金砖四国”一词的经济学家批评西方的精英和建制派根本不了解他们被选民抛弃的原因。

“他们失去了和普通民众联系的能力。”他说，“他们以为发发推特就是和普通人‘联系’起来了，但他们应该到普通民众中去，去感受他们的这种情绪。”

在这个“脱欧”小镇，奥尼尔提到的“收入增长的长期停滞”很明显。以镇上的公务员为例，在过去五年中，他们的工资只增长了约1%。于是“脱欧”票成了这些怨恨者们的武器。在大西洋的另一头，这武器是投给特朗普的选票。英国的政治观察家们将“脱欧”与“特朗普当选”并称为“跨大西洋怨恨者联盟”的产物。

贝德福德从他办公室的抽屉中翻出一叠印着欧盟旗帜的文件，说给我听他眼中波士顿人热衷“脱欧”的另一个重要原因——伴随着族群间的隔离、缺乏交流以及“留欧派”对真相的宣传不力，一些错误信息被英国独立党人当作真相传播，这些似是而非的迷思被追逐选票的政客利用。迷思的传播伴随着社交媒体的广泛使用，人们愿意点赞和转发的往往是一种情绪而非事实——“欧盟拿走了英国的巨额会费”“移民积分制可以将那些不合格的移民阻拦在英国之外”“移民们掏空了英国的财富”……在“后真相时代”，真相不再是人人追逐的必需品。人们认为欧盟从英国拿走了巨额的会费，却很少给予，但事实上欧盟在基础设施建设方面给波士顿很大援助，镇上的企业可以随时申请“欧洲建设与投资基金”；人们认为采用澳大利亚那样的积分系统筛选高技术移民，就可以阻止低层次的非技术工人进入英国，但事实是澳大利亚每年仍然需要16万非技术移民；人们认为东欧移民滥用酒精，事实上到目前为止，因在镇上的禁酒区饮酒而遭起诉的四人全部都是波士顿本地人；人们认为移民们攫取了波士顿的财富，事实上，在他们开设店铺前，波士顿的西大街空空荡荡、了无生机，现在不少东欧移民在波士顿买了房，依法纳税，还把父母和祖父母接来生活，真正把波士顿当成自己的家……

在西大街，我遇到75岁的波士顿人巴里，老人从不用手机，更别提社交媒体。他选择“留欧”，原因是他曾和30多个波兰籍女工一同在镇上的打印机厂工作了6年，相处融洽。他说：“我们不是在为我们自己投票，我们是在为我们的下一代投票。”不过巴里也希望波士顿的房价能低些，因为按照现在的价格，他的孙子要像他那样在工作两年后就付得起一栋二层小楼的首付已经是不可能了。巴里担心媒体的关注将让波士顿居民和新移民之间的关系变得更加紧张，希望《波士顿标准报》能给波士顿人讲讲移民的经济贡献，但前提是波士顿人愿意放下手机，重新拿起这份已经缩水成周报的报纸。

我在波士顿待了几天，和街头的人们交谈，听他们的抱怨和担忧，试图将自己作为他们悲喜故事的主角来理解他们的选择与决定。但波士顿之行让我沮丧。一个外来者总是没办法爱上这个选择对外来者“说不”的地方，不管它的理由是多么充分合理。

说客

距波士顿177公里、伦敦市中心的梅费尔区从来都是金钱与权力的象征。这里的豪宅单价超过曼哈顿，低调的木门背后藏着奢华的会员制俱乐部，里面挂着巨大的水晶吊灯，桌上摆放着让人炫目的银色猎豹雕塑。选择“脱欧”的波士顿人不知道，他们的选择就和梅费尔的一间办公室有关。

马修·艾略特在他宽敞明亮的办公室里欢迎我。他曾是英国“脱欧”公投中的官方拉票组织“为‘脱欧’投票”（Vote Leave）的首席执行官，是“‘脱欧’运动的CEO”。40岁的艾略特是“威斯敏斯特最耀眼的政治明星”，在“脱欧派”看来，他是带领“脱欧”阵营反败为胜的英雄；但在“留欧派”看来，他是骗子，为了自己的政治前途煽动民粹情绪，夸大了移民对英国的威胁，编造了欧盟从英国攫取利润的假象，将英国的前途置于险境。“脱欧”公投后，艾略特在伦敦的一些大学演讲时，总有年轻人刁难、斥责他，向他提各种尖刻的问题，他发出的几乎每条推特下都有人留言批评，自由派的媒体也将他列为“英国罪人”。他对媒体的警惕显而易见。在桌前坐定后，当我拿出录音笔来准备录音时，艾略特也已经打开了手机：“我也录一份吧。”

我努力将眼前这个文质彬彬、头发梳得一丝不苟的英国人与历史上那些说客的形象对应起来：苏秦、张仪是游说者，他们为拜官而以三寸不烂之舌纵横于各国之间，被史籍刻画为“阴险狡诈、反复无信”之人；曾奔走于列国、说自己是“丧家犬”的孔子是个游说者，他认为自己的游说是为了实现“弘道”的理想信念，而非为了追求荣华富贵；临危受命的烛之武也是游说者，他利用秦晋矛盾，劝秦退兵，被认为是勇敢担负人臣本分与大义，救国于生死存亡之际。

艾略特是哪种？

我问他，他笑了：“我更愿被称为‘政治活动家’（campaigner）而非‘游说者’（lobbyist），但我说了不算。”在英美传统中，游说者是立法者与利益集团之间的桥梁，职业游说者与利益集团合作，以保证国家政策制定符合集团的利益。在美国，华盛顿的K街也因聚集了众多游说组织、智库、公关公司、民间社团等成为知名的“说客街”。在英国，有人测算，游说者们与每个议会下院议员接触的次数，平均每周超过100次。丘吉尔年轻时就曾为一家大石油公司游说。游说者群体能量之大，以至于他们被称为英美议会两院之外的“立法第三院”。历史上，游说行为与金钱、丑闻始终相伴，法律也一直在查漏补缺，不断规范游说行为。艾略特曾经为减税和防范政府过度花费而游说，他与威斯敏斯特的保守党政客关系紧密，曾被英国一本政治杂志评为“全英最有政治影响力的25人之一”。

“我代表纳税人，对政府在某项公共政策上的浪费进行批评，并将这一信息传播给更多人。”这个英国“最高效的游说者”说得冠冕堂皇，“我并不直接和政客合作，我只是通过开展各种活动代表公众的情绪和意见，并借助媒体将之进行传播，影响更多的人，最终影响到政策制定。”

在“脱欧”运动中，艾略特代表的是那些想改变与欧盟相处方式的民众，将他们的声音放大。英国公决“脱欧”那天，艾略特曾发推特：“英国人民选择‘脱欧’，选择离开那种腐烂的政治体系，那种让普通人无法拥有权力的体系。”艾略特推特账号的背景图片，还是他在得知“脱欧派”获胜后的那个喜悦时刻，那是他事业的巅峰。

“赢得那场全民公投，‘脱欧’阵营做对了什么？”我问。

艾略特不慌不忙，开始回顾“脱欧”公投背后那场不为外界所知的拉票战：

2016年2月20日，时任英国首相的大卫·卡梅伦结束与欧盟的最后谈判回到英国，没能拿出一份让“脱欧”选民回心转意的协议。

4月13日，“为‘脱欧’投票”被正式认定为英国官方“脱欧”领导组织，它不断壮大，组织了“妈妈们为‘脱欧’投票”“素食者为‘脱欧’投票”，甚至是“抽电子烟者为‘脱欧’投票”等针对细分人群的宣传运动。

4月22日，时任美国总统的奥巴马警告英国不要“脱欧”，否则将在与美国的自由贸易谈判中“排在队尾”，这反而触发了很多对现状不满者的逆反情绪。

5月12日，英国公布了过去五年获得该国医疗保险的欧洲移民人数，竟比官方记录多出120万人，有媒体称不断涌入的欧洲移民正在挤占英国纳税人贡献的福利。

6月14日，英国发行量最高的通俗报纸《太阳报》明确支持“脱欧”。

…………

与其说是“脱欧”阵营赢了，不如说是原本领先的“留欧”阵营败了。

从筹集资金到招聘文案写手，再到和各界人士交谈，艾略特曾经什么都做。他每天早上7点到办公室，开会、打电话筹款、和捐款人约时间面谈、和同事们茶叙、接受媒体采访，晚上在不同场合演讲、争取商界人士的支持，常常忙到半夜才到家。“为‘脱欧’投票”组织主要经费来自各界捐赠，比起英国政府支持的“留欧”阵营，它获得的资金少得多，但艾略特更注重使用新科技和新媒体，这是当今说客的新“三寸不烂之舌”。

“我们更精确、更高效地在脸书网站上对目标人群进行锁定，发现那些潜在的‘脱欧’支持者，将信息推送给他们。”艾略特说，“新媒体时代，一个成功的政治运动领导人一定能在最好的数据专家帮助下，发现正确的目标人群、发送正确的信息。”借助新媒体，“为‘脱欧’投票”成功地定位并说服了那些中间地带的选民，让他们知道，即使他们不喜欢英国独立党所宣扬的立场，他们也可以为英国拥有更好的未来而选择“脱欧”。

之后我们聊到了中国。艾略特对世界第二大经济体怎么看“脱欧”很感兴趣。我问他，英国“脱欧”对中国意味着什么？他给我举了两个例子，分别是意大利产的皮鞋和英国的猪耳朵。英国经济更多是基于服务业而非制造业，而欧盟在制定贸易政策时考虑更多的是保护所有成员国的利益，比如它曾为了保护意大利皮鞋制造业的利益而削减从中国进口的鞋制品份额，这就意味着，英国消费者要购买更贵的鞋；目前英国向外出口的猪必须按欧盟规定在耳朵上穿孔，打上耳标，这样就影响猪耳朵向中国的出口，而“脱欧”后英国可以自己重新设计出口标准，在猪的其他部位穿孔。

我没有和艾略特继续探讨英国“脱欧”是否是个正确的决定，要搞清楚这个问题就像要搞清楚一个说客追逐的究竟是利益还是信仰一样，几乎没有可能。当我告诉艾略特中国历史上那些“忠君重义”“忧道不忧贫、谋道不谋食”的说客时，他很兴奋，让我将他们的名字写下来，说一定要去查查他们的故事。

海克利尔：贵族今安在？

我真的很喜欢演贵族，可能因为他们和我本人相去甚远吧。这比让我扮演自己要有意思得多。

——英国演员基莉 · 霍斯

我一身正装，穿过一大片草坪，走向这早已在《唐顿庄园》里看了无数遍的城堡大门。在那部风靡全球的英剧里，庄园的大管家卡森就站在这扇木门前迎接贵客。

木门上镶嵌着黑铁制成的狼头辅首，门两侧是一对双足翼龙雕饰，门头的石立面上雕刻着古法语写成的卡那封家族格言，字迹已经发黑："UNC JE SERVIRAY"，意为"只侍一人"。城堡上，象征古老家族的红蓝双色旗飘扬至今。19世纪，英国议会大厦的设计师查尔斯·巴里爵士亲自主持庄园上的城堡扩建，这让它和那栋散发着权力气味的建筑看起来有几分相似。

英剧迷们得适应这一点：你喜爱的人物往往会在猝不及防中死去，不管他（她）是否是主角或人气多高。《唐顿庄园》也不例外，整部剧只有一个主角永生——那就是"唐顿庄园"本身。有人把《唐顿庄园》比作"英国版《红楼梦》"。然而《红楼梦》是

“起高楼、宴宾客、楼塌了”，而“唐顿庄园”却存活至今。“唐顿”的原型——海克利尔庄园，至今仍屹立在英格兰南部的汉普郡平原上，经历了300年的风雨，依旧威严、富丽。

伯爵夫人

迎接我的是卡那封伯爵的新闻官汉娜。她将我领至大客厅，问我“喝茶还是咖啡？是否加奶加糖？”后便转身隐去。这里是城堡的中庭，向上看是大理石柱支撑着的穹顶。雕工繁复的石壁炉、绘着花草图案的波斯地毯、镶着卡那封家族族徽的大理石栏杆，处处显露出这建筑的主人不同寻常。椅子上放着一份当天的《泰晤士报》，我不知道这所房子里的“仆人们”是否还像当年一样早早就用熨斗将报纸烫过一遍，以防油墨弄脏主人的手。环顾四周，海克利尔庄园历代女主人的画像悬挂在这满是故事的建筑里。

“对不起，我迟到了。”我等来了第八世卡那封伯爵夫人。她先向我道歉，因为昨天深夜才从伦敦回来，起得匆忙，头发还有些乱，只套了件宽大的套头衫，穿了条牛仔裤。她向我伸出手，我也自然地伸手握住，完全忘了我此前对“是该行吻手礼还是屈膝礼”的纠结。

“喝点什么吗？”她一眼看见我的座位上没有杯碟，“英国的茶也许不像中国茶那么合你口味。”

我告诉她，汉娜已经去安排了，伯爵夫人这才放心。后来的采访中，她几次询问我对茶水的感受，是否再要些奶、是否愿意试试另一种茶包。我在采访本上偷偷写下我眼中英国贵族的第一个特征：“她对我是否满意面前的茶水显出特别的兴趣。”

1996年，苏格兰女人菲奥娜·阿依特肯在一个慈善晚宴上碰巧坐在一个“可爱的男人”旁。他们讨论“一战”期间的诗歌，聊得投机，最终牵手。那男人就是现在的第八世卡那封伯爵，菲奥娜就是我眼前的伯爵夫人。

“我该怎么称呼你呢？伯爵夫人？阿依特肯女士？还是……菲奥娜？”我试探地问。

“你可以叫我卡那封伯爵夫人。”她说，“或者‘夫人’也行，这城堡的人都这么叫我。如果是在正式晚宴上，他们对我的称呼会更正式一些。”

“你是说城堡里你的‘仆人们’？”

“我不会称他们‘仆人’，那是19世纪的用词。”夫人说，“他们也不是这里的‘工人’，我会十分注意我的用词。我会说这是我们的‘团队’，我们一起工作，一起迎接挑战，共渡难关。这庄园属于我丈夫，我和他只是这个团队的‘领队’。”

这让我有点吃惊。这听起来更像是一家公司，而非一个有着300年历史的贵族庄园。要知道，海克利尔城堡里曾等级森严，贵族住楼上，仆人住楼下。就像《唐顿庄园》里那样，低贱的仆人不能被主人“听到或看到”，“人人都有自己的位置”，他们甚至不能使用主人的大楼梯，只能走专门给他们预留的小楼梯。

“现在庄园里仍有‘楼上’‘楼下’，‘秩序’仍然存在，每个人都扮演自己的角色，担负不同的责任。”伯爵夫人说，“但毕竟和19世纪、20世纪时已经完全不同了，屋子里不再有‘禁区’。”现在，卡那封夫人不会随意走进男管家的房间，男管家也不会贸然闯进主人的阅读室，但这都只是出于对对方隐私的尊重。

管家戴安娜已经在海克利尔工作30年了，粉刷匠帕特在这里已经60年了，海克利尔也是他们的庄园，他们分享海克利尔，这是一种微妙的关系。“事实上，我和丈夫都没有庄园的钥匙，钥匙在大家手中。”伯爵夫人说。

我私下向已在海克利尔工作了6年、负责庄园市场开拓与媒体工作的罗伯特询问他对伯爵夫人的感觉。这个小伙子觉得自己是在一个“家族企业”工作。“伯爵夫人是个好老板，每天和我们一起工作。”他说，“我给她倒咖啡的次数和她给我倒的次数大概一样多。”

贵族

卡那封伯爵夫人并非我见到的第一个英国贵族，我始终在试图归纳这个日益没落的阶层有何特点。他们与我们这些“普通人”有何不同？他们如今境况如何？他们对今天的英国有何影响？如今英国的贵族似乎总是出现在电视剧和各种小报的花边新闻中，而非政治或经济舞台上，他们也总出没于自己神秘的社交圈子，刻意避开那些对他们和他们的庄园、城堡、衣着、谈吐、饮食兴致勃勃的游客们，这都让了解真实的英国贵族变得更加困难。他们如今还是《唐顿庄园》里描绘的那群对礼仪、语言与波尔多红酒比对生命的意义有更多思考的人吗？

从世界范围来看，中国人和美国人对英国贵族的兴趣可能最大。有时候，这种兴趣甚至发展成了一种混杂着复杂情绪的迷恋，这让许多今天的英国人无法理解。在他们看来，美国人作为“暴发户”与“寻根者”对贵族的热情尚可理解，但中国人呢？这样的情绪来自何处？比如，为什么代表没落贵族文化的钢琴在中国那么火，似乎每个家长都想让孩子成为爱丽丝·索默那样的传奇钢琴家；而中国的有钱老板似乎都有跻身贵族行列的热情。据说现在有种很火的英国旅游项目，就是安排有钱人和某个英国伯爵或是男爵在摆放银烛台的长桌前共进晚宴，或是在高尔夫球场上打一次“十八洞”，再去参观培养过王室成员的伊顿公学或哈罗公学，为自己即将来这里读书的孩子“打个前站”，最后在伦敦高端男装定制一条街——萨维尔街做一身某个国王曾钟爱过的品牌西服。英国媒体也曾报道过，一个中国汽车品牌的老板就对负责产品设计的英方经理说过，希望他的设计中能融入英国的特定元素，比如可以将“特工007”、福尔摩斯或是“唐顿庄园”这样的符号体现在设计中。他们深知“古为今用、洋为中用”的奥秘。

“人都一样，得不到的就想要，英国人不也总说‘篱笆那边的草更绿’吗？”伯爵夫人说，“另外就是，海克利尔是美妙建筑与古老历史的结合，中国诗歌不是也喜欢歌颂这样的永恒吗？”

伯爵夫人丝毫不掩饰自己对这些贵族崇拜者们的热情的“善加利用”。在英国媒体面前，她会穿得很随意，而在美国或中国媒体面前，她会穿得更正式些。之所以采取不同的媒体“策略”，是为了尊重来自这些国家的读者的“期待”。我开始猜想，她如果不是起晚了，是否会特意穿上奶奶留下的连衣裙或是精致蕾丝镶边的披风出现在我面前。

伯爵夫人有时的确符合我对英国贵族的期待。她在言谈中常常提及苏格兰或是奥地利的某个大家族，她的闺密们便来自其中；她喜欢谈论她的马，喜欢用网球或高尔夫球俱乐部的例子打比方。但有时候，我感觉她又只是个年近五十的英国女人。她会双膝跪在地毯上翻她的新书给我看，她爱开玩笑并总是第一个哈哈大笑，她毫不吝啬地称赞其他人服装的衣料及颜色。

我的朋友、旅居英国的香港《信报》前总编辑邱翔钟曾长期关注和研究英国贵族。他的家在东南部伯克郡安静的温莎小镇，那里有英国王室温莎王朝的家族城堡。与王室这一英国贵族制度的核心比邻而居，这让邱翔钟更加着迷于对贵族制度的研究。他在《权贵英国》一书中写道："如果要用当代中国人熟知的观念来看，可以说目前英国社会主体是一个装在封建社会框架中的自由资本主义经济制度和民主、自由、多元的社会结构内容。"他告诉我："英国社会的组成丰富立体：有影响深远的封建贵族残余，有居于经济主流地位的资本主义生产方式，有遍及民众生活和福祉各方面的社会主义成分，还有多姿多彩的后现代创意言行。"在邱翔钟看来，卡那封伯爵夫人这样的"封建贵族残余"在历史上的作用是"引领时代"。

庄园

每个英国庄园的命运都与一个贵族家庭的沉浮息息相关，海克利尔背后是赫伯特家族。1769年，28岁的英国议会下院议员、潘布洛克伯爵的第五个儿子亨利·赫伯特幸运地从叔叔那里继承了海克利尔。四年后，亨利被英王乔治三世擢升为卡那封伯爵，一生官至皇家内廷重臣。

英国拥有世界上最古老、稳定的贵族体制。国王利用分封土地，换取贵族应召出征打仗的义务。权力随土地一同被大小世袭贵族分享。18世纪末，包括卡那封伯爵在内的约160名贵族掌握着全英国四分之一的土地。在君主分封、长子继承、贵族通婚等制度的共同作用下，大贵族家庭久盛不衰，始终是王权的追随者、合作者与制约者。

亨利继承海克利尔后，那片2023公顷、大小相当于80个足球场的封地代代相传。封地租给佃农畜牧、种植，就能为历代伯爵及其家庭带来收入。英国贵族阶层是农耕文明的产物。18世纪，贵族通过把持政党、议会和军队垄断政治权力。当时的首相大多是贵族，议会上院的主体也是世袭贵族，下院许多议员则依附于上院贵族，形成“下院是政治斗争基地、上院贵族是指挥官”的局面。

第二世、第三世卡那封伯爵都是上院议员，第四世卡那封伯爵是英帝国政府的殖民地事务大臣。他们和当时大部分贵族子弟一样，从小在伊顿公学接受精英教育，在那战乱频繁的年代进入军队成为指挥官，随后从政，再在父亲去世后作为长子继承头衔与封地，一切都理所当然。在那些日子里，海克利尔庄园不断扩建。城堡是一代代贵族对“集聚财富”这一信念的传承。贵族财富的积累体现在奢侈的居所上，海克利尔也曾“珍珠如土金如铁”——200多个房间、19个壁炉、4个大楼梯，仅一盏大吊灯就有356片水晶，擦拭一次要两天。今天，到访者还能从这里感受到当年贵族的生活：书架上摆着装帧精美的古董书，37座老座钟嘀嗒作响，拿破仑·波拿巴用过的桌子以及王室成员到访的照片都让家族高人一等。不知多少次，海克利尔的大门被打开，矫捷的猎犬冲了出去，后面跟着穿红色猎装、随身下骏马起伏的卡那封家族的成员，还有那些应邀前来猎狐的贵族朋友。

CEO

如此大的家业同时也是一份负担，是一笔需要费心打理的生意。卡那封伯爵是董事长，他的夫人是现任CEO。

“你知道这座城堡有多少扇窗户吗？386扇。”卡那封伯爵夫人的语气里明显有“不当家不知柴米贵”的味道。她的工作就是要让每扇窗户都明亮，这需要钱。

为了赚钱，海克利尔不得不时常对外租借庄园举办婚礼，租金用来维持庄园运行。农场上养着1000多只羊、7只狗、7匹马，这些马现在也寄托了主人的期望——在赛马场上获大奖，好提高身价。庄园向游客开放，庄园里处处摆放着《唐顿庄园》的剧照，好增加游客们的兴致。伯爵夫人现在除了每天早上去溜溜自己养的马之外，还要每周更新自己的博客，向全世界介绍海克利尔。她刚刚出版了自己关于庄园的第三本书《在海克利尔找到家的感觉》，介绍了城堡里的私房菜。她私下问我能否将这本书送给中国的领导人，让他们在下次访问英国时来庄园看看。

“今天采访后，我要和一个访客谈音乐节的事，和《泰晤士报》的人谈‘读者日’的事，这两个会议中间，我还要处理邮件，和网络工程师交流。”夫人的话让我觉得如果不珍惜向她提问的时间那简直就是在犯罪。

直到21世纪初，“生为贵族就意味着拥有特权”这句话仍是真理。英国人熟知的那首赞美诗唱道：“富人居城堡中，穷人居城门下，上帝使人有尊卑，上帝令住所分贵贱。”20世纪80年代，虽然表面上看英国已脱离了阶级社会，但阶级制度仍深深扎根于社会。

56岁的英国议会上院勋爵麦克·贝茨是与世袭贵族不同的新封终身贵族。他告诉我，自己年轻时一无所有，有一次想申请一个伦敦的银行职位，但被面试者告知只有两种人能申请成功——要么出身显赫，要么是“拼命三郎”。平民出身的贝茨最终没能得到那份工作。他后来在一篇文章中写道：“出身显赫的人高挑、优雅、苗条，社交上自信而老练，衣着考究（特别是鞋），人脉强大，谈吐文雅，同时又特别低调礼貌，因为他们和旁人都清楚他们的地位。”

这样的人曾住在海克利尔。虽然卡那封伯爵夫人在婚前是一个“小心谨慎的苏格兰女会计师”，但她也出身名门，在类似海克利尔这样的大宅子中长大，因此融入卡那封家族的生活并不难。

只是她那个历史悠久的大家族在衰败后丧失了封号。

“成为‘伯爵夫人’后，你能感受到贵族和普通人生活的不同吗？”我问。

“现在这两类人的生活方式更加趋同了。”她说，“现在拥有这些大房子的贵族们和没有房子的普通人一样，都要努力工作，交税，都要考虑如何把自己的‘生意’做好。”

“事实上‘贵族’这个词，别人的使用频率比我自己的使用频率高得多。”夫人说，“我们这些‘圈里人’甚至都不会去谈论这些，不会这样考虑问题，每个人都知道自己的位置，虽然这些位置又是不断变化的。”

在以前的法国，贵族和平民之间的界限则更为清晰，人们清楚地知道哪个贵族娶了哪个王室的公主，因此不少贵族在法国大革命中丢了脑袋。而在英国，贵族与平民的通婚在历史上更常见，贵族和平民之间的接触也更多。比起“贵族”，英国人更常用“阶层”一词。

没落

贵族的没落始于19世纪末。随着冷冻和远洋航运等新技术的发展，北美农产品大量进入，再加上极端天气频现，英国农业萧条，地价下跌，严重影响了贵族的收入。也正是从那时起，英国由现代商业社会向现代工业社会转型，新崛起的工业资本家要求更多的政治权利。

1890年，第五世卡那封伯爵乔治·赫伯特和当时许多贵族一样，陷入“土地丰厚，现金短缺”的债务危机，几年后英国开始征收遗产税，更让他雪上加霜。和《唐顿庄园》里的格兰瑟姆伯爵一样，乔治的解决办法是——迎娶一位有钱的新娘。当欧洲银行家罗斯柴尔德将女儿阿尔米娜送进海克利尔时，卡那封伯爵的现金危机暂时得以解决。他从岳父那里得到了20万美元，还有庄园里保存至今的丝绸墙面。

当时的英国贵族正享受着最后的繁华。成为伯爵夫人的阿尔米娜常在晚上10点举办社交晚宴，然后一直跳舞到清晨。伯爵本人热衷考古，资助了埃及图坦卡蒙墓葬的发掘。那次发掘出土的黄金面具曾轰动世界。1895年，威尔士王子、后来的爱德华七世到访海克利尔，丰盛的晚宴包括鱼子酱、松露、山鹬、鹧鸪、生蚝等12道菜。

但随后爆发的两次世界大战彻底改变了贵族的生活。“一战”期间，海克利尔有75名男丁走上战场，最早是能骑马的马夫，后来是管家、园丁。那些尊崇骑士精神、以为国王而战为荣的贵族，更是出现在最危险的地方，不少人战死。

时代大幕下，“财富换爵位”的魔术同步上演。资产阶级第一次走进了贵族队伍，贵族更明显地成为“社会的”而非“法律的”概念，贵族身份的基础是财富和土地而非法国那样的血统与法律。“一战”期间，做冷冻食品进口生意的英国商人韦斯迪因保障英军食品供应有功，被封为男爵。在韦斯迪登记的家族纹章上，两座冰山象征了他的荣誉之源——不是国王，而是他的冷冻生意。

虽然一些老贵族致信国王，抗议频繁的分封让贵族头衔“变得廉价”，但时代潮流无法抗拒。战争让社会更加平等，那些曾和贵族一样在战场上为国卖命的仆人们回到庄园，要求同等的社会地位。机器、工厂和贸易的发展也导致工人阶级队伍壮大，政治意识觉醒。战后执政的工党则加快了议会贵族院的衰落，英国世袭贵族的政治特权最终在1999年随着他们退出议会上院而彻底消失。

战争也摧毁了国家经济，政府对新税源的渴望让土地贵族不得不缴纳更多的税赋。《英国贵族史》中记载，1894年，政府对大贵族征收8%的遗产税，1919年至1930年增长到40%，1939年更是达到60%，“二战”后甚至涨到80%。

政治与经济上受到双重削弱，一些无力应对挑战的贵族只能出售庄园里的雕塑、银器，有的开始出卖土地，庄园逐渐败落，演绎了一出出“陋室空堂，当年笏满床；衰草枯杨，曾为歌舞场”的悲剧。贵族形象一落千丈，不列颠文明中曾经的精英阶层似乎很快就会被扫入历史的垃圾筒。工人阶级视他们为好逸恶劳的寄生虫，英国小报也开始对各种贵族家庭的丑闻津津乐道。

直到今天，在海克利尔庄园所在的纽伯里镇，居民们对卡那封家族的态度也很超然，“那座庄园”和他们没什么交集。出租车司机凯文只是听说过《唐顿庄园》，但他宁可去看球赛也没兴趣游览庄园。凯文唯一一次走进海克利尔是出席朋友租借庄园场地举办的婚礼。

“那些贵族生下来‘嘴里就含着银勺子’，有房子，有土地，他们需要做什么努力？我为什么要崇拜他们？”凯文认为自己这样靠开出租车赚钱是更高贵的活法。他显然并没有看到过卡那封伯爵夫人紧张的日程表。

当第八世卡那封伯爵接手海克利尔时，庄园凋敝。伯爵夫人回忆：“（庄园里）没有厕所，台灯没有灯罩，没有地毯，拱顶需要维修，许多东西都是坏的。”继承土地和庄园，对今天大多数贵族来说，与其说是荣誉，不如说更多的是一份责任，他们要面对缺少收入和缴纳重税的双重挑战。

标准

在我看来，真正的贵族精神并不是“强”，而是“适”。

当年分封的土地供养贵族，如今贵族要努力工作来维护土地及其上的庄园。优胜劣汰，适者生存。一些贵族放弃了，他们将土地交给国家基金会统一打理，换取一处像样的居所和一份体面的固定收入。但卡那封伯爵和夫人决定试一试，于是庄园和土地成了他们的生意。将庄园交给摄制组拍摄《唐顿庄园》也是生意的一部分，这个聪明、大胆的决定为海克利尔带来了全球的知名度，也让卡那封家族的管理者们更加忙碌。《唐顿庄园》中一辈子逍遥自在的老格兰瑟姆伯爵夫人曾吃惊地问“工作是什么”。这样的日子，一去不返。

每周日晚9点，卡那封伯爵夫人也喜欢像许多英国家庭主妇那样，蜷在沙发里看《唐顿庄园》。电视机里出现自己熟悉的地方是种奇妙的感觉，她有时会恍惚，以为自己穿越回了“一战”时期。“不过我觉得我比电视剧里的庄园主人更积极主动。”这是夫人对历史与现实差异的判断。

在卡那封伯爵夫人看来，现在英国的贵族除了拥有自己的土地和庄园外，没有任何其他特权了，他们要努力工作。那些只是住在庄园里，而不用担心如何赚钱维持庄园运转的贵族很快就会消失。

伯爵夫人坚信，贵族阶层并不是媒体上批评的那些总想着如何避税的有钱人，或是买了大房子就把周围砌上围墙的人；而是将自己置于整个社区中，围绕自己的庄园发展旅游、农业或其他产业，并通过雇用当地人来进行分享的人。

根据贵族财产“长子继承制”原则，伯爵夫人将最终搬出海克利尔，由长子继承庄园，但长子也无权售卖其中的东西，还要负担起庄园的运营。“长子继承制”在今天并不意味着“天上掉馅饼”，而是信任和责任的传承。伯爵夫人和她的继承者们一样，都是海克利尔的管理人，一辈子都只是这里的房客。

“可以说贵族现在过着中产阶级的日子吗？”我问。

“但我们确实对传承一些传统十分自豪，比如如何摆放餐具、怎么说话、谈什么话题、怎么使用餐具等，这些礼仪真正让我有‘秩序感’。”她说，“如果说我们和中产阶级有什么不同，这也许就是不同吧。”

当伯爵夫人花时间、按传统来招待朋友吃一顿晚饭时，这是一种怀旧情绪、敬畏感和传统礼仪的混合，这是生活的另一面，是餐饮的真正乐趣。

“当然，我们现在并不是每天都要摆放餐具，只是在一些特别的时候还会围坐在大餐桌前，就像大家周末去外面吃一顿大餐时一样，你总期待餐具摆放整齐得体，就像‘唐顿庄园’那时一样符合‘标准’。”伯爵夫人说，“维持这些‘标准’对我来说并非责任，而是一种享受。”

正是这些“标准”说明英国今天仍保持着一个阶级社会的形态，阶层意识藏身于英国文化的深处。今天，没有贵族会使用自己的头衔与封号来填写求职表，因为“16世威斯特摩兰伯爵”出现在求职者姓名一栏中，显然很不严肃。但英国人相见，聊上几句话就能大致判断出彼此的阶层，这种能力在过去几百年里变得更加微妙与无形，判断者对答案却又无比确定。

阶级社会

如果说今天的英国仍是阶级社会，那各阶层之间的边界正越来越模糊。2018年，一个英国妈妈在英国父母资讯网站留言：“拥有90万英镑的别墅，无贷款，两个孩子均上私校，各自拥有一匹马，学习小提琴和打鼓，家庭年收入为11万至23万英镑，每年捐赠1万英镑给慈善机构，每年享有两个假期，一周左右，休假地为康沃尔或苏格兰，我属于中产阶级吗？”这个网名为“鲜花与蛋糕”的母亲说，这个问题源于自己朋友的不同看法。没想到这个阶层问题真的在网站上引发了热烈的讨论：有人认为她属于上中层阶级，有人认为她只是个上班族，有人认为真正的上层阶级根本不会讨论自己所属阶层这样的问题，还有人说财产很难被拿来定义阶层，但私立学校、个人养老金、个人健康保险、拥有的马

四、是哪个高尔夫俱乐部会员……类似这些标准则与阶层相关。

在告别卡那封伯爵夫人时，我想着是否应该以威廉·汉森教我的方式向她行屈膝礼——两脚向后交叉、蹲坐下去。汉森是英国的礼仪专家，从12岁时得到祖母给他的一本礼仪书后，就开始痴迷于英式礼仪。英国媒体评价他："汉森只要和你握一次手，或是看一眼你牵的狗，就能准确判断出你所属的阶层和你的家庭背景。"

汉森的身份让人会不自觉地关注他身上的细节。从衬衫、袖扣、领带，到口音、用词、身体语言，一层神秘感似乎始终笼罩其上。甚至连他端杯喝茶都让人怀疑其中是否有贵族的礼数密码。汉森专职从事礼仪培训已有12年，公司生意很好，不少客户来自中国和中东。他们找汉森学习的内容包括：与英国王室、贵族喝下午茶时应该在杯中先倒茶还是先倒奶，以及晚宴上拿起手边的面包时是先抹果酱还是先抹黄油。

"英国今天还是个阶级社会吗？"我问汉森。

"这点毫无疑问，不管你喜欢与否。"他说，"阶层意识始终在影响英国人，虽然政治正确的束缚会让人们对此有所隐藏，但人的出身无法选择。"

"那阶层意识意味着什么呢？"

"各种各样的圈子，各种各样的差别。"汉森似乎不愿多谈，差别的存在正是他赖以谋生的前提。

“那究竟先倒茶还是先倒奶？”我想知道这个贵族十分在意的顺序。

“你可以报名来上上我的培训课。”汉森狡猾地一笑。

贝尔法斯特、德里：墙与界的诅咒

在北爱尔兰出生、长大的人，一定不会太过于乐观。

——爱尔兰诗人、诺贝尔文学奖得主谢默斯·希尼

除了教派冲突导致的恐怖袭击外，北爱尔兰在历史上似乎从来就没有进入过世界舆论的中心。这片面积比北京略小的土地总是处于一种矛盾而尴尬的境地。

困惑

北爱（北爱尔兰简称）离伦敦飞行距离只有一小时，但距离英国的政治中心却太遥远。没人知道英伦三岛最大的淡水湖、最好的高尔夫球场和最棒的油炸食物都藏在这里，英航的乘务员甚至也会偶尔记错，以为这里与伦敦有一小时时差。它有自己的首府、议会和政府，但其他国家却无法在此设立使馆；它有自己独立的法律体系，可以发行自己的邮票，却没有自己的货币；它在政治概念上属于英国，在地理位置和名称上则更接近于同处一岛的爱尔兰共和国。

对北爱的定义本身就足以让人困惑。各种旅游指南或是政治学词典在谈到北爱时总会给它不同的称呼，而这些称呼背后隐藏的是书籍编纂者们对它的不同定性以及迥异的政治立场。

有人称北爱为“国家”，理由之一是它有自己的国家足球队，队员们还曾在2016年欧洲杯足球赛中淘汰世界冠军德国队后，兴奋地挥舞北爱“国旗”——一面白底红十字旗，十字中心有白色的六角星和一个红手掌。六角星代表北爱的六个郡，红手掌则源于古老传说，说的是一个勇士在赛跑中自断手掌并扔向终点爱尔兰岛，好让自己身体的一部分率先到达。从带有强烈民族自豪感的传说提炼出的红手掌符号，被视为最能代表北爱、最能凝聚这里各政治派别的符号。

有人称北爱为“省”，因为它的地理范围确实大致曾是爱尔兰历史上的四个省份之一，名为阿尔斯特。如今，以阿尔斯特命名的地方包括北爱的国家博物馆、历史最悠久的银行、一座知名大学、一支目前已不复存在的武装力量，以及难以计数的小旅馆、啤酒馆、政治团体和橄榄球队。北爱政府还曾一度考虑用阿尔斯特作为自己的官方名称。

有人更愿意用方位来指称北爱，把它叫作“爱尔兰之北”，或者干脆就叫“北部”。他们更愿意强调爱尔兰岛南北两部分之间的联系，毕竟这两者作为一个政治实体的时间比北爱和不列颠岛在一起的时间要长得多。

更极端些的人称北爱为“殖民地”，因为它直到400年前才完全被英格兰控制，在200年前才作为整个爱尔兰岛的一部分正式并入英国，在100年前才正式确定下和南部的边界——今天的爱尔兰共和国与英国的边界。在此后绝大多数时间里，爱尔兰岛上都有要求脱离英国独立的呼声。特别是在近100年，冲锋枪与汽车炸弹让这种呼声响彻世界。你可能都想象不到，在离我们如此之近的2005年至2015年这10年里，北爱还发生了1243起枪击和爆炸事件以及超过1.5万起教派冲突事件，26人死亡、851人受伤、436人被以与恐怖主义相关的罪名起诉。在冲突最严重的1972年，平均每天就有超过30起枪击与爆炸事件。冲突双方在回答同一个政治问题——北爱是否要结束英国人的殖民，成为独立国家或并入爱尔兰共和国？

对北爱最保险的称呼是“地区”。它被国际社会认可的正式身份是“大不列颠及北爱尔兰联合王国”的一部分，但和联合王国其他三个部分——英格兰、威尔士和苏格兰不同，北爱以地区而非国家的身份加入。因为爱尔兰南方信奉天主教为主的26个郡组成了新的独立国家——爱尔兰自由邦（即现在的爱尔兰共和国），北方信奉新教为主的6个郡则作为联合王国的一部分留了下来。那之后，北爱的天主教徒和新教徒在“是效忠于爱尔兰共和国还是效忠于英国王室”的问题上冲突不断。20世纪60年代起频发的暴力事件更是让爱尔兰问题成为对英国政治体制最突出的挑战。

北爱在历史上和中国偶有交集。1843年成为首任香港总督的璞鼎查是北爱人，晚清担任中国海关总税务司半个世纪之久的罗伯特·赫德也出生在这里。中国街头的邮筒刷成绿色而非伦敦街头的红色就和作为中国现代邮政推动人的赫德有关，他选择了给中国的邮筒涂上代表爱尔兰凯尔特文化的绿色而非代表英国的红色。今天在贝尔法斯特的一些天主教徒居住区，还能看到红色的邮筒被人用油漆涂成绿色。

外人很难理解，为什么北爱的天主教徒与新教徒视彼此为仇敌？这种仇恨对北爱及英国的未来意味着什么？我正是带着这些问题来到北爱的。

北爱有一种魔力：它总能让你的旅程无法轻松愉快。在我印象里，这里总在下雨，总是即将天黑。其实这么说并不公平。温带海洋性气候让这里只在冬天多雨，高纬度也让这里夏天到8点多才天黑，但也许是每年漫长冬季里低温、冷雨、长夜的组合更让人难忘吧。

厚重悲惨的历史也重新定义了北爱的各个景点：贝尔法斯特曾与贝鲁特、巴格达、波斯尼亚一同被认为是旅行者们应该避免的危险“B地区”（它们的英文名同以该字母开头）；贝尔法斯特市中心的欧罗巴大酒店曾经常出现在《新闻联播》的国际报道中，寻求实现爱尔兰统一的爱尔兰共和军总是在这里设置炸弹，让它成为全欧洲挨炸次数最多的酒店；贝尔法斯特港口的泰坦尼克博物馆是这艘被诅咒的巨轮诞生的地方，博物馆里的电脑复原出巨轮当年的奢华舞池，玻璃展柜陈列着当年船上乘客的家书，它们都让泰坦尼克号撞上冰山的那一刻看起来更具悲剧性；热播剧《权力的游戏》在北爱取景最多，临冬城静谧灰暗，北境森林幽暗邪魅；大西洋边的“巨人之路”（由火山熔岩冷却凝固形成的四万多根玄武石柱排列组成、绵延数公里的北爱知名自然景点）也在灰色海水的衬托下显得恢宏悲壮。

墙

今天的北爱被一堵墙和一条边界“诅咒”。

墙是首府贝尔法斯特的和平墙，它以“和平”为名，却是因仇恨而建。那条边界是北爱与爱尔兰共和国之间500公里长的曲折边界线，“脱欧”带来的地缘政治变化让它可能会重新点燃北爱的仇恨。

我从小就对守护家乡的城墙有特殊的感情，一直对“高筑墙”带来的安全感深信不疑。后来我到了甘肃，看到丝绸之路上风化到只剩土墩的明城墙，还有墙边兰新线上呼啸而过的高铁，开始思考筑墙与通路这两种古老中国与外界相处的方式。再后来，我收藏了一小块柏林墙的碎片，上面油漆喷涂的标语已经难以辨认。我开始怀疑，墙是否都会倒掉?

是筑高墙还是通大路?这是每个时代和民族都绕不过去的问题。今天的英国也在作答。

贝尔法斯特的和平墙其实并非一堵墙，而是在这座城市各处居民区里的一段段隔离设施，有的由砖筑成，有的是隔离板加铁丝网，三四米高，最长的有几公里。北爱人赋予隔离墙“和平”之名，是因为这里混居的天主教徒与新教徒总是争斗不止，竖起高墙，能挡住不少双方互掷的石块、酒瓶或是汽油弹。

北爱的友人告诫我注意安全，说和平墙附近不太安全，最近还有游客大巴被飞来的石块击中，据说还有人被墙两边“准军事组织”的冷枪所伤。朋友建议我像其他游客一样，坐出租车从墙边慢慢驶过，最多停下来拍张照。但我还是选择步行参观。

哪有那么恐怖?那和平墙的墙头上明明还有鸽子在漫步。墙两边的居民区静悄悄的，站在墙这一侧，听得见对面的车响。不少墙面上成片喷涂着各派的政治涂鸦画，上面有各种政治符号，最常见的是爱尔兰共和国的三色旗、红手掌、匕首、AK47步枪、火箭筒、牢房、铁丝网等。鲜亮的红色、绿色、黑色、黄色仿佛混杂着各种情绪，让这墙转述几十年来的喷绘者想说的话：有呼吁释放政治犯的，有要求爱尔兰统一的，有强调北爱是英国领土的，有纪念各次冲突中死亡的圣徒与烈士的，还有声援巴勒斯坦和加泰罗尼亚民族独立运动的。有的墙段上，画着白色的十字架，意味着那里曾经有人在教派冲突中死去。

在一段墙面上，来自世界各地的游客写下自己的心里话。我看到一个美国游客留下涂鸦：“哈哈哈！我们的墙将比你们的还大还高！”他指的是特朗普总统下令在美国与墨西哥边界修建的隔离墙。

沿着和平墙行走是在历史与现实之间穿行。一边是记录在墙上的苦难与仇恨，另一边是杂货店、酒吧、公交车站和闲聊的人。这墙断断续续，我常常走着走着，就从挂着爱尔兰共和国国旗、窗户里摆放圣母像、要求结束英国在北爱统治的天主教徒的居住区，走到了挂着英国米字旗的新教徒居住区，不知不觉。几所学校就建在高墙下，教室窗外就是高墙。墙边住宅的栅栏里，还立着上个圣诞节后没来得及清理的圣诞树。这让我想到，墙两边的人过的是同一个圣诞节。

仇恨

北爱的天主教徒与新教徒有什么深仇大恨？一处墙面上，有游客写道："别忘了，你们信仰同一个上帝。"在整个欧洲，"异端比异教徒更可恨"的宗教理念早已有之，北爱天主教徒与新教徒的冲突可以看作全欧教派冲突的一例。但北爱的情况又因为英国的殖民变得更加特殊。

北爱的天主教徒和新教徒人数相当，仅从外表和语言上，北爱人自己也很难分辨谁是哪个教派。但大部分天主教徒认为自己是爱尔兰人、支持以"爱尔兰统一"为诉求的新芬党；新教徒则认为自己是英国人、支持与威斯敏斯特有密切联系的北爱民主统一党。事实上，在贝尔法斯特，只要和当地人聊上几句，就基本可以从他对英国的态度上判断出他的教派。

其实教派只是戴在每个北爱人身上最容易被识别的一枚"身份徽章"，冲突的背后是对英国殖民北爱的不同态度。历史上，英格兰始终视爱尔兰岛为"卧榻之侧"，数次出兵占领爱尔兰，并从16世纪起就不断通过"国家与私人配合"的方式，鼓励英格兰的新教徒向爱尔兰迁徙并建立种植园。而爱尔兰岛上的原住民、信奉天主教的诺曼人则在殖民浪潮中被没收财产，失去各种权利。当时英国人订立的法律充满歧视，甚至规定北爱天主教徒拥有的马匹价值若超过5英镑即为非法。

特别是在1690年的爱尔兰博因河战役中，荷兰新教国王"橙色威廉"战胜天主教国王詹姆斯二世，彻底确立了新教徒在爱尔兰的地位，也制造了要求北爱留在英国的“统一派”和要求与爱尔兰共和国合并的“民族派”分庭抗礼、互不信任的局面。每年7月12日的博因河战役纪念日，北爱的新教徒都会上街游行纪念，天主教徒则抵制游行，斥之为“耀武扬威”“激化教派矛盾”。对天主教徒来说，保持自己的宗教信仰、维护教派传统，就是他们抵抗英国侵略的最好方法。

从何时开始讲述历史，本身就是政治意味浓厚的选择。“记住1690”早已进入北爱的民谣，也成了一句政治口号，它更是新教徒讲述北爱冲突历史的起点。数百年间，纺织业的竞争、土地租金的竞争、议会议席的竞争，都让“先来者”与“后来者”、“民族派”与“统一派”等身份标签归于“天主教徒”与“新教徒”这一二元对立的身份体系，并最终以宗教冲突的形式出现。即使没有宗教信仰的北爱人，也因自己的出身被归入其中，被迫成为某个阵营的战士。

历史叙述、政治需要和现实利益就这样纠缠在一起。即使是那些为了在新土地上立身、世代辛勤劳动的新教徒，在这样的叙述话语中，也成了“靠和英国关系近而获得各种利益”的派别，与“被殖民”“被剥夺”“被压迫”的天主教徒成了死敌。许多爱尔兰天主教徒在与英国殖民者的冲突中，被迫徙居美洲新大陆，为美国反抗英国殖民统治立下汗马功劳。包括罗斯福、肯尼迪、尼克松、克林顿在内的14位美国总统都有爱尔兰血统。

1920年，英国政府在爱尔兰建立南北两个议院，分管南部26郡和北方6郡，给了爱尔兰有限的自治权。1921年，英爱签订协议，建立自由州，南部26郡从联合王国独立。之后，自由州宣布建立爱尔兰共和国，北爱问题也就此产生。

20世纪60年代起，“统一派”与“民族派”武装力量爆发冲突，“血腥星期五”“炸弹袭击”“绝食抗议”让北爱一度成为世界舆论关注的焦点。“民族派”武装组织“爱尔兰共和军”袭击英国军队，并在英国全境发动炸弹袭击。比如1974年的英国议会爆炸案，就造成十余人受伤，议会建筑严重受损。而“统一派”的武装力量也袭击天主教徒居住区，在他们聚集的酒吧制造爆炸。为减少北爱大城市居住区内的教派冲突，英国军队于1969年起开始在贝尔法斯特建造和平墙。

和平墙的存在正是因为北爱人的心中有一堵墙。

巴以、印巴、非洲——大英帝国的殖民在全世界留下民族分治问题，也在自家的后院留下北爱这枚“定时炸弹”。如今，“炸弹”仍未被拆除，否则和平墙早该消失。柏林市长曾将一段高3.6米、长2.1米的柏林墙墙体赠送给北爱政府。这份含意深刻的礼物引发了媒体的讨论：柏林墙从开始修建到最终倒塌花了28年，北爱的和平墙何时才能倒掉?

在贝尔法斯特市政厅官员的口中，这堵墙似乎已经纯粹是吸引游客的景点。他们对和平墙是“利用苦难来赚钱”的指责嗤之以鼻，他们会让你去数数每天停在和平墙附近的旅游大巴有多少辆，会对与北爱自然条件类似，却有更多旅游收入的苏格兰醋意十足。但在北爱的普通人看来，在人们心中的墙倒掉之前，拆除和平墙还为时过早。

和解

和平容易，和解很难。

也许重建信任需要几代人。今天，和平墙两侧的居民区内都建有纪念园，人们为当年武装冲突中牺牲的战士送上鲜花，纪念园的墙壁上喷涂着醒目的口号：“以防我们忘记”。墙这头的“英雄”，在墙那头则被称为“恐怖分子”。

曾经住在高墙下的贝尔法斯特人布莱恩告诉我，比起他小时候，现在墙两边的气氛已没那么紧张，但“墙还是不拆的好”。布莱恩是个新教徒，现在他常常去墙那头的商店买东西，但绝不会去对面的酒吧喝酒，“因为怕挨揍”。那天正逢天主教“圣灰星期三”，布莱恩指给我看那些用棕枝灰在额头上画出十字架的人，并冷冷抛下一句：“天主教徒。”

在圣安妮大教堂，一个84岁的新教徒告诉我，他在“二战”期间看见过贝尔法斯特街头成排的尸体，但他印象更深刻的是1968年至1998年这30年北爱“动荡时期”（Troubles）街头的路障和巡逻的军车，爆炸案、枪击案成天占据着报纸头条。老人当年因为帮一个天主教朋友找工作，被他的新教朋友骂作“混蛋”。他笑着回忆当年，说现在在城市中心，不同教派的年轻人更愿意沟通，但在居住区仍有隔离。媒体调查发现，北爱年轻人的“跨教派朋友”人数仍然比“同教派”朋友少得多。

我找到了曾经在和平墙两侧为各自的政治理想作战的老战士皮达尔·韦兰和努尔·拉格尔。韦兰是爱尔兰人、天主教徒，年轻时是爱尔兰统一运动狂热的支持者。在1977年的一次天主教徒武装力量组织的游行中被捕，他记得在警察把自己按倒前，他刚刚砸碎了一间房子的窗户。拉格尔是新教徒，年轻时随叔叔参加各种“政治活动”——打砸抢、拿着一把马格南左轮手枪追杀“北爱独立分子”，目的是捍卫英国在北爱的领土。拉格尔年轻时的梦想是成为职业足球运动员，还曾有机会进入阿森纳队，但狂热的政治理想让他在1982年被捕。不久，妻子和牢房里的他离了婚。

韦兰和拉格尔生下来就被贴上两个敌对阵营的标签，但他们很像。他们都是60岁，都曾以谋杀未遂等罪名被关押了16年，如今又都在一个关爱北爱刑满释放人员的公益项目帮助下，受雇于旅游公司，为游客介绍和平墙。他们都不愿多谈自己在狱中的生活，只说在那里认识了不同宗教信仰的犯人，但出狱后就没再联系。他们对自己年轻时的所作所为都曾认真反思。他们先后登上同一辆大巴，车从墙的一边转到另一边时，也是他们的交接之时。他们会彼此打个招呼，然后拿着麦克风开始讲述当年的历史，将各种教派名称、历史事件一股脑儿地抛给前来猎奇的游客，并将责任推给“墙那头”。

在北爱，每段关于历史的叙述都有至少两个版本，它们来自不同派别。我的采访本上记下了韦兰和拉格尔的话。

韦兰：“英国人总爱用给你‘定罪’的方法来解决冲突。”“在道德上，我后悔当年的行为，但在政治理想上我并没有错。”“拆墙？可能至少还需要15年吧，等对（动荡）那些年的记忆消失了吧。”

拉格尔：“我不认为这是什么‘和平墙’，它是安全隔离墙。”“这墙是为了阻止墙那头爱尔兰共和军对新教徒的袭击而建。”“（对爱尔兰人）愤怒？我没有愤怒，我为我的政治理想献身，这是我的选择。”“最好别拆墙，至少现在不行，大家都习惯了有墙的生活。”

我还记录下一段与拉格尔的问答，我的问题似乎让他有些不高兴。

“你现在有几个天主教徒朋友呢？”我问他。

“你有几个朋友？”他问。

“我？朋友？几百个吧。”我没想到他会反问我。

“他们之中有几个天主教徒？几个新教徒？几个佛教徒？几个穆斯林？你会这么给他们分类吗？”

“但是，你刚才提到在你小时候只有过一个天主教徒朋友，所以我才这么问。”我试图说明提这个问题的前因后果。

“听着，现在在北爱，没人这样区分朋友。”拉格尔说，“但我可以回答你的问题——两个。”

我没有继续追问，至今也不知道拉格尔是不是在开玩笑。在北爱，像韦兰和拉格尔这样在“动荡时期”被关押过的人今天还有2.5万。虽然仇恨短期内仍难以消失，但北爱也不会轻易再回到此前教派武装冲突的混乱局面。30年内乱导致超过3600人丧生、3万人受伤，这对人口不到200万的北爱来说刻骨铭心。自从1998年《贝尔法斯特协议》签订后，北爱自治政府、爱尔兰政府和英国政府在美国的压力下实现和解，和平成为绝大多数人的共识。协议确定，建立一个由各派别分享权力的议会与政府。在协议执行19年后，北爱政府内“统一派”与“民族派”组成的联合政府因一派领导人辞职而解散，在两派的互不信任与相互指责中，新政府再也没能建立起来，这被认为是北爱冲突结束以来“最严重的政治危机”。

议会

在《贝尔法斯特协议》签订20周年的纪念日，我来到北爱的议会大厦。这时距北爱政府解散、议会关闭已有14个月。没了议会，只剩下公务员体系在维持北爱的各项公共职能，重大决定无法做出。那是北爱议会大厦最安静的时候，没有议员的辩论、争吵。那也是工作人员最忙碌的时候，他们要趁这时更换议会大厅的老座椅和破裂的墙板。白色的议会大厦位于贝尔法斯特城东的一座山上，远望有点像布达拉宫。公路像纽带，将这山腰上的权力中心与城市相连。

议会大厦是“统一”与“分离”两股势力的角斗场。在“动荡时期”，这栋代表英国权力的大厦是爱尔兰共和军袭击的重点目标。现在，脱下军装的爱尔兰共和军成员成为“民族派”新芬党的议员，与曾经的对手、“统一派”的民主统一党议员分坐在议会下院辩论大厅马蹄形的桌子两侧，向对方发出的是犀利的问题，而不再是子弹与迫击炮弹。两党在2017年大选后的议席数只差一席。在北爱，两党的支持者占选民总数的70%，它们几乎就是北爱全部的政治。

英国的主权象征与北爱的独立诉求，这对矛盾体同时存在于议会大厦内。一方面，大厦当年由威尔士王子代表英王乔治五世揭幕，议会通过的所有决议均要由代表英国王权的北爱总督批准后方能生效，英国政府也有权收回下放给北爱地方政府和议会的权力，实行“直接统治”。另一方面，大厦里各处都能找到酢浆草的图案，就像玫瑰代表英格兰、蓟花代表苏格兰、黄水仙代表威尔士一样，这种三瓣叶片的植物代表北爱，它与爱尔兰的主保圣人、劝说爱尔兰人改信基督教的圣帕特里克以及“三位一体”的象征意义有关。

就和这大厦的外观一样，它内部的一切几乎都是对称的，仿佛被一条条无形的界限分隔。议席一分为二，草坪上象征和解的雕像也由相似的两部分组成，就连在地下餐厅吃午饭的议员也会按不同政见分坐两侧。关系最糟糕时，一派在经过另一派的餐桌时都要捏着鼻子。我猜如果法律允许，他们内心其实愿意在这大厦内筑起一堵隔离墙。

德里

从贝尔法斯特到北爱第二大城市德里，车程两小时。如果这世界上有什么地方最能让人觉得“人间的一切争执都是名词之争”这句话有多么正确，那一定就是这里了。德里这名字就是分裂的产物。英格兰在17世纪完全占领爱尔兰后，德里曾被改名为伦敦德里，以显示它与“新东家”的密切关系。但此后，反感威斯敏斯特统治的北爱天主教徒仍称呼它为德里。2015年，伦敦德里市议会投票，将这座城市的名字重新改回德里，而亲伦敦的北爱新教徒则坚持称呼它为伦敦德里。“名词之争”让德里的商家有些左右为难，他们不得不在自己的广告招牌上画蛇添足地写上“德里/伦敦德里一日游”或是“德里/伦敦德里最好吃的烤肉”之类的话，这也让德里干脆被一些人称为“斜杠城市”。400年前，英格兰的新教徒向爱尔兰迁徙，并建立种植园，德里就是因种植园兴起的城市之一。

在这座被城墙环绕的小城，“墙内”和“墙外”是当地人言谈中经常使用的地理坐标。我们从七个城门之一的“屠夫门”入城，因为雨大坡陡、门狭车宽，当大巴车勉勉强强挪入城门时，车上竟有胆小的人鼓起掌来。我的记忆里，有城墙的城市总是难逃悲剧命运，南京、西安、耶路撒冷、英国的约克、克罗地亚的杜布罗夫尼克，都概莫能外。因为重要，所以它们需要城墙的保护，因此也就多争夺、多算计、多权斗、多尔虞我诈、多痴魂冤鬼。在北爱的“动荡时期”，德里就曾是爱尔兰共和军袭击的重点目标。它就在英国与爱尔兰共和国的边境旁，7.5万居民中四分之三是天主教徒，要求结束英国“殖民”、与爱尔兰共和国统一的呼声也最强。1972年的“血腥星期日”事件就发生在德里，当时驻守在这里的英国伞兵向正在游行的市民开枪，杀死14人。“血腥星期日”被约翰·列侬和U2乐队都写进歌里，成了德里最不堪回首的一天。

小城街头建筑物上的大幅政治涂鸦画迅速把我带回30年前战火纷飞的德里。涂鸦画上有德里最年轻的议员在号召大家为争取民权奋斗，有“欢迎来到自由德里”的政治口号，还有德里第一个在教派冲突中遇难的孩子。几十年后，当《贝尔法斯特协议》签订时，人们在那个孩子的画像旁添上了一只代表新生的蓝蝴蝶。德里市中心的公园和标志性的大桥均以“和平”为名。那大桥罕见地建成蛇形，从新教徒聚居的一岸弯弯曲曲地通向天主教徒聚居的对岸。德里人开玩笑说，桥面不建造成直线是为了防止两派面对面过桥时朝对方扔石头。

边界

我来德里是为了去看看那条边界。英国与爱尔兰共和国之间的边境线从德里城外穿过，北爱冲突双方曾因这条割裂爱尔兰岛的边境线而战，今天英国的“脱欧”也再次让这条边境成为全世界最受人关注的界线之一。

自从1921年爱尔兰南部地区选择独立后，爱尔兰全岛设置“共同旅游区”，英国公民与爱尔兰公民可自由往来。自那以后，边境线上没有检查证件的岗哨，只在一些地方保留了几个摄像头。但在“动荡时期”，边境成为教派冲突的前沿，边境线上一度出现岗哨与铁丝网，并随即成为袭击对象。正是在贝尔法斯特和平墙开始修建的1969年，德里边界线上的二层关税办公楼不得不在日益频发的暴力冲突中被迫关闭。边界地区成为无人区，两侧分别是英国与爱尔兰共和国的驻军。《贝尔法斯特协议》签订后，英爱边界再度开放，这常常被视为北爱和平进程取得成功的重要象征。

在非洲，我曾步行穿越多哥和加纳的边境线，被挂着枪的加纳军人勒令删去相机里一切关于边境线的照片。那个中尉在检查完我的相机后又坐回露天的木桌前，继续在我递过去的护照上盖章、签字。木桌上的小收音机大声地放着流行音乐，上面盘旋的苍蝇似乎都在和着节奏跳舞，那景象几乎就是好莱坞电影里的画面。我期待在德里的边界再有奇遇。

司机倒数着“三、二、一”，车已经从英国一侧进入爱尔兰共和国一侧，周围的车辆都没有减速。在司机的提示下，我才发现，地面上的交通标线从英国境内的白色变为爱尔兰共和国境内的黄色，路旁的限速提示牌也从“限速60英里”变成使用欧盟计量单位的“限速100公里”。手机短信倒是忠实地提示：“您已进入爱尔兰共和国。”再仔细看，一个“欢迎进入北爱尔兰”的路标上的“北”被人用颜料涂掉，意在表达“北爱尔兰是爱尔兰共和国的一部分”的政治诉求。

仅此而已，这就是英爱之间的“软边界”。许多德里人每天都要几次往返于边境两侧的居住地和工作地。唯一麻烦的是要在口袋里装上英镑与欧元两种货币，便于在边界两侧消费，但信用卡早已让这不再是问题。目前每月有17.7万辆货运卡车、185万辆小客车和90万人次要跨越这条隐形的边境线。

“脱欧”带来了新问题。爱尔兰共和国是欧盟成员国，因此在2019年3月英国正式退出欧盟后，这条边境线也将从目前的国境线变成“欧盟区与非欧盟区”的界限。在“脱欧”后如何处理这条边界是英国与欧盟谈判的重点与难点之一。英国政府曾多次表示，英国将在“脱欧”后退出欧洲共同市场和欧盟关税同盟。这意味着如果英欧之间未能达成新的自由贸易协议，那么英国与爱尔兰共和国的边界注定将从目前货物与人员自由流动的“软边界”，变成需要对进出欧盟人员和货物进行核查与征税的“硬边界”。一旦这样的情况出现，这将是英国历史上第一条与其他欧洲国家的陆上硬边界。

但德里人都知道，一旦这样的边界出现，边界上任何代表英国的符号——岗哨、身着制服的边检官、关税办公室——都有可能激起德里天主教徒的不满，并引来针对它们的袭击，就像在“动荡时期”那样。但没有实体设施又将如何核查往来穿越欧盟边境的人员、如何向进出欧洲共同市场的货物征税？这是个两难的选择。

边界“软”的时候，居住在边境线两侧的爱尔兰人根本不会注意到它的存在。一旦“硬边界”出现，它将带来令人尴尬的问题：一家农场就建在这条边境线上，农场上的牛羊和它们的放牧者都将面临出入境问题；汽车在爱尔兰岛上主要的交通动脉N54/A3公路上行驶，要在这条曲折的高速公路上四次穿越边境线，在英国与爱尔兰共和国两国间来回。

支持北爱与爱尔兰共和国最终统一的新芬党成员、德里的英国议会下院议员伊丽莎·麦克卡利昂告诉我，大约五分之四的德里人在前年的“脱欧”公投中都选择“留欧”，就是因为担心退出欧盟可能带来这样的边境问题。“脱欧”将让北爱尔兰的最终归属问题再次被提上政治议程，并将导致“爱尔兰统一”公投出现得可能比人们预想的更早。但她也承认，北爱再次出现1998年以前的大规模冲突已不太可能。要求北爱脱离英国的“民族派”已经作为与“统一派”平等的政治力量出现在北爱政坛上，公开表示希望“爱尔兰统一”已经不再是“冒天下之大不韪”了，不再需要用生命来争取。

35岁的麦克卡利昂年轻靓丽，她的姓是典型的爱尔兰人姓氏。她从十几岁起就为了“爱尔兰统一”的政治理想奋斗，曾当选德里市长。麦克卡利昂像每个德里的母亲一样，每天要几次穿越英国与爱尔兰共和国的边境，接送三个孩子上学，为的是让他们去南边的爱尔兰语学校读书。

我问麦克卡利昂：“如果‘脱欧’真的制造出一条‘硬边界’呢？”

“我会像爱尔兰民族的每个人一样，去为反对它而战斗。”她回答。

“不惜代价？”

“不惜代价。”

“你真的觉得这值得吗？”我有点怀疑。

“值得，那是为了我的孩子们不再需要像我一样为爱尔兰的边界而战斗。”

邓迪：独立之城

只要300万英镑，我们就能给每个苏格兰人买一把铁锹，这样就可以一起挖个很深很深的大洞，然后从那里把她（撒切尔夫人）亲手交给撒旦。

——苏格兰作家、喜剧演员弗兰基·博伊尔

从伦敦坐火车一路北上，4个小时后就会穿越哈德良长城。这条由石头和泥土构筑、横贯大不列颠岛北部的防御工事是当年入侵的罗马皇帝下令修建的，用来抵御苏格兰高地上桀骜不驯的蛮族入侵。据说当年117公里长、3至5米高的石墙一完工，便被刷上灰泥白粉，阳光反射在光亮的墙面上，几公里外都能看见。

大约1900年后，当我从手机定位软件上看到火车穿越这条“象征英格兰与苏格兰的分界线”时，已经看不到这座罗马人的长城，车窗外只有一片绿绿的草场和漫步其上的肥硕绵羊。皇帝的长城如今只剩下几段，它们全部位于英格兰境内，离苏格兰最近的也有约113公里，因此也并非英苏真正的地理分界线。但这长城可以算是两地的心理分界线。沿着长城的墙边走走，摸着盖满荒草的石块，颇能觉出些“西出阳关”的味道。

过了哈德良长城，火车再往前开一小时，就到了邓迪。背山面海的邓迪是苏格兰第四大城市，建城至今800多年。在今天英国的政治版图上，邓迪以“最支持苏格兰独立的城市”而被标注。在2014年的那场独立公投中，苏格兰人最终以55%反对、44%支持的结果将自己留在了联合王国。在那次抉择中，57%的邓迪人选择苏格兰与英国分道扬镳，这一支持“苏独”的比例为全苏格兰最高，媒体称邓迪为“独立之城”（Yes City）。

为何邓迪会成为最支持苏格兰独立的地方？回顾历史，现在并非苏格兰经济最差的时候，但为何“苏独”呼声反而更高？在独立公投几年后，英国“脱欧”的选择将在何时催生下一次独立公投？苏格兰最终是否会独立？我来到邓迪，试图思考与解答这些问题。

黄麻

邓迪的历史与黄麻——一种这座城市并不适宜栽培的植物——紧密相连。那是一种高茎秆的绿叶作物，是世界上除棉花外最主要的天然纤维来源，还比棉花廉价许多。细长柔软的黄麻纤维从温暖湿润的南亚次大陆被运到邓迪的港口，在大大小小的麻纺厂里被织成高强度的粗糙黄麻纱线，纱线被纺成纱布，再被制作成麻袋。英国工业革命时期，正是一个个鼓鼓囊囊的黄麻布袋把原棉运送到曼彻斯特轰轰作响的织布机前。这带来了深远的影响：纺出的麻布衣服价格低廉，让卑贱的女仆和不起眼的穷人都能有体面的着装，买得起黄麻布窗帘、椅套、地毯来装饰房间。甚至可以说，没有邓迪的麻纺业就没有现代世界的诞生。

19世纪末，邓迪的麻纺业达到顶峰，大部分工人都受雇于麻纺厂，城市人口也增长了4倍。那时的苏格兰与英格兰在利益上趋同，邓迪也在大英帝国的荣光下一度成为世界黄麻纺织业的中心。直到20世纪初，邓迪的麻纺业在与印度出口产品的竞争中逐渐萎缩，最后一家麻纺工厂在70年代消失，邓迪的经济也随之衰败。

除了市区那根高85米、原本属于一家麻纺厂的大烟囱外，“世界黄麻之都”的辉煌历史还给邓迪留下了两笔遗产。一是在黄麻纺织中的高温下黏度不变的鲸油被用来润滑与软化纤维，对鲸鱼油脂的高需求推动了邓迪在捕鲸、鲸油提炼、造船、航海等领域的发展。

走出邓迪火车站，我一眼就看到了停靠在海边的那艘“发现号”木制三桅杆帆船。1901年，英国海军军官、探险家罗伯特·斯科特正是乘坐这艘邓迪制造的改装捕鲸船前往南极科考，人类的南极探险与征服时代由此开始。这艘船以“发现”为名并非偶然。邓迪被英国人称为“发现之城”——世界上第一枚背胶邮票、第一次无线电广播、第一片阿司匹林、第一束X射线、第一版《侠盗猎车手》电脑游戏的出现都与这座苏格兰城市有关。“发现号”上飘扬着由代表英格兰、苏格兰和北爱尔兰的旗帜叠加而成的英国“米字旗”。英格兰和苏格兰在1707年签订合并法案后，暂时结束了几百年来无休止的战争，不列颠岛实现统一。这让我想到，一旦苏格兰退出联合王国，“米字旗”将如何改变?

“黄麻之都”留下的第二笔遗产是，因为邓迪的麻纺工业发达，大量产业工人聚居于此，争取权益的工人运动不断发展，邓迪始终是英国左翼政党工党的票仓。“重现世界黄麻之都的辉煌”始终是诱惑着邓迪人的经济复兴梦。直到大约十年前，随着苏格兰民族党的崛起，邓迪和全苏格兰一样，政治上被以寻求“苏格兰独立”为重要目标的苏格兰民族党人掌控。但复兴的梦想并未改变，它仍旧是每次大选、公投中撩拨着邓迪人心弦的口号与愿景。

议长

我在一个阳光灿烂的日子来到邓迪，这样的天气在总是凄风苦雨的苏格兰冬季并不多见。市中心的六条主要街道均是中世纪时建造的，使用至今。路名都以“盖特”（gait）结尾，那是与英语相近的低地苏格兰语中“大街”的意思。在市中心的高街上走一圈，就能明显感知邓迪不景气的经济。不少店铺都关张了，开着的店铺几乎都在打折，其中几家是关门前的抛售。人气最旺的是那几家卖廉价二手货的慈善商店，人们挤在里面挑选50便士一件的二手衣服和瓷杯瓷盘，即使侧身也常常碰到别人，只能连连说“对不起”。邓迪是失业率第二高的苏格兰城市，2017年的调查显示，这里的失业率为3.3%，这个数字几乎是全英平均失业率的两倍。在全苏格兰为穷人提供临时救济的食物周济站中，邓迪的周济站也最繁忙。很明显，邓迪人在独立公投中的选择与经济有关。

我和邓迪市议会议长、苏格兰民族党人约翰·亚历山大相约在他市中心的办公室见面，窗外就是四层楼高的邓迪市政厅。大厅里炫目的彩色玻璃上展示着邓迪的盾形纹章（两只扇动翅膀的龙守护着三只插在瓶中的百合花，下有拉丁文“思想与纯粹”）和16世纪苏格兰女王玛丽一世的画像。亚历山大熟知这个女人的悲惨命运：玛丽在只有六天大时就继承了王位，后来被控密谋杀害权倾一时的英格兰与爱尔兰女王伊丽莎白一世，最终在一座城堡里被斩首。据说当天的行刑过程极其残酷，一个名叫布尔的刽子手用了三斧才将女王的脑袋彻底砍下来。头颅滚向一边时，布尔才发现自己手中抓着的是一顶梳着红褐色辫子的假发，他看到被这个45岁女人精心掩盖起来的满头白发。这样混杂着历史、传说与民族主义情绪的故事只是苏格兰与英格兰几百年恩怨故事中的一个。

29岁的亚历山大是苏格兰民族党内冉冉升起的政治新星，他属于未来，就连他递过来的名片上都印着“改变，为未来”的口号。这个年轻人曾在23岁时就当选为邓迪最年轻的市议员，2017年接替了60多岁的前议长。他推特账号上的签名是“有勇气，有雄心，做个真正的邓迪人”。我向他说明来意，开门见山地问他为何“真正的邓迪人”在几年前的独立公投中如此选择。

“贫困是真正变革的驱动器。”办公桌后的亚历山大说，“独立带给那些对现状不满的人们以改变的希望。”

“独立能让苏格兰变得更富有？”我问。

“我并不认为苏格兰独立是万灵药，但它却是向正确方向迈出的第一步。”亚历山大说。他的第一个孩子已经两岁，第二个即将出生，他相信“苏格兰独立将会让他们这一代受益”。我曾怀疑对面这个年轻人话语里的坚定更多来自他的政治热情而非个人经历，但他似乎看穿了我，开始给我讲他在超市工作的母亲，讲他在拉票时挨家挨户和选民交谈，讲他是真正懂邓迪人的人。他认为，邓迪人觉得他们的声音长期以来被英国政府忽视了。

“苏格兰总人口只有500万，而光伦敦就1000万人，你可以想象，谁的声音更大。”亚历山大说。他坚称，苏格兰需要真正适合自己的经济与社会政策，而不是被理所当然地统治。他以房屋政策为例：邓迪人更希望多建社会保障房和廉租房，而威斯敏斯特的政策则是多建商用房，让市场解决住房问题。邓迪是苏格兰拥有学生比例最高的城市之一，有两所大学和三所进修学院，每年约有4000人从这里毕业，对现状最不满的正是这些为就业与住房奔命的年轻人。邓迪的年轻人在独立公投中选择“独立”的比例最高，而最不愿独立的则是拿着英国政府统一发放的退休金的老年群体，这一选票构成和苏格兰当年独立公投的选择整体一致。

亚历山大还提到另一个被普遍视为刺激了苏格兰独立诉求的原因——位于苏格兰与北欧之间的北海油田。“掌握自己的资源就是掌握自己的命运。”他用和苏格兰人口与石油储量均相似的北欧国家为例，想说明如果苏格兰在20世纪70年代脱离英国独立，它现在可能和挪威一样富裕。那时，北海油田的开发被支持苏格兰独立者作为“苏独”的重要经济依据，还喊出“那是苏格兰的油！”这样极具煽动性的口号。但随着近年来北海油田产量下降、开采成本逐渐提升、油价处于低位，连邓迪的出租车司机也说，现在石油已经不是苏格兰要独立的主要原因了。但没人知道，一旦油价再次涨起来，它将如何影响邓迪。

石头

每个邓迪人的心头都压着一块石头。这块名为“命运之石”

的灰色石头是苏格兰人的耻辱与乡愁，也是苏格兰独立运动的精神归宿。

那是一块不起眼的长方形砂岩石，这种石料在苏格兰高地很常见。300斤的石头上坑坑洼洼，不刻一字，现被摆放在那座俯瞰苏格兰首府爱丁堡的城堡中。我曾在城堡的一间暗室中随着参观者队伍绕这块丑石一圈，它与摆放在周围、嵌满宝石的苏格兰王室权杖和那顶金王冠相比，实在是相貌平凡，我猜大多数人在走出城堡时已经忘了它的样子。但我深信丑石不丑、顽石有灵。（我上一次遇到类似的丑石是在大英博物馆中，那是一块与罗塞塔石碑和女史箴图这样的珍宝共聚一处的残破石头，细看说明才知它竟是斯芬克斯的胡须残片！）苏格兰人赋予这块石头的重要性与它的精美程度显然不成正比。在苏格兰传说中，犹太人的祖先雅各布在梦中见到天使时头枕的正是“命运之石”。从中世纪时起，历任苏格兰国王加冕时都要坐在这块石头上。“命运之石”后来被英格兰国王爱德华一世作为战利品掳走，在威斯敏斯特大教堂英王加冕宝座下放了几百年，象征苏格兰被统一在英国的主权下。1950年圣诞夜，四个苏格兰大学生曾将它从教堂偷走并送回苏格兰，英国警方在第二年才将它追回。直到1996年，在苏格兰民众的强烈要求下，“命运之石”才被送回爱丁堡，但规定每次英王加冕时，石头仍要被送回威斯敏斯特大教堂，放在国王宝座下。

就在爱德华一世将“命运之石”运回伦敦的1296年，苏格兰几乎被这个绰号为“苏格兰人之锤”的国王完全占领。一年后，26岁的苏格兰青年威廉·华莱士在一次口角后带人杀死新到任的英格兰治安官，并率领苏格兰人开始了第一次独立战争。那之后，苏格兰与英格兰之间的故事就始终围绕着征服、反抗、猜忌等关键词被讲述。即使是在17世纪初詹姆斯六世统治时期，它们也只是拥有同一个君主的两个独立王国。直到1707年，苏格兰同意与英格兰联合，结成大不列颠王国。刀枪未能实现的统一，靠利益实现了。这一结盟的决定，对英格兰而言意义在于联合苏格兰、共同对抗强敌法国；而对当时遭遇经济危机、经历了“七年饥荒”的苏格兰而言，选择合并可以获得与英格兰及其海外殖民地贸易的平等机会，分享“日不落帝国”带来的巨额利润。

要形成稳定的多民族国家，就要看能否形成“将不同民族拴在一起的东西”。英国前首相、苏格兰人戈登·布朗在苏格兰独立公投前出版的《苏格兰与英国应共享未来》一书中写道，这种东西在美国是“宪法爱国主义”，而在英国则一直是大不列颠殖民帝国崛起的利益与荣耀，是英国的医疗、养老金和最低工资体系带来的统一的社会经济权利，也是两次世界大战中共同作战的经历，是它们将苏格兰与英格兰在过去300年间拴在一起。

邓迪市中心仍然竖立着纪念维多利亚女王登基60周年的雕

像，鸽子嬉戏其上。正是在这位19世纪英国女王的统治下，英国崛起为世界强国。上了年纪的邓迪人还怀念50年前拆掉的、为纪念维多利亚女王到访而特意修建的邓迪拱门，称它为“城市曾经的象征”。在邓迪生活了一辈子的退休老人威廉·斯图在独立公投中选择留在英国。他在酒吧外抽着烟，用苏格兰口音的英语告诉我，虽然苏格兰人现在在英国是“二等公民”，但苏格兰不能独立，“我们太小了，不得不依靠英国”。

纵观历史，苏格兰的成功确实需要站在大不列颠这个大平台上。出生在苏格兰的瓦特和英格兰的博尔顿合作，获得了更好的设备、资金及技术，才有了蒸汽机的推广；出生在苏格兰的弗莱明在伦敦的实验室里发现了青霉素，并经英格兰的科学家解决其提纯问题才有了盘尼西林；伊恩·维尔穆特在苏格兰培育出世界上第一只克隆羊多利，但他在英格兰出生、读书；柯南·道尔在爱丁堡出生，却是在英格兰的朴茨茅斯和伦敦才创作出福尔摩斯的故事，福尔摩斯也住在伦敦，退休后在英格萨兰塞克斯郡养蜂；常身穿传统格子呢短裙出席各种活动的苏格兰影星肖恩·康纳利在电影中更常扮演的却是英格兰国王……这些例子也成了苏格兰的联盟派反对“苏独”的论据，他们提出“留在联合王国内，但为苏格兰争取更多权利”。

独立

英国作为世界上最早的民族国家，近年来却深受民族分离主义的困扰。19世纪下半叶以来，苏格兰自治与独立的呼声始终存在。苏格兰在与英格兰合并后始终保留着包括自己的宗教、教育、法律和地方政府等在内的市民社会自治系统，也为民族认同的留存提供了基础。1934年，由苏格兰几个重要民族团体合并而成的苏格兰民族党成立，成为苏格兰独立最重要的组织力量。在该党制定的章程中，其政党目标是“在不列颠民族团体中，为拥有独立民族地位的苏格兰建立自治政府，同时重建苏格兰的国民生活”。

事实上，现在并非苏格兰历史上经济最差的时候，但却是民族党支持率最高、苏格兰的独立呼声最大、国家认同感最缺失的时候。

在两次世界大战之间，严重依赖重工业的苏格兰陷入发展停滞期，失业率一度高达25%。但那时，苏格兰的工商阶层不仅没有响应民族主义者的分离诉求，反而更注重与英格兰保持密切关系。1935年，苏格兰民族党成立后首次参加英国大选，却遭遇“民族团体参与选举政治以来最大的挫败”。经济萧条与政治动荡的艰难时期，似乎并没有为政体讨论留下空间。在20世纪70年代撒切尔夫人主政期间，英国开始大规模去工业化，大力压缩和调整传统工业，主要依靠国营重工业支撑的苏格兰经济更是首当其冲。民族党乘机借助“北海石油”议题进一步发展，但那时的政治议题主要是“分权”而非“独立”。直到2007年，以“苏独”为目标的苏格兰民族党第一次在苏格兰议会选举中成为第一大党，随即公布了名为《选择苏格兰的未来》的独立白皮书，计划进行独立公投。在那一年，邓迪市议会29名议员里有14名是苏格兰民族党成员，民族党基本控制了邓迪的政治。

在议长亚历山大办公室隔壁的会议室，我先后和邓迪市议会中其他三个党派的领袖见面。我和每个人交谈约一小时，听他们讲邓迪人几年前的那次选择以及苏格兰的未来。有时候听着听着，我就会恍惚，分不清他们到底是哪个党派。他们所属的党派在独立问题上的立场都不同，他们也各自代表着自己的选区，同时还有自己个人的政治倾向。三者博弈后产生的观点常常让它们的持有者自己都感到吃惊。

英国执政党保守党的全称是“保守与统一党”，这充分说明它在苏格兰独立问题上的立场。因为民族党在苏格兰占据优势，保守党在这里曾常年只有一名议会下院议员，苏格兰人常开玩笑说，这一数字“比爱丁堡动物园里的熊猫（两只）还少”。保守党邓迪市议会领袖菲利普·斯科特将邓迪支持苏格兰独立归因于苏格兰民族党成功的拉票活动。他告诉我："与其说是独立派赢了，不如说是联盟派输了。"他记得当年公投前，邓迪到处都是"投独立一票"的标语，苏格兰民族党人逐户登门拜票，少见的几幅写着"Better Together"（在一起更好）的宣传画也被人涂抹成"Better Not Together"（不在一起更好）。

工党邓迪市议会领袖凯文·基南认为，根据1997年苏格兰全民公投结果，苏格兰议会的正式建立是苏格兰独立运动的里程碑，也是近年来苏格兰独立浪潮汹涌澎湃的重要原因。除外交、国防、税收、货币等领域依然保留着伦敦议会的权力外，目前其他权力都下放给苏格兰议会。基南告诉我，他不支持独立，"有人说苏格兰的声音被威斯敏斯特忽略了，但别忘了（英国前首相）戈登·布朗和托尼·布莱尔都是苏格兰人。"

自由民主党邓迪市议会领袖弗拉瑟·马克弗尔森代表的是在独立公投中选择"留在英国"的西邓迪选区。在他看来，与同样要求从英国独立的北爱尔兰不同，邓迪的"苏独"支持者们并不将英国视为殖民者与压迫者，他们因此选择用法律而非炸弹来寻求独立。邓迪人虽然和每个苏格兰人一样，都不喜欢自己被叫作"英格兰人"，但他们并不痛恨自己"英国人"的身份，甚至将英格兰人视为兄弟，毕竟不少人都有朋友或亲戚在伦敦或是伯明翰这样的英格兰城市工作生活。选择与英国"离婚"只是为了苏格兰得到更好的发展机会，大有“一别两宽，各生欢喜”的情绪。

2014年苏格兰独立公投时，民族党提出这是苏格兰“一代才有一次”的机会，但在独立公投失败仅两年后，苏格兰民族党等来了又一次机会——英国“脱欧”。英国选择“脱欧”，而经济上深度依赖欧盟的苏格兰则有62%的投票者选择“留欧”。这让英国“脱欧”是否会导致苏格兰“脱英”成为热门话题。我曾见到苏格兰政府负责与欧盟进行“脱欧”谈判的部长麦克·罗素，这个坚定的苏格兰民族党党员操着浓重的苏格兰口音告诉我：“应该再给苏格兰人民一次机会，让我们选择是否随英国一同‘脱欧’，这一机会就是举行第二次苏格兰独立公投。”

“如果苏格兰真的独立，你们能得到什么？”我问。

“我们可以拿回独立的税收权、外交权和广播权，让苏格兰成为真正独立自主的‘正常国家’。”他说，“就像人们常说的那样，苏格兰独立会让一个英国的‘坏房客’变成它的‘好邻居’。”

在苏格兰民族党的推动下，苏格兰“二次独立公投”的法案已于2017年被苏格兰议会批准，但没有得到英国政府的同意。在当年6月举行的英国大选中，苏格兰民族党遭遇惨败，议席数大幅减少。英国舆论认为，这与民族党不断推进“二次独立公投”的诉求有关，显示出短期内举行独立公投在苏格兰不得人心。苏格兰政府首席大臣、民族党党魁斯特金在大选受挫后立刻对“苏独时间表”做出调整，承诺不会在英国“脱欧”进程完成前举行独立公投。这个常被与威廉·华莱士一同提起的女人出生在一个支持“苏独”的家庭，丈夫是民族党首席行政官。不少英格兰人痛恨这个“为分裂大不列颠而活着”的女人。有一次，英国广播公司在播报一条与斯特金相关的新闻时，播放的画面却是一只从动物园出逃的大猩猩。虽然笑场的主持人随即道歉，但这个“技术失误”却难免让人浮想联翩。

我遇到的几乎所有邓迪人都认为，如果明天再来一次独立公投，邓迪人依然会选择苏格兰独立，但选择独立的比例会下降。他们抱怨：“可别让我们再投票了，每年都投一次，太频繁了。”可不是嘛，从2014年起的四年内，邓迪人和所有苏格兰人一样，经历了一次独立公投、一次英国“脱欧”公投和两次英国大选投票，平均每年一次，这还不算苏格兰地方选举。

我在邓迪最喜欢的地方是海边的景观大道。迎着海风走在小城投资10亿英镑的滨水建设项目旁，看着即将完工的新博物馆，想象着它们将如何像市政府官员描绘的那样重振邓迪的经济，这让我暂时忘了邓迪是座“独立之城”的事实。我想起我在几天内向近10个邓迪人提出的同一个问题：“经济好起来了，你们还会要独立吗？”邓迪人给了我两种截然相反的回答：

——“邓迪人要苏格兰独立，是为了更好的生活，经济好了、生活好了，我们为什么还要独立？”

——“只要苏格兰民族党存在，只要苏格兰人的声音仍被英格兰人忽视，我们独立的诉求就会始终存在，这只是时间早晚的问题。”

爱丁堡

从邓迪返回伦敦，依照惯例要在爱丁堡转车。在这座老城的一家有400年历史的小餐馆里，玻璃窗把阴郁的冬天和幽怨的古堡都锁在屋外。侍者把一道热气腾腾的菜端到我面前，我正是为这真正的苏格兰味道而来。这道菜叫哈格斯，被称为苏格兰的“国菜”，连伟大的苏格兰诗人罗伯特·彭斯也曾专门为它赋诗：“你是香肠一族的伟大首领……你看起来是那么容光焕发，滋味万千。”哈格斯由绵羊的心、肝、肺、肠剁碎后加入燕麦、高汤等，包进羊肚煮制而成，和中国的羊杂碎异曲同工。黑黑的羊下水，配上土豆泥和芜菁（大头菜）泥，一勺入口，醇香浓厚，再抿一口地道的苏格兰威士忌，回味无穷。只是偶尔嚼到些筋筋绊绊，让我忍不住眉头一皱，琢磨着刚刚这口咬到的是羊身上的哪个部位。

在苏格兰，今天人吃羊，当年“羊吃人”。

600年前，航运能力的显著提高和新航道的开辟促进了英国的对外贸易，英格兰的曼彻斯特和苏格兰的格拉斯哥毛纺厂里机器轰鸣，织梭上下翻飞。羊毛作为原材料，价格不断上涨，比起将土地租给佃农，养殖绵羊可以给土地主带来更多的利润，于是圈地运动将英国的农民从土地上驱离，“羊吃人”的怪事成为工业革命的前奏。18世纪，圈地运动扩展至已正式成为大不列颠王国一部分的苏格兰，肥硕的绵羊将苏格兰草场上的佃农赶去新大陆求生，这些人中就包括如今美国、加拿大等地众多苏格兰裔的先人们。

英国史学家屈勒味林曾谈道，在苏格兰决定与英格兰合并前，“苏格兰人的贫困和他们的思想力及他们坚强的性格比起来，诚有天壤之别”。而合并后，苏格兰在18世纪后期借着工业革命的推动和海外殖民的扩张，驶上了经济发展的快车道。当然，苏格兰对“日不落帝国”的强盛也功不可没，改良蒸汽机的瓦特和揭示“看不见的手”、倡导自由主义市场的亚当·斯密都是苏格兰人。

沧海桑田，如今，哈格斯和悠扬的风笛、浓郁民族风的方格裙一样，成为苏格兰努力将自己与英格兰区别开来的标志之一。几乎在爱丁堡的每个餐馆，都能找到哈格斯。餐厅的侍者们会用沧桑的苏格兰口音自豪地向你介绍“苏格兰自己的独特味道”，他们不喜欢自己被说成是英国人，苏格兰的纸钞上也不印英国女王头像。正式并入英国300多年来，苏格兰人最痛恨的就是无法平等地分享英国的政治权力，即使苏格兰人口占英国的8%，经济总量占英国的近一成。从华莱士到斯特金，民族主义思潮催生出苏格兰一次次的抵抗运动。苏格兰人与英格兰征服者的恩怨情仇剪不断理还乱，他们曾因利益走到一起，也曾因利益泾渭分明。我觉得苏格兰要真独立也不太可能，但苏格兰人的心底就是有那么一股叛逆劲儿。比起“羊吃人”那会儿，现在的哈格斯肯定是更有苏格兰味道了。

牛津：38所大学

先生们，我告诉你们我认为全英国再没有比我们的大学更好的地方了，只有在它的维护下，即使我们死了、腐烂了，我们的王国依然会受到妥善的管理。

——英国国王亨利八世

牛津大学校长路易斯·理查德森的办公室里洒满阳光，光线从半落地窗的白色窗格中透进来，落在乳白色地毯和胡桃木的六座长桌上。一只深棕色的五斗柜立在墙边，柜门上是贴金的浮雕天使，她们手持花环，环绕着一个大写字母“N”，那标示着这家具此前的拥有者——拿破仑·波拿巴。

办公室窗外就是博德利图书馆的入口，这个被钱锺书戏译为“饱蠹楼”的地方拥有1200万件馆藏，若将它们悉数分给牛津在读的学生，每个人可以分到约522件。虽然牛津大学的38个学院全都拥有自己独立的图书馆，有的甚至比博德利还古老，但游客们总在这个全英第二大的图书馆门前排队，想进去看看那些每本上都拴着一条铁链的中世纪图书。那是当时图书馆的防盗手段，在古登堡印刷术出现前，一本书的价格几乎相当于现在的一辆跑车。当时的牛津学生只能站在原地学完这“被锁住的知识”。

理查德森平时会坐在她的大办公桌前，一抬头就能看到排队等待参观的人。游客们的兴奋溢于言表，声音却被厚厚的玻璃拦在窗外，偶尔有人向窗里张望，但很快就因玻璃反光而放弃。有时候，理查德森会看见窗外有个戴圆眼镜、披斗篷、拿扫把的小男孩——那是粉丝们来这个曾经作为《哈利·波特》电影中魔法学校取景地的图书馆朝圣。

“办公室设在景点不嫌闹吗？”我问校长。

“传统上，牛津校长的办公室就设在这里。”倚在沙发上的理查德森说，“这里曾经是牛津印刷厂两部分的中间，一部分曾专门用于印刷宗教书籍，另一部分则印刷世俗书籍，我喜欢这种在两者之间的感觉。”我想，这和中国人说的“执其两端，用其中于民”应该是异曲同工。也许理查德森反对英国“脱欧”这样的极端做法，她的中庸思想正是最大的心理动因。她本人给出反对“脱欧”的理由是，它将造成三种资源的流失——来自欧洲的学生、来自欧洲的科研人员以及来自欧洲的科研经费。

我藏有一张绘制于几十年前的牛津大学地图，制图者以“鹰眼”（bird’s-eye view）的视角俯视整个牛津校园，仿佛要展现给人看“上帝眼中的牛津”。地图四极分别为伯明翰、布里斯托、伦敦与剑桥。全图的中心并非校长办公室所在的克拉伦登大楼——

那栋建在大学最热闹的宽街上、拥有壮观柱廊、屋顶上还立着众多缪斯女神像的庙宇式建筑，而是代表着渊博学识的博德利。图书馆四周各学院的建筑众星捧月似的围绕在它周围，克拉伦登大楼自然也在其中，就像只温顺的小绵羊。显然，那位不知名的地图绘制者并没有将权力作为制图布局的依据。

每学期，理查德森的办公室向牛津师生们开放四次，按先到先得的原则申请，32名幸运者可以分别与校长单独面谈15分钟，谈什么都行。仅在过去一年，牛津校内曾引起争议的话题就包括教师的退休金面临缩水风险、一名学医的女学生持刀伤人却被当地法院轻判、一名动物学家说他期待尽早品尝到实验室里造出的“人肉”、校长本人的高额出行费用等。所有这些话题在校长开放日都无须避讳。

人与人之间面对面的交流正是牛津成功的秘密，也是一所好大学尚无法被远程教育或人工智能替代的原因。“第一个机器人教师将何时出现在牛津大学的讲台上？”我问理查德森。

这个蓝眼睛、留着干练短发的60岁女人被突如其来的问题逗得哈哈大笑。虽然校长曾在自己就职典礼上的发言中将科技发展列为对牛津的重大挑战之一，但她并不认为在自己的有生之年能看到机器人教师出现在这里。

“我们职责的一部分也在于传授一种同理心，而电脑尚且无法理解人性或借鉴思想。”她说，“虽然科技会给教育领域带来改变，但还不到我们失业的时候。我想也许我会看到能够帮助教师的机器人。”

学院

从800年前牛津建校起，它就始终慷慨地为学生们提供与老师以及其他学生交流的机会——这正是“学院制”的要义所在。牛津、剑桥、杜伦这三所英格兰最古老的大学实行学院制，它们“碰巧”（或者也许应该说“因此”）都是英国和全球顶尖的大学。英国教育史学家特德·塔珀说过：“正是由于拥有奇特的学院制，人们已经习惯于将牛津大学和剑桥大学看成是与众不同的、非凡的高等学府。”

游客们常有疑问：“牛津大学在哪儿？”这里没有学校围墙，没有校门，甚至都很难找到一处写着“牛津大学”的地方拍照留念。我对牛津大学的了解是从对它的38座学院和6座私人学堂开始的。它们像一串珍珠散落在这座小城的各处，但最主要的部分都分布在牛津那条最主要的商业街两侧。

一个典型的牛津大学学院内部包括一个挂着历任院长油画像的长廊、飘着炖土豆或牛排香味的食堂、一个摆满黑胡桃木书柜的图书馆、一个有着彩色玻璃窗的小教堂、一个举行非正式聚会的小酒吧、几个有台球桌的公共休息室、一个小酒窖、几片方方正正的草坪以及几段真真假假的历史传说。每个学院几乎都以一扇老木门、一圈围墙以及墙里各种高耸的尖塔与拱顶示人，学生们刷卡进入，游客们则要碰运气，看那个写着“关闭”的木牌是否被放置在学院入口。

简单地说，这种源于中世纪的大学运作制度让每一座学院都是一所独立的“小型大学”，它们负责自己的经费与运行，照顾学生的衣食住行、安排他们的社交和本科阶段的主要课业。每个学院都有自己独立的校舍、决策体系和财政体系，以独立招考的方式挑选符合各自标准的本科生。这些学院以类似“联邦制”的形式组成一个形式松散、权力分散的牛津大学。事实上，它们更像是38所独立的大学。

理查德森是牛津大学历史上第二个没有在这里读过书的校长。也许是因为她本人并未接受过学院制教育，她在上任之后便大胆地提出对学院制进行改革，并因此引来意料之中的强烈争议。当我问校长学院制的问题时，她显露出异乎寻常的谨慎。

“学院制是牛津大学完整性必不可少的一部分，我们的学生自入学之日起就被自然划入一个跨学科的小社群，我认为社群本身是极富教育意义的。”她像个发言人，“尽管学生们是为了一个更大的国际化校园而来，他们却每天都生活在这些富有亲密感的、跨学科的知识之家中。”

“但您说过，学院制需要改革。”我始终觉得在牛津这样聚集着思想家、探索者、怀疑论者和狂热改革家的地方，任何事物都有可能成为改革的对象。

“我并不想改变学院制。”校长说，“但我们在重复的活动上花了太多时间、精力和资源，我想提高效率并把资源留给最重要的事。”

自成一体的学院制并非由人为规划，而是随时间发展自然形成。它最初是为了管理那些寄宿在客栈的学生群体而设，每间客栈由大学任命一个负责人，管理这个松散的组织，规范学生在居住期间的行为。学院制让每个牛津师生都属于至少两个“平行宇宙”：学术上，他们属于不同的学科专业；生活上，他们按各自的学院重新组队。这正是电影《哈利·波特》中那顶有思想的分院帽——它将学生们自动分配到霍格沃茨的四个学院——的由来。

学院制最显而易见的好处就是，可以让学生们有更多机会接触到不同学术背景、不同年级的其他学生，而且在这么大的校园里首先融入一个小一些的集体更容易。在一所中国大学里，一般同院系的学生都在一个教室学习、在一栋宿舍楼里生活，一个外国语学院的大一新生要认识一个学物理或是数学的学生，得通过一场篮球赛、一次社团活动或是一场恋爱。牛津大学的学生则可以通过学院。他们隔壁、楼上楼下的学生来自不同学科，他们可以敲开一间宿舍的门，然后一起坐在地上捧着比萨饼盒子玩游戏，或是因为买不起酒吧里贵的酒，先在宿舍里一起喝便宜的超市酒，直到微醺才出发去酒吧——英国大学生中常见的预饮（pre-drink）。

导师

学院制又与牛津的导师制相关联。本科生入学后，学院会给他们分配“学院爸爸”“学院妈妈”“学院妻子”“学院丈夫”等“家人”，分别由学院的教师或高年级学生担任，还有专人负责打扫宿舍，这都是为了让新生尽快在生活上融入学院，以这里为家。除少数大课外，本科生均在自己的学院中完成专业课程，学院就是他们的寄宿制学校。学院配备的学业导师往往在只有几个人的小课堂里指导学生，负责将学院的思想、价值观、学习方式传授给这些由学院挑选出的孩子，让他们“继续成功”。与老师们一同完成这个任务的还有学院的古老建筑、悠久历史和独特传统。

牛津大学社会科学领域的终身教授傅晓岚告诉我，学院制及与其配套的导师制通过人与人的直接互动将教师的“隐性知识”传授给学生，跨学科的思想碰撞也容易产生创新的火花，但这种组织制度“成本极高”，资源不丰富的学校难以模仿。

“比如学生配有一个所学专业的导师，几个小论文导师，一个学位论文导师，必要时还可以与专业主任约谈寻求帮助。此外还有一个学院配备的生活导师，对学术以外的生活、福利，甚至职业发展做指导。”她说，“几个老师带一个学生，沟通渠道是多重的。”

晚宴

正式晚宴是学院制带来的福利之一，这种历史悠久的用餐方式至今仍在绝大多数学院中流传，几乎与上课同等重要。学生们一周可以吃上几次，学院出资赞助部分餐费，目的是增加学生之间的友谊和对学院的归属感。

在参加过几个不同学院的晚宴后，我发现这种独特的聚餐方式将牛津的“修道院特性”凸显了出来。这种特性提醒赴宴者牛津最古老的学院都曾由砖瓦与信仰筑成，它们是用拉丁语讲授希腊哲学与基督教神学的中世纪修道院，大学的丰富学识中总混杂着僧侣制度的味道。晚宴的参加者们面对面坐在长长的餐桌两侧，每四到六名用餐者之间会放上一盏小台灯或是烛台，微弱的光亮将这些坐在巨大的、教堂般的餐厅中的用餐者自然分组，让人想起牛津的拉丁文校训“耶和华是我的亮光”。有的学院要求学生们在正式晚宴时穿着宽大的黑色长袍，这种中世纪的服装最大限度地掩盖了用餐者的性别与年龄差异，让他们看起来像是来此聚会的几百个学识丰富、忧天悯人的灵魂。他们站起来，低着头，恭敬地听院长和教授在读经台前用拉丁语念完传统的基督教祈祷词（有时还会敬祝女王身体健康），讲完学院的历史，然后偷偷用眼神和邻桌人交流，确认这些谁也不懂的祷词已经念完。院长会用慈父般的笑容和点头暗示他们可以坐下，但只有等身旁人的餐点端上来后才开始拿起自己盘边的刀叉。他们犹如僧侣一样小声讨论，努力让餐刀、餐叉与餐盘在接触时发出最小的声音。他们在墙壁上十几幅先贤画像的注视下吃完三道菜配葡萄酒的晚餐，迟到或是早退都被视为极大的不礼貌。不过一般在主菜上完后，餐厅里的气氛就会稍稍活跃起来，说话声也慢慢变大，但大笑与叫喊始终被禁止。学生们会用葡萄酒缓解压抑的心情，有些人会喝得迷迷糊糊，然后在恍惚中摸黑向校园里的酒吧进发，开始更轻松的下半场。

每次晚宴都是一次小型的学术研讨会。一次在王后学院的大餐厅里，我和一个学东亚历史的研究生谈论清朝的中英贸易，一个地理专业的研究生则在一旁插话，给我们从天气和洋流角度讲解，当时英国的船只到印度及中国的路线与耗时。不久，一个生意上涉及3D打印的访问学者也加入了讨论，话题逐渐发展为这项新技术是否会让传统的制造业中心转移（只要有3D打印机的地方就会成为制造业中心，哪怕它在撒哈拉沙漠里），以及它将对世界贸易产生何种影响。当然，并非所有话题都如此严肃，当晚我们聊到的其他话题包括查尔斯王子是否会放弃王位继承权好让威廉王子趁早继位，以及《太阳报》的“三版女郎”传统为何没有得到延续。

传统

走在牛津，可以看到历史更悠久、更有钱的学院——比如基督堂学院和圣约翰学院——里总有更多的游客。学院的小木门上钉着生锈的铁钉和铁条，入口处的外墙上雕刻着繁复的兽首和人面，有的学院外墙上还有凸出的瞭望哨台——这都让一座学院看起来就像是一座英格兰或威尔士常见的中世纪古堡——它们都在守卫传统。

如果计算每平方公里内保留下来的历史传统数目，牛津大学应该是全英最多的。没有人说得清第一批哲学家是何时来到这个以“牛群在此涉水渡河”得名的地方，并在这个距伦敦84公里远、潮湿多雾的河谷地中开始招生授课的，因此牛津没有明确的校庆日。牛津人只能在每个学院延续下来的古老传统中寻找自己的独特身份。比如基督堂学院里的那只名叫汤姆的七吨重的大钟，每晚9:05时会敲响101下。这一传统可追溯到1546年学院成立时，钟声代表建院时的学生人数。钟响时，代表“牛津时间”的晚上9点——因为牛津的经度在格林尼治以西一度，因此它的时间比联合王国的标准时间晚5分钟，牛津人于是精准地使用自己的时间。

除了“牛津时间”，他们还有“牛津鞋”、“牛津拼法”(《牛津词典》中单词拼写的方法，如英式英语中的realise一词的“牛津拼法”是realize)、“牛津膝关节”(在牛津发明的一种广为使用的人工膝关节)、“牛津逗号”(牛津书写体例中紧跟在and等并列连词之前的那个逗号)。各种说不清来由的传统、自成体系的标准、突破性的科研成果都让到牛津的人有理由觉得：这里不是英格兰，这里是牛津。

牛津的每座学院是如此不同。最古老的牛津学院起源于13世纪，最年轻的则在2008年才成立，最保守的女子学院直到1994年才开始收男学生。它们每年接收的捐款数也是天壤之别，最高的超过3亿英镑，平均到每个学生大约是50万英镑，最少的则只有1000万英镑。这直接决定了各个学院里草地灌溉的时间长度和学生的奖学金数额。每个学院都拥有自己的独特纹章、拉丁语训词、围巾和桨叶图案，根据自己崇尚的价值观选择用什么图案组合来代表自己：比如代表英格兰的狮子、代表英国王室的王冠，或是出现在学院建立者家族徽章中的雄鹿、梨子、火炬或是蛇。

联谊室

我经常向人夸耀，说我教出过一个牛津大学的研究生。中国留学生夏康子怡在牛津的圣十字学院攻读东亚史的研究生学位，我是她小学时的英语家教。夏康子怡推开沉重的木门，在门卫的注视下领着我穿过一条挂满抽象艺术版画的走廊，来到学院一楼的联谊室。这间类似客厅的大房间里摆着几张沙发，有咖啡机和钢琴，窗外就是皮奥西教堂，它以牛津大学的一个希伯来语教授的名字命名，其中的图书馆收藏了约八万册历史和神学图书。

联谊室是牛津大学每个学院展现自己实力与个性的地方。它出现在17世纪末，学者们在晚饭后来这里闲谈或会客。我们所在的这间联谊室是圣十字学院的骄傲。学院60%的学生来自英国以外，他们和教职员工共用一间联谊室，而非像其他学院一样划出两到三间专属于某几个年级或是只有教师能进的房间。圣十字学院网站上对此的解释是："这种平等将带来更高产的学术环境。"

圣十字这样成立于1965年的新学院也在试图尽快找出自己独特的优势，好和那些建院时长是它十几倍的老学院争夺优质生源。从这所学院毕业的校友可以继续拥有使用联谊室的权利，他们还可以从学院获得每次15分钟的职业规划建议、每年一期的《学院记录》与《填字游戏》两份学院主办的杂志，以及社交媒体账号上学院情况的定期更新。

一年半以前，夏康子怡在收到牛津录取通知书的同时得知自己被分到了圣十字学院。“牛津的古旧一面离我太远了，因为我们的学院太新了。”她说，“大家还是更热衷于自己的专业，对学院的归属感没有其他老学院那么强。”

和圣十字学院一街之隔的圣约翰学院的学生让夏康子怡十分羡慕。她听说这个在16世纪中叶由一个商人创建、目前在牛津资金最充足的学院会给新生发“入学红包”，还会向新生免费出借笔记本电脑。圣十字学院成立于“二战”后、大学学科数量与研究生人数同时增长时，当时像考古、亚洲研究这样的学科兴起，但它们又并非传统的研究生教学内容，牛津大学因此成立了一批像圣十字这样的新学院。

每个学院都不同，因此每个牛津学生对学院制的感受也不同。作为二年级的研究生，夏康子怡对圣十字学院的认识显然要比她对牛津大学的认识更清晰。比如她要借一本书，首先要在学院与学校两套不同的图书馆系统中查询，如果书在博德利图书馆，她必须去那里阅读，如果书只有一本且在其他学院的图书馆，她必须写信向那个学院申请借阅。当她去那个学院取书时，还得注意探访时间，因为理论上来说在学院对院外学生不开放时，她的进入权会被剥夺。

“有时候我会想，这还究竟是不是我的大学？就像接受我的只是牛津大学的一个学院和我的院系，而不是整个学校。”夏康子怡说。

对研究生而言，生活导师制似乎也不如本科生时执行得那么严格，这也许是因为他们的年纪已经让他们拥有了足够多的生活智慧。夏康子怡的“学院生活导师”——她还是查了邮件才想起这个名称——是牛津的历史系教授拉纳·米特。他们只在每个学期开学时才见上一面，一般只有5分钟左右。夏康子怡还记得问过他唯一的一个问题是，如果想把本科论文在公开刊物上发表，应该找研究生导师还是找本科导师帮忙？米特的回答是：“都行。”

我特意找到米特教授，问他是否还记得夏康子怡。“我记得她，她是研究中国哪段历史的研究生来着？”他问我。我没好意思告诉他，夏康子怡的研究对象其实是日本与朝鲜历史。

担心

光荣属于牛津，权力则属于各个学院。它们有权自行决定招生的规模与标准、学院教师的任命，以及“厕所门上应该贴什么标志”这样的重要事项。2018年4月，萨默维尔学院的学生们经过投票，通过了一份“厕所议案”，同意将厕所门上传统的

“男”“女”标志改为“性别中立”。这让萨默维尔学院成为牛津第12个取消厕所性别标志的学院。即使是理查德森校长来到萨默维尔学院如厕，她也得在“有小便池的性别中立厕所”和“有隔间的性别中立厕所”两种厕所之间选择。成立于100多年前的萨默维尔学院是牛津最早的女子学院之一，成立的初衷是让“不同宗教背景的学生和平共处”。

学院制也带来交叉与重复管理的难题。学校和学院的双轨制管理使得决策过程缓慢，学校的中央权威受到削弱，没法为了全校利益“集中力量办大事”，学生们更忠诚于自己的学院而非看不见摸不着的学校。各种学院与学校的委员会在职能上重叠不清，它们的成员常常交叉任职，因此被指责为臃肿低效。只要想想38个学院每个都有自己独立的管理体系——独特的规章制度、管理机构和人员配备，就知道一个涉及全校的项目要推进有多麻烦。

学院制带给人的另一个担心就是各学院之间可能竞争多于合作。感受这种担忧最好的地方是南北向的图尔街。这条小街一侧是牛津的室内市场，另一侧则紧挨着三所学院的围墙。靠北的一段是艾克赛特学院，靠南的一段是布雷齐诺斯学院，中间的一段是林肯学院。走在图尔街上，你会觉得各个学院之间挨得那么近，以至于难以区分墙那头的建筑究竟属于哪个学院。但在牛津的传说里，几个学生在一次与当地居民的冲突中逃到这里，他们拍响林肯学院的木门，请求避难，但学院最终只庇护了自己学院的学生，一个被拒之门外的布雷齐诺斯学院学生被随后赶到的愤怒的居民们当场打死。没人说得清这事发生在何时，但每年的耶稣升天节中午，一扇连接两个学院、被称为“针眼”的小木门就会打开几分钟。作为对当年行为的“赔罪”，布雷齐诺斯学院的学生可以穿过这扇门自由地进入林肯学院，在院内的酒吧喝到免费啤酒。但为了防止墙那头来的学生们喝得太多，林肯学院的学生们会在啤酒中放入味苦的金钱艾，好降低“赔罪”的成本。

基督堂

通过自己的教师与校友人脉，各个学院会和外界的某个领域保持着特殊而密切的联系。这让某些学院以善于培养某类人才而知名。比如，在牛津大学培养出的27个英国首相中，13个来自基督堂学院，这几乎相当于剑桥大学培养出的首相总数。游客们只热衷于基督堂学院的大餐厅，因为那里是《哈利・波特》电影中霍格沃茨魔法学校餐厅的拍摄地。学院19世纪的数学导师查尔斯・道奇森也正是在那个大餐厅用餐时构思出了《爱丽丝漫游仙境》，爱丽丝是当时学院院长女儿的名字。但基督堂学院本身的故事远比奇幻与童话更让人震撼。

基督堂学院的其他毕业生包括哲学家洛克、诗人奥登、艺术评论家罗斯金、四度出任首相的格莱斯顿、诺贝尔生理学或医学奖得主约翰·格登等，爱因斯坦也曾是学院的一员。学院的官方导游手册上将它的主要任务概括为：学术上不断精进和对神虔诚的敬畏。

它是牛津最大的学院，始终以自己的王室血脉为荣，正式名称是“亨利八世国王在牛津建立的基督座堂教堂学院”。英国内战时期，查理一世曾在这里举行议会会议。在任的英国君主作为创始人的代表行使职权，被称作学院的“督导”。食堂大厅的高桌后悬挂着伊丽莎白二世女王及亨利八世的肖像。学院如此独特，以至于整个牛津只有它可以不被用“学院”来称呼，牛津人会叫它“那个堂”（the house）。它常常被与剑桥大学的三一学院做对比，因为它们同为大学中最贵族化的学院，由“以阶级为基础的知识权贵组成”，是通向最高权力的捷径。有人甚至说：“基督堂学院的入学标准直接决定了谁来管理这个国家，谁来监督他们，谁来创造财富以及谁在科研领域取得突破。”

在酒吧聚会时，基督堂的学生会让其他“穷学院”的学生相形见绌。他们是牛津中那几百个“上帝的选民”，从走进学院的那一刻起就能在食堂享受3英镑一顿的三道菜大餐（而游客们只能在固定时间排队进入这食堂，并像入栏的牲口一样被催促着“往前走，别停下”)，能参加各种“麦克风之夜”“迪斯科之夜”“爆米花与默片之夜”，并在毕业后注定成为政府内阁大臣或是国际知名的艺术家。他们会从学院中的古老建筑和代代相承的传统中得到这样的心理暗示。比如一楼的一扇木门上就用金属块镶嵌着“No Peel”（不要皮尔）的字样，那是19世纪初基督堂学院的学生对本院毕业生、当时代表牛津的下院议员罗伯斯·皮尔爵士的抗议，抗议他提出给天主教更多自由。学生们无须对权贵摧眉折腰，因为他们知道自己早晚也会成为权贵，即使是皮尔这样后来成为首相的人，也和他们一样当初曾醉倒在基督堂那些曲折的回廊里。

盛气凌人的基督堂也是牛津最容易卷入争议的学院。最近的一次是学院的门卫被指区别对待黑人学生，因为盘查他们的次数远高于对白人学生的盘查次数。也许是为了“闷声大发财”，基督堂在宣传上故意淡化自己的精英主义色彩。在学院网站上一篇题为《为何要申请基督堂学院？》的文章中，基督堂谦虚地自称为“牛津较大的学院之一”，将申请者众多的原因归纳为“师生的友善与热情”。但树大招风，这并不能阻止那些指责牛津大学权贵化、阶层化的人将怒气发到基督堂身上。这所学院也因此成为“是否需要废除学院制”的辩论中最常出现的例子。有趣的是，它总是被正方与反方同时引用。

夜攀

学院制只是牛津众多颇具争议的传统之一，其他的传统包括在参加模拟辩论会、正式晚餐等场合穿着黑袍，以及一些胆大的学生在夜间攀爬学校的建筑，将其作为对自己的挑战。基督堂学院面向草坪的一圈建筑是这些夜间攀爬者的最爱，因为只要推开一些宿舍的窗户，就能轻松找到通往高处的路径。

这些传统总是在各种争议声中传承延续。

理查德森校长说，每隔几年，学生领袖们就会就是否有必要继续穿着黑袍进行投票，结果总是肯定票多。

“这样的结果在提醒我们的学生，他们只是这里传统的一部分。”她说。

“应该禁止夜间攀爬这种危险行为吗？”我问理查德森，“你有什么话想对那些夜间攀爬者们说吗？”

“希望他们注意安全。”校长说。

剑桥：大学无围墙

我发现剑桥大学在任何意义上而言都是一个庇护所。

——剑桥大学拉丁文教授、英国诗人阿尔弗雷德·豪斯曼

说来有趣，牛津与剑桥这两个英国最优秀的大学之间竟没有铁路。要从其中一个去另一个，需绕道伦敦，行程是它们直线距离的两倍。有人说这是“老死不相往来”。

这似乎是两所大学之间竞争的隐喻。19世纪前的整整600年里，牛津与剑桥是英国仅有的大学，垄断高等教育，以“牛剑”并称——事实上英语中的说法是“牛桥”（Oxbridge）或“剑津”（Camford）。创建剑桥的学者们原本就来自牛津，因为与镇上居民的冲突移居剑桥，建立了这么一所“镜像大学”。

自行车

我沿着剑桥火车站外的主路向前走，经过中国饭馆与咖啡馆集中的摄政路。那里的小店会在门口放一块牌子，写上“当代最伟大的物理学家霍金先生经常光顾的中餐馆”。据说霍金曾坐着轮

椅来到这里大快朵颐，“霍金土豆片”因此得名。在饭店老板眼里，再伟大的科学家也不过是个为美食折腰的凡人。

比起牛津，中国游客似乎更爱剑桥。这里有徐志摩心心念念的康桥，还有“学生金庸”手书的对联：“花香书香缱绻学院道，桨声歌声宛转叹息桥”。现在剑桥十分之一的国际学生来自中国，中国的共享单车项目也率先在剑桥落户。

剑桥可能是英国自行车密度最高的地方，剑桥人每五次出行中就有一次是骑行。剑桥火车站外有个停着几百辆自行车的停车场，其中一些是“小黄车”。总能看到各种自行车被锁在路旁的铁栏杆上或斜靠在学院的外墙上，一家咖啡馆也以“老自行车”命名。自行车拥有独特而丰富的含意：青春、健康、自由、浪漫、环保、廉价，这与占剑桥总人数三分之一的学生群体十分契合。

中国的共享单车自进入剑桥后始终有争议。有人说它是中国为世界带来的创新、绿色的出行方案与理念，十分便利；也有人说，这种无桩停放的方案导致随意停放、阻塞道路与蓄意破坏，其实是将这一项目中企业秩序管理的成本转嫁到政府与社会身上。还有人在争论，共享单车究竟是“公益项目”还是“资本运作”，是“共产主义的萌芽”还是“资本主义的花朵”。自由与秩序、权利与责任、共享与私欲、创新与风险——共享理念带来的各种矛盾毫无例外地随着共享单车一同出现在剑桥街头。这座大学城包容了共享单车，就像它在历史上曾包容其他更新颖、更有争议性的思想一样，这之中包括16世纪起逐渐进入剑桥的新教，以及几年前这里公开招募了一位“乐高教授”——专门研究乐高积木等游戏在教育中的作用。

牛剑

在不列颠民族的精神地图上，英格兰中部的牛津与剑桥格外闪亮。两所大学都源自中世纪的宗教世界，它们是矗立在城市中的一座巨大坟墓，多少观念与思想经过历史长河的检验后，被埋葬在其中。

剑桥确实和牛津太像了，我常常走着走着就弄错了所在。它们都有一座以圣母名字命名的主座教堂，一个以鬼怪故事闻名的钟塔，一座浪漫的叹息桥，一条由站在船尾、手持竹竿的撑船人主宰的河流，几十座传承不同世界观与成功观的学院，一段段真假难辨的传说。这些传说为两座大学蒙上一层神圣的光。比如剑桥大学那个关于王后学院里木头搭成的“数学桥”的传说。据说该桥为牛顿所建，整座桥原本没有使用一个螺丝，但后来一个好奇的学生把桥拆掉研究，却无法按原样装回去，只能用螺丝钉重修此桥。这个动人的故事其实是后人杜撰的，因为“数学桥”建成时，牛顿已经去世22年。

两座城市都是宽容的。你总能遇到踩着高跟鞋、穿着渔网袜的异装癖者，骄傲地走在街头，完全不顾路人的眼光。如果正好赶上周末，打扮成漫画人物去参加各种主题派对的年轻人会涌上街头，你也经常能看到蝙蝠侠牵着玛丽兄弟的手，或是穿着哥特式服装的女孩搂着绝地武士。

但只要仔细观察，这对如此相似的姐妹学校又是如此不同。德国记者彼得·扎格尔在他的《剑桥：历史和文化》一书中写道："哲学博士的头衔在牛津叫作D. Phil.，在剑桥叫作Ph. D.，这是微不足道的学院小事吗？才不是呢。这是人们一直精心维护的最基本差别。"牛剑之间的其他差别包括：虽然两校都有"莫德林学院"和"王后学院"，但它们的英文拼写方式与来源均不同；牛津的学生称老师为"导师"（tutor），剑桥的学生则称他们为"辅导老师"（supervisor）；牛津各个学院的内院叫作"方庭"（quad），剑桥的则叫"大院"（court）；牛津每个学院有"联谊室"（common room），剑桥的则叫"混合室"（combination room）。

"牛津与剑桥究竟有何差别？"我曾将这个问题抛给两校的校长。他们在对对方学校进行一番夸赞后，给出了如下的回答。

牛津大学校长理查德森说："历来剑桥大学就被视为科学类院校，牛津大学则被视为人文类院校。而且牛津大学更关注公共生活，比如说我们培养出了27位首相，剑桥大学的这个数字可能是我们的几分之一。与剑桥相比，我们有更多的学生选择投入公众事业。”

剑桥大学校长斯蒂芬·图普说：“历史上，人类知识中最为根本的发现都出自剑桥，牛津有一些，哈佛和斯坦福也有一些，但出于某种原因，这些最为重要的发现极大比例都出自剑桥。我想这是源自这里对于提问的开放精神，以及对于宏大图景和思想的探索精神。我并不是说这些在我们的姐妹学校中不存在，但似乎在剑桥的存在感极强。”

当我在餐桌上把两位校长的回答告诉77岁的剑桥大学社会人类学教授艾伦·麦克法兰时，这个秃顶的小老头儿没有抬头，他用手中的刀叉切着盘里的奶酪块，不屑地说：“他们没说对。”

麦克法兰的办公室在剑桥最出名的国王学院，窗外是学院入口处19世纪的哥特式门楼，和大草坪中间孤单站立着的学院创办人亨利六世的铜像。在这座学院里，麦克法兰的办公室被称为“G2”，那是它在学院独特的房屋编号体系中的名字，它是大楼“G”入口的第一间。办公室大门门头上是细长的白木牌，上面用黑油漆写着“麦克法兰教授”和另一个教授及一个博士的名字，屋子由他们三人共用。想必是办公室的主人来了又走，木牌刷了一层层白漆，微微隆起。麦克法兰著作等身，他是英国科学院与欧洲科学院院士，主要研究领域是世界现代性的本质。教授陷坐在布沙发里，周围是经济学家凯恩斯曾用过的柜子、哲学家路德维希·维特根斯坦用过的收音机。我想当教授去世后，他的名字会和“G2”永远联系在一起，就像西方现代主义美术的开山鼻祖罗杰·弗莱在国王学院是“J10”，凯恩斯是“P3”，“人工智能之父”艾伦·图灵是“X17”。

麦克法兰在牛津读完本科和博士，在那座城市住了12年，又在剑桥住了45年，他始终在对两座学校做“田野调查”。在他眼中，“牛剑”有三处不同：剑桥更美，“在英国玩，如果有一周时间可以去牛津，如果只有一天，要来剑桥”；剑桥的教授退休后在各个学院仍保留自己的办公室；剑桥诞生的天才更多。

“比如约翰·哈林顿，他就是个被我们忽视的天才。”麦克法兰对我说。曾在国王学院读书的哈林顿是个诗人，但他被载入史册的原因却是因为他的发明——冲水马桶。哈林顿曾向自己的教母、英国女王伊丽莎白一世介绍自己的发明，女王还曾亲自试用。麦克法兰和他的团队目前正在和一个世界知名的马桶厂商联系，希望让他们为国王学院设立一笔基金，增加这个古老学院里厕所的数量。这并非麦克法兰第一次利用国王学院的历史来谋划它的未来。他目前担任学院草地上一块石碑的“看护人”，那块白色的大理石碑上刻着徐志摩《再别康桥》中的名句：“轻轻的我走了，正如我轻轻的来；我挥一挥衣袖，不带走一片云彩。”曾在国王学院读书的徐志摩成了中国游客到访这里的最重要原因之一，麦克法兰和他的团队还在积极推动举办“徐志摩诗歌艺术节”和修建“国王学院徐志摩纪念花园”。

“石碑的看护人要做什么？”我问麦克法兰。

“过去看一看，擦一擦吧。”他说，“我猜他们让我当看护人主要是守住这块碑，别让牛津拿走了。”

竞艇

看看“牛剑”200年来的赛艇对抗，就知道它们的竞争从来不需隐藏。在过去163次比赛中，两队只有一次平手，总成绩上剑桥比牛津只多赢两场。在2001年的比赛中，两队赛艇因距离过近，发生船桨碰撞，一名剑桥桨手甚至失掉了手中的桨。

2018年的竞艇仍延续传统：比赛在泰晤士河上举行，桨手要在6.8公里长的河段中迎接潮汐的挑战。“牛剑”分别着深蓝、浅蓝队服，支持者按“你支持哪种蓝？”的不同回答选边站队。两队扔硬币挑边陈船，北边称米德尔塞克斯边，南边称萨里边，起点终点均按惯例划定。最受关注的两校男队对抗按惯例被安排在女队和两只预备队的比赛之后压轴。最原始的对抗本身并不需要创新。

两个最会做学问的大学竟选择用最直接、最原始的身体对抗方式一较高下，这有点让人吃惊。今天在赛艇上对抗的“牛剑”学生，明天可能就是在议会里唇枪舌剑辩论的政客。队员们从河边的船坞走出来，单手将赛艇扛在肩上，他们在人们的欢呼声中用双手把艇举过头顶，翻转后轻轻放入泰晤士河中。他们动作轻柔，让人想起母亲将三个月大的摩西放入尼罗河中的纸莎草箱里，让他按着命运的安排随波逐流。踏入艇前，队员们会使劲儿将脚上的胶鞋扔回岸上，仿佛是在完成作战前的某种仪式。两队队长举手示意准备完毕，比赛开始。从高处看，两艘赛艇就像两只蜈蚣，身子相对静止，两边各只脚奋力爬行，在河面上留下圆形水花。艇后跟随几艘裁判船、观看船，它们像箭镞一样散开，逆流而上，把泰晤士河面划破。赛艇驶过，竞赛的味道随着水波传递到岸边，也点燃了观战的人群。人人似乎都成了赛艇专家。母亲对女儿说，划赛艇的关键是身子要“慢慢向前，使劲儿向后”。

“牛剑”竞艇，对年轻人来说是商业的狂欢。赛艇从他们视线中出现到消失也就十几秒钟，与其说河岸边的年轻人是来看赛艇的，不如说他们是来开派对的。端着皮姆酒的年轻人开始摇动身体，这种传统英式果酒是“温网”这样大型竞赛项目中观众的标配。青春靓丽、身体强健的名校大学生激烈对抗，这本身就是最吸引看客的偶像剧，难怪男队比赛时，站在岸边酒吧露台上的姑娘们向河里高喊：“往这儿划！往这儿划！”

“牛剑”竞艇，对英国人来说是民族自豪感的重温。竞艇传统发源于英国，“牛剑”又是让英国人自豪的世界名校，赛艇队员中绝大多数是英国人或根在英国的美国人，赞助商中有最有英国味的传统品牌“猎人”（Hunter）雨鞋等，仅当天到泰晤士河两岸观战的就有25万人，全英更是有500万人收看电视直播。这几乎可以算是难得的没有出现抗议者的英国大型活动了。

我找到剑桥大学女队的队员阿比盖尔·帕克，问她在艇上的感受。

“比赛中最让我着迷的时刻是与邻船的对手并排前行时，双方每划一桨就交替领先，我喜欢那种旗鼓相当的感觉。”她说，“那就是竞争。”

这一天竞争的结果是：剑桥在男女队及预备队的四场比赛中均获胜，将“牛剑”的恩怨延续。“这真是一场灾难。”牛津大学校长理查德森对我说，“一天之内连输四场，太糟糕了。”

英国人喜欢“牛剑”竞艇这样的比赛。世界上许多竞争性团体游戏要么是英国发明的，要么是在英国得到完善并形成制度的。英国人确立了跑步、游泳、划船比赛的距离，发明了秒表与足球门柱，世界上最早的现代赛马运动起源于英国，曲棍球、游泳、现代登山运动的产生都与英国有关。有人认为，竞争性的游戏是映照资本主义的一面镜子，反映的是基于规则的自由竞争。现代性的表征之一就是游戏、运动和业余爱好的广泛流行并备受推崇。

校长

剑桥大学在不久前做了一个颇具争议的决定——将校长一职交给加拿大人斯蒂芬·图普。于是，他成为这所大学建校800多年来第一个非英国籍校长。这个决定正逢英国“脱欧”，在民族主义情绪激荡的英国引起不小反响。少数英国下院议员公开批评这一决定不恰当。不过剑桥的师生似乎比较赞成，他们欢迎曾在剑桥拿到博士学位的图普出任校长。

我从剑桥规模最大、名气最响的三一学院的门前经过，那里有许多排队等候参观的游客和拿着照片、推介乘船游剑河路线的导游。这座学院的毕业生包括牛顿、波兰特·罗素、维特根斯坦及六位英国首相、众多英国王室成员，学院大门上的那尊英王亨利八世的塑像更让参观者兴致勃勃。16世纪时，塑像手中的权杖被学生偷偷换成了一根桌子腿。这条桌子腿至今仍在，成了剑桥包容挑战、尊重自由的象征。

拐入清静的三一巷，我找到校长办公室所在的老校楼，等待和剑桥大学第346任校长见面。英国大学体系中，“校长”一职从字面上看是“副校长”（vice chancellor），但因“校长”（chancellor）并无实权，只有象征性，更接近于中国人说的“荣誉校长”，因此“副校长”才得以“晋级”。但有时国内编辑望文生义，硬是改动我发回去的稿子，将“校长”又降回“副校长”。那一天，剑桥正和不少英国高校一样，因教师退休金问题陷入教职人员大罢工。图普校长在接受采访前还在忙着敦促各方通过谈判解决纠纷。他曾是业界知名的国际法律师，采访中思路清晰，即问即答，就像是和提问者在辩论。

“什么是好的教育？”

“教育应该允许学生们尽可能广地与来自不同背景、不同国家的人交往，接触不同的世界观和想法，这将迫使学生们进一步思考。”

“什么是好大学？”

“一所优秀的大学应该从根本上致力于拓展人类知识的疆界，帮助世界从科学、技术、人性、精神等角度理解自身。”

剑桥无围墙。这里是达尔文、培根、图灵、霍金的母校，他们都是致力于拓展人类知识疆界的拆墙人。历史上包括原子分裂与DNA结构解析在内的众多科学突破都是在剑桥大学实现的。

剑桥大学的领导者们显然对“大学排行榜”并不感兴趣，他们也不愿被困在这个评级机构搭建的围墙之内。我曾问过剑桥大学前副校长伊恩·怀特怎么看各种全球大学的排名，他半开玩笑地说："剑桥大学不承认任何大学排行榜单，除非榜单上剑桥排在第一。"

当我再次把这个问题提给图普时，他说自己对用"单一指标"来衡量学校整体水平持怀疑态度，虽然大学排行榜能呈现一所学校的发展轨迹，但也不应被它牵扯太多精力，因为"排名机构只有推出不稳定的榜单才能吸引眼球"。

我们还聊到了那根颇具象征意义的桌子腿。

图普显然没有将那条桌子腿撤换下来的想法。他在前一所大学工作时，学生们给他起了个外号叫"狮子"。我问校长如何看此事，他笑谈曾读过一篇心理学文章，说那里面写"外号是人与人之间联系的佐证"，他为与学生们取得这种联系而感到荣幸。

"几年后当你任满离开剑桥时，希望再得到一个什么外号？"我问。

"作为校长要学到的事情之一就是总会有无法预料的情况发生，因此我猜如果会有新的外号，那大概就是属于无法预料的部分吧。""狮子"说，"我只希望这个外号能够友善一点。"

盗火者

这座没有围墙的大学里有这样一群人：他们在各个学院办公

室的大窗后思考，在我们进入梦乡时写作，在焦虑中质疑，用文字来挑战。他们不善于打理自己的头发，总是有点乱蓬蓬的，在毛衣的胳膊肘儿部位有时还能找到小洞。他们不抽烟，书架上放着从二手书店淘来或是图书馆借来好久的书，看起来脏兮兮的。他们不会主动送你他们刚刚出版的书，因为这些书很少出现在他们的书架上，若是好不容易找到一本送给你，也只会翻到封面与扉页之间的空白页，用随手翻出来的圆珠笔千篇一律地写上"很高兴和你交谈"，再签上自己的名字，字总是很小。他们的办公桌上散乱地放着他们从世界各地搜罗来的"玩具"：中国清朝裹小脚女人穿的绣花鞋、东南亚用来称量鸦片的鸟形铜砝码、稚拙的加纳木雕、埃塞俄比亚摩西族撑在嘴里的木盘、苏联的军帽……他们说，这些东西能将他们带到自己研究的某个地区和某个时代。

他们的时间被划分为三份，三分之一用来读书，三分之一用来写书，三分之一用来和学生们聊书。他们的生命根据他们的著作被划分为不同时段，一本专著出版后的几年或十几年都会被邀请去参加相关主题的研讨会、讲座，他们会将书中的主要观点拆分成不同篇幅的文章，作为讲话稿或在报刊专栏发表，直到下一本书出版。他们谈论政治，开女王、首相和执政党的玩笑，在家里面向道路的窗户玻璃上贴上"投工党一票"、"自民党：改变英国的未来"或是"绿党：真正的进步"这样的竞选口号。他们对记者的态度分为见面前后的两极，见面前他们会在邮件和电话中百般推脱，理由是自己正在忙着为下一本书收集材料或是最近要出国参会；见面后，他们会让你觉得这次见面是老友重逢，他们为自己此前因忙碌而拒绝采访道歉，会认真听你的问题并询问你对这些问题的看法，并在告别时再三说："我想我们应该常见面！"

游客们看不见这些坐在学院围墙后的教授学者们，而正是这些盗火的普罗米修斯们定义了剑桥的风骨与情怀。这些人在自己的书斋中化身为无惧的战士，为自己的信仰和笃信的真理挥剑拼杀，哪怕是冒天下之大不韪。

我顺着剑桥大学圣凯瑟琳学院大楼里仅一人宽的楼梯向上爬，木地板吱吱作响，墙角还有蛛网。我来见中国近代史教授方德万。方教授在办公室门口欢迎我，他自称"孔门弟子"。他是孔飞力的学生，孔飞力又是费正清的学生，对了解西方历史研究的人来说，这些汉学泰斗的名字如雷贯耳。方德万在荷兰出生长大，现在是英国国家学术院院士，主要研究领域是1850年到1950年中国的全球化和现代化进程。他的办公室里随处摆放着和中国相关的物件：西藏的转经筒、打坐的蒲团、小泥人儿，水杯上印着胡适的话："做学问要在不疑处有疑，做人要在有疑处不疑。"

方德万显然是个喜欢质疑与挑战的人，他也不惧被别人质疑与挑战。我们见面时，他正在媒体上批评剑桥出版社，指责他们向网络审查的压力低头，在自己的一份研究刊物网站上删除了涉及敏感议题的讨论。“这样的自我审查不可原谅。”他嘟嘟囔囔，就像个被欺负了的孩子。

方德万的新书《潮来潮去——海关与中国现代性的全球起源》在学界引来不小争议。学界对海关在近代中国历史中的地位始终有两种针锋相对的看法：一种观点认为，清朝时的中国海关实际由外国人把持，是帝国主义的侵华工具，是民族屈辱的象征；另一种观点认为，海关是中国走向现代化的契机，是现代文明的产物。

方德万认同后一种观点。他曾在南京的档案馆里偶然接触到海关的资料，于是开始打捞外国人管理中国海关的百年史。他觉得从历史角度看，把中国与西方当作一对绝对矛盾并不客观。“有矛盾也有合作，原则性和灵活性的结合是中国的传统特色。”在书中，他以清末海关第二任总税务司、爱尔兰人罗伯特·赫德为线索，展开叙述。方德万对赫德很有感情，认为他带着宗教热忱操持中国海关，留下不少遗产。赫德的铜像曾伫立在上海外滩，后被日本人捣毁。方德万曾在多个场合呼吁，希望重新为这个中国海关的标志性人物立像。

从没有人像方德万这样，把海关放到“中国现代性起源”这一如此重要的位置上来审视。他认为，对海关的重新审视也是对中国近代史的重新审视，“百年近代史不一定就是百年屈辱史，事实上这段历史很丰富，对中国和西方的关系应该还有另一种思考方式，它所带来的影响也是多层面的”。这对习惯以“百年屈辱”为中国近代史主旋律的研究者来说是一个冲击。

方德万钟爱海关的“国际性”，他说那里体现的是各方合作，而非对主权的绝对迷信，甚至发展成破坏性的民族主义。他将海关视为联合国的先驱，因为那里有国际化的公务员体系，掌握各方权力。他相信，海关带来新技术、新思维，为中国建立起税制体系，培养出第一批公务员，中国的经济也和全球经济相连，这都为当时的社会注入活力，影响甚至延续到今天。“比如与西方政府官员相比，中国官员话语体系中更频繁地使用数据。现代数据的概念正是经海关进入中国的。”方德万强调，海关带来双向度的影响，关于中国的资料、数据也通过海关被广泛译介到西方。“此前西方人眼中专制、未经教化的中国人，成了另一番模样。”他说。

“你的意思是中国成了世界现代性的一部分，中国也影响了世界现代性？”我问。

“现代性并非西方向中国出口的产品，而是当中国在经济、社会、学术上与西方相连时自发产生的。”方德万回答，“所以现代性不仅是西方的，也是中国的。”

挑战者

剑桥纽纳姆学院的毕业生吴芳思是这所大学的另一个挑战者。她是知名的汉学家、历史学家，曾在大英图书馆中文部工作近40年，负责保管、整理包括1.4万件敦煌经卷在内的中国典籍。纽纳姆学院成立于1871年，目的是为当时进入“男子大学”剑桥旁听讲座的女性提供住宿，至今仍只招收女学生（但一个该学院的毕业生半开玩笑地告诉我，一次学院里火警铃声大作时，从学院里跑出来的男生人数比女生人数还要多），并以培养出“坚强、自信、睿智、叛逆”的女性为荣。吴芳思显然是个合格的毕业生。

吴芳思的家很好找，门前有一小片竹林，门头挂着一条红纸做的游龙——这在伦敦市中心的富人区伊斯灵顿显得颇有些特立独行。竹子是林语堂的女儿住在伦敦时从家里拿来的，龙是吴芳思儿子的属相。退休后的吴芳思独居，她的家比想象的要“寒酸”，沙发、桌椅都旧了，厨房里杂物堆得满满的，小客厅四壁全是书，白天不开灯就显得昏暗压抑。

这个70岁的老太太喜欢猫，书架上除了各种木头玩具外，还摆着好几只从中国买回来的瓷猫。采访中，一只常来她家的猫也按时到访。吴芳思摸着它的脑袋，向我介绍这只被她用邻居家小男孩的名字命名的流浪猫。在英国学术界，吴芳思显得有些“另类”：她怀疑秦始皇焚书坑儒的真实性，认为中国第一个皇帝的贡献被大大低估；她质疑宣称自己在中国生活了17年的马可·波罗是否真的到过中国，一个证据是《马可·波罗游记》中并没有提到喝茶、筷子、缠足和长城等事物；她坦言自己不喜欢孔子，认为这位儒教的圣人在礼仪方面太挑剔；她反对“有组织的宗教”，认为宗教仇恨与隔阂是西方历史上无数重大冲突的源头；她曾是大英图书馆任职时间最长、位阶最高的职员之一，但却在退休后的第一天，就在媒体上炮轰图书馆过于商业化、官僚化。吴芳思一直在呼吁人们对那些习以为常的说法、理论再看看、再想想。

“用‘挑战者’这个词形容我似乎有点重了。”吴芳思说，“但我确实是希望人们不要害怕对历史和现实问题重新思考，他们不一定非要同意我的观点，但我希望他们可以重新审视他们自己的观点。”

我们聊了近两个小时，吴芳思给我的感觉是，爱扮鬼脸，有点调皮，像个精灵，语速很快，每句话斩钉截铁，总让人觉得她的内心还是个小姑娘。追溯她的众多“挑战”行为，也许正来源于当年那个爱瞒着老师、往口袋里藏东西的小姑娘。幼儿园时的吴芳思总是在午餐时偷偷把不爱吃的羊肝藏在口袋里，用她自己的话说，那是在“安安静静地反抗老师”。后来稍大一些，别的小姑娘在学校都选择学吹笛子，吴芳思却选了少有人选的双簧管。

“当你选择和别人不同的时候，你就得付出比别人更多的努力。”这也为她之后选择学当时少有人学的中文埋下了伏笔。

学中文是吴芳思一生最大的叛逆与挑战。20世纪60年代的英国，开设中文课程的大学只有牛津、剑桥等四所，牛津只有两名中文老师，吴芳思因此选择进入剑桥。当时“衰落”“英国病”“冷战”等主题充斥英国大学校园，大学生们都在忙着参加游行示威，而学中文的吴芳思整天学习发音、词汇、语法，根本没时间顾这些。她喜欢研究中国考古，爱抚摸中国的小陶器，摹画上面的花纹。吴芳思回忆，当时的剑桥是英国汉学家的大本营之一，是脚踏实地的理想主义者们扎堆的地方。那里的汉学家们天马行空，醉心于“墙外”几乎是另一个世界的古老国度。吴芳思记得，给她上过课的汉学家各有特色。

《剑桥中国秦汉史》主编鲁惟一一生经历丰富。年轻时就读于牛津大学，“二战”时应征入伍，经过培训成为军事密码破译员，后来因研究内蒙古地区挖掘出土的一万枚居延汉简获博士学位，41岁出任剑桥讲师，最终成为剑桥大学东亚系主任。吴芳思记得，鲁惟一在课堂上最喜欢感叹“现在的年轻人不学希腊语”。

荷兰人龙彼得28岁即进入剑桥成为研究员，编著出个性十足的中国参考书目，为剑桥大学图书馆搜猎来众多中国馆藏。他一生捍卫专业主义，对文章引用的准确性要求极高。龙彼得非常不喜欢学生在论文中使用太多“某某主义”这样的词语，常常在课堂上拿着一篇作文反复批评。

从牛津赶来剑桥开设系列讲座的中文教授、《红楼梦》的英文译者大卫·霍克斯，他曾经在课堂上说过的一句话让人玩味：“研究中国，难就难在要区分真实历史与虚构故事，因为常常‘历史讲成了故事，故事写成了历史’。”

我想，这句话同样适用于剑桥。这里的历史与故事同样难以区分。

海伊：觐见“书心王”

旧书店是人类所有异端思想避难的祭坛，我们最狂野、最黑暗、最自我分裂的想法都如绝望的匪徒般藏身于此。一间旧书店就是一个炸药库，一家毒药店，一间鸦片馆，一座女妖岛。

——英国哲学家约翰·波伊斯《论文学之乐》

一个爱淘古董、爱搜罗旧书的人能生活在英国是件幸运的事。

你可以在苏富比拍卖厅举牌为欧洲王室旧藏的钟表竞价，在周末的跳蚤市场旧瓷器堆里搜寻维多利亚时期的玮致活青花瓷盘，在泰晤士河边散步时踢到一枚古罗马占领时期留下的铜箭镞，或是在几乎遍布每座城镇的大大小小旧书肆的地下室里，和英国的书虫们一起忘情地寻找托尔金《霍比特人》和鲍斯威尔《约翰逊博士传》的一版一印本。

大英帝国的心脏，从来就是文人、旅人、哲人荟萃，向来不缺世界各地的奇珍异宝。这里有古玩、旧书、字画、信札，它们被一代代的藏家爱抚、摩挲、锁进珍宝柜中，又随缘起缘灭，四处流转。留下一出出“子孙不能守，陆续散出”的悲剧和一个个“慧眼识宝，捡漏得之”的喜剧。

旧书

我爱书。我曾以为，英国最好的淘书地莫过于伦敦。我曾从一家伦敦旧书店的书架上翻出本王世襄的《明式家具珍赏》，一版一印。英国老板不懂中文，也记不得这书从何而来，但他很高兴这本身在异乡的中国书被一个身在异乡的中国人寻到，只要了我几个英镑。董桥当年在伦敦旧书店扎堆的查令十字街搜猎英文旧书的故事，也总是在我心头萦绕不去，那里如今仅存的几家旧书店是我周末最常去的地方。我知道Any Amount of Books书店地下室里最有可能“捡漏儿”；Henry Pordes书店的中国类书籍最全，能找到当年英国传教士与探险家们中国之行的回忆录；Quinto书店的地下室里，隔两天就会有新到的、维多利亚时代刊印的口袋本散文集，你保准能找到约翰·罗斯金的《芝麻与百合》或是威廉·哈兹里特的《桌边闲谈》，但前提是，你得小心那通往地下的细窄旋转铁梯，还要忍受地下室空气里的霉臭味。

几百年来，在众多到英国来寻旧书的人里，有一个名叫爱德华·纽顿的美国人。他是作家，也是西方最有名、最狂热的藏书家之一。纽顿爱写“书之书”，他喜欢记录自己淘书、买书、藏书的故事，并研究与书相关的风雅趣事。他在《藏书之乐及其相关逸趣》一书中记录了20世纪初他在伦敦的淘书往事，写他只花了几个先令就买到了托马斯·哈代等名家的信札是多么幸运。

“一天，我从那间屋子的桌上拿起一个粗制的文件夹，上面红色的标签写着‘兰姆’，打开有封信。”——纽顿曾在新牛津街27号的一家小书店里发现一封1824年英国作家查尔斯·兰姆写给出版商的信——信上写道：“去年*Elias*的版权费，确认收到那32英镑，感谢。”

其中，“*Elias*”明显是兰姆的笔误，他写的那本应该是“*Elia*”（《伊利亚随笔》）。发现这封信让纽顿颇有些幸灾乐祸，他甚至点评道：“哎呀呀！”是啊，发现历史粗糙但真实的底稿，这怎能不让人兴奋？

在纽顿发现兰姆的那封信大约100年后，我也在伦敦的一个旧书店淘到了一封玻璃镜框装裱起来的信。那是纽顿1927年从美国寄给一个英国朋友的，邀请他在自己到访伦敦时小聚。信的结尾，纽顿也出现了笔误，在一处多加了个“不”。如果兰姆看到这封信，想必他会对纽顿做个鬼脸，也喊一句：“哎呀呀！”

这就是旧书店的魅力：你永远不知道会发现什么，你享受探索发现与“猎物”升值的双重乐趣，感受自己的眼光和品位被认可的喜悦。曾经被排斥和谴责的思想藏身于旧书店中，在未来某个时刻被某个心有灵犀的人重新打捞出来，这个后人会发现自己并不孤独，几百年前就已有知音。

英国是世界现代出版业的发源地，而伦敦则是英国出版业的中心，绝大多数出版社集中在这里。按理说，英国旧书产业的王国自然应该在伦敦。但我在与查令十字街几家旧书店店员的交谈中，常听他们提到一个人。

“你该去见见他，他才是英国旧书业实至名归的国王。”他们笑着说。

这“国王”就是理查德·布斯。他的王国在威尔士与英格兰交界处的海伊小镇。因为海伊依威河而建，它便像英国许多其他小镇一样以河为名。在地图上，海伊的正式名字是“威河边的海伊”。

海伊

我登上开往威尔士的火车去觐见“国王”。车上，我翻开布斯的自传《我的书城》，读起他和他的书城往事。

55年前，布斯从牛津大学毕业后回到家乡，爱书的他花700英镑买下镇上的老消防局，开了一家旧书店。此后，布斯不断从世界各地用集装箱将人们丢弃、贱卖的旧书运回海伊出售，来小镇淘书和开书店的人也越来越多，生意越做越大。在海伊的鼎盛时期，布斯曾在这里开设了7家书店，坐拥书城。

在布斯的带动下，这个只有1500人的小镇现在拥有近30家旧书店，密度比伦敦的超市还高得多。小镇上还有不少古玩店、手工制品店，旧书、古玩琳琅满目，吸引各地的游客。海伊早已是全球爱书人、藏书人和淘书人的“精神麦加”。

布斯是海伊人的“国王”。这不仅因为他是世界上第一个提出“书镇”概念、并将其在海伊发扬光大的人，也因为他曾买下镇上那座建于11世纪、如今已残破却仍在小山上俯视书镇的城堡，并在1977年愚人节宣布海伊为独立王国。布斯和全世界开了个极其认真的玩笑。

《我的书城》出版于1999年，布斯在他的签名上还特意画了一个王冠。

“国王”今安在?

海伊不通火车，需坐火车到最近的赫里福德市，再转乘近一个小时的大巴车才能到。看着路边的农田与牛群，闻着不断飘来的牛粪味，我惊叹在这与世隔绝的山地里竟然诞生了传奇的书镇。如果不是因为旧书，海伊可能是个连绝大多数英国人都不知道的地方。历史上，海伊是个贸易集镇，商贾众多。传说罗马帝国瓦解后，率领圆桌骑士团统一不列颠群岛的亚瑟王就曾在小镇附近战斗过，留下一处遗迹。除此之外，海伊寂寂无闻。

20世纪60年代，海伊和许多威尔士小镇一样，随着采矿业的衰落而颓败。就在布斯大学毕业后回到海伊的1962年，运营了近百年、连接小镇与外部世界的唯一一座火车站也因英国铁路系统整合而被关闭至今。

我跟着那些背着独立书店印制的布口袋、前来朝圣的书虫们一起，从公交车站走进山脚下的海伊。这里确实是个书镇，它符合爱书人对天堂的一切幻想，就像瑞士的拉绍德封之于钟表收藏家、德国的慕尼黑之于啤酒爱好者、英国的利物浦之于披头士乐队的发烧友。大大小小旧书店外一排排的书架，上面贴着“1本50便士、3本1英镑”，咖啡店里用书本和书页装饰，“初版书”“签名本”“Folio版”（由伦敦The Folio Society出版社精选出版的精装版）这样的术语经常能从自来熟的淘书人嘴里听到。这里有由电影院改建而成、摆放着20万册书籍的旧书店，有专卖诗歌或是儿童图书的旧书店，还有以“谋杀犯与暴力犯罪”为名、专卖惊悚小说的旧书店。在爱书人眼中，海伊镇是个走几步就有惊喜的地方。他们在旧书堆里翻找，用背包载回落满灰尘的宝贝，再将宝贝按各种收藏专题摆放到家中的书架上，然后对着一脸羡慕的藏友回忆自己的淘宝故事。

但我隐隐感觉，这绝非书镇的全部，我想弄清这桃源小镇存在的内在逻辑，以及在电子化阅读的冲击下它的未来。

在我发出采访申请后，布斯的秘书很快回信，说“国王”可以在家中接受采访。今天，在书镇上的“海伊国王书店”，还能花1英镑买到“王国的护照”，花3英镑买一份“受封骑士勋章的证明”。书店店员会向来访者介绍海伊的“国王”，来访者们也听得兴趣盎然。“因为他有城堡，国王都拥有一座城堡。”店员常常对来访者这样解释“布斯国王”的身份。海伊镇上，一些书店还悬挂着“布斯国王”2009年发布的标准照。照片是英王亨利八世的那张著名画像，只是脸用修图软件换成了布斯的。因为几年前的一次中风，照片上年近八十的布斯歪着嘴，眉宇间的神情，与其说是威严，不如说是孩子般的顽皮。

“国王”住在海伊镇外1.6公里的小山上，绿树环绕。我按着他秘书发来的地图一路寻找，沿路都是草场，偶尔有家小旅店，我甚至好几次怀疑走错了方向。爬上一条陡坡，终于来到布斯三层楼的大宅。这里与世隔绝，门前还有松鼠爬过。进门处的玻璃窗上是“布斯国王”的画像，显示着这房子与众不同。

书镇

我终于见到了端坐的“国王”。

虽然是初夏，老态龙钟的布斯还是套了三层衣服，木柴在他身后的火炉里噼啪作响。他秃顶、歪嘴、大腹便便，戴着厚镜片眼镜，说话有些含混不清，常常说着说着就忘了问题是什么。我们隔着一张大办公桌坐着，四周是他的书架，横横竖竖插满了书。他身后的墙上挂着一幅画像，画像里一个像他一样秃顶的男子正襟危坐，只是他的衣着看起来至少属于200年前。

“那画像是谁？”我原本以为那是布斯的祖先或是他崇拜的某个文人、贵族，但回答却让我有点无奈。

“我也不知道，很便宜，就随便买了。”布斯脸上的肌肉艰难地挪动，那是中风的后遗症，我猜此刻他那不自然的表情意思是：他自己也想笑。想着他当年的荣光，我有些心疼面前这位年老的“国王”。

布斯大学毕业后回到海伊的20世纪60年代初，英国正处在经济停滞期，社会保障制度和国有化导致社会保障负担加重，工人工作积极性下降，既得利益滋生，劳资纠纷频发。那正是“英国病”即将发作的时候。也是在那时，英国大学中“反叛的一代”不断组织学生运动，提倡自由、宣泄苦闷、愤世嫉俗的摇滚乐开始流行。23岁的布斯带着牛津大学历史学学士学位意气风发地回到海伊，却眼见家乡的衰败，彻底对政治与权威失望，决心打造自己的乌托邦。

从小爱读书、买书的布斯想到了旧书。还是个孩子的时候，布斯就发现买卖旧书能赚钱。他曾在小镇上的旧货店里翻出一套

18世纪的宣传册，后来卖给伦敦的旧书店，一倒手就赚了35先令。他想到了在海伊开书店。

镇上人说，这是个疯点子。海伊位于山区，人烟稀少。一个镇议会议员曾不留情面地道出最关键的问题——“海伊没人读书”。就连布斯的妈妈也认为，儿子的书店撑不了3个月。但事实上，书店一开就是50年。

布斯觉得海伊是个绝好的开书店的地方，他至今为自己当年的决定骄傲。他的决策理由很简单：位置。海伊离英国的学术中心牛津不远，离世界上唯一一个设在农村小镇的国家图书馆——威尔士图书馆——也不远，附近还有布里斯托和伯明翰这样的大城市。布斯因此判定，一定会有人来买书。

布斯成功的另一个秘密在于，他从全世界各处买来二手书，再把书卖给从全世界而来的买书人，“做的是全球生意，海伊和全世界相连”。从布斯买下镇上的老消防局、开设他的第一家书店起，淘书、进货就是他每天最重要的任务。刚开始，他去威尔士各地收书。时逢矿业萧条，许多矿场的矿工图书馆关张，图书馆的藏书都被布斯运来海伊。后来布斯又去爱尔兰收书，那些位于河边富人区的老房子是他的重点目标。有时候，老屋子的主人喊他去收书，那些书在书架上放了100多年，没人碰过，落满了厚厚的灰尘，“摸起来就像是一只兔子”。很多事让布斯记忆犹新。

有一次，布斯接到一个老太太的电话，让他去收书。第二天当他走进屋子时，老太太的孩子告诉他，妈妈刚刚去世了，只留下一屋子的书。

收书要有眼力。布斯发现，宗教书籍和简装本的小说很容易收到，但销路也最差。他也逐渐知道，1878年出版的《都柏林大学杂志》能值1000英镑，因为那本不起眼的杂志中有爱尔兰诗人叶芝发表的第一首诗。

布斯很幸运，他的二手书生意起步时，正赶上全球集装箱运输业的快速发展。布斯带着海伊的年轻人去美国淘书，一个个塞满旧书的集装箱从美国的图书馆、学校、乡村抵达海伊，旧书最终被摆上布斯书店的书架。

每本书都有被书店买入的价值，因为总会有某天，某个人要看那本书，这也是布斯决定扩建书店的原因。他买下镇上的老电影院，改装成自己的第二家书店。这间“电影院书店”在巅峰时曾拥有25万册旧书，成为当时全世界最大的二手书店，还被写入吉尼斯世界纪录。当时书店里的木书架，连起来就有40公里长。今天，“电影院书店”仍在营业，只是书店早已易手。每天一早，店主仍会按照布斯当年的样子，把一长排书箱拖出书店，吸引淘书客。

从1962年到1968年，布斯的生意红红火火，越来越多的人来找他买书，书店营业额从每年6000英镑猛增到10万英镑。他买了一辆拉风的白色劳斯莱斯“幻影6”，常常心满意足地陷坐在真皮座椅里，大口地抽雪茄。

旧书的魅力何在？我明知故问，想听听布斯的答案。与旧书打了一辈子交道的老人说：“人们爱它的材质，爱它的美观，爱它的内在价值，旧书为每个淘书人都提供了无穷的可能性。”

国王

环绕海伊的威河仍在静静流淌，而当年交易玉米、牛肉的小镇却已华丽转身，成为全世界知名的旧书集散地。20世纪70年代起，陆续有人开始模仿布斯，在海伊开起书店。书店越开越多，书镇的名气也越来越大。从某种意义上说，全世界每个出版商都在为海伊打工，因为新书总会成为二手书，总会来到海伊。

1973年，布斯买下海伊的那座城堡，开设书店。城堡是他标志性的产业，是他的理想国，他曾许诺永远不会离开那里，因为躲进城堡就是反抗权威，就是反抗现实。2011年，布斯食言了，他决定卖掉城堡。没有了城堡的国王还算国王吗？布斯曾向自己的朋友解释：“我有两百万个理由卖掉它。”显然，他指的是，那座城堡卖了200万英镑。

“国王已经从他的城堡搬进了宫殿。”布斯对我说。他常用这句话欢迎远道而来的访客，或许是想先发制人，堵住他们有关城堡的提问。

从20世纪80年代起，布斯就陆续卖掉他在海伊的书店，仅以他名字命名的那家“理查德·布斯书店”就卖了将近100万英镑。今天，在因布斯而兴的海伊镇，他自己就只剩下“海伊国王书店”一家店——仍在售卖布斯标准照的那家。

我有种感觉，当年对书着迷的布斯如今更愿意谈金钱的力量。一小时的采访中，布斯总是主动谈起“政客们用金钱收买媒体，帮助他们通过假民主赢得权力”这个话题，有时甚至会用它来回答毫不相关的问题。我很快就意识到，布斯的记忆力衰退了，“国王”的脑子糊涂了。后来海伊人告诉我，也许是他年纪太大，也许是因为那场手术，反正布斯现在有时清醒、有时糊涂。他很少走出他的宫殿，偶尔出门，也是坐在轮椅上，由人推扶。

我有些奇怪，为什么布斯对大众传媒如此仇恨，为什么他总对我说“媒体将人们隔离，而书却将人们团结在一起”。要知道，他作为“海伊国王”的成功，媒体功不可没。1977年愚人节那天，布斯宣布海伊独立，并自封为海伊的“书心王”（模仿英国理查一世“狮心王”的称号）、封他的马为首相。当时英国媒体广泛报道此事，书镇海伊名声大振，人们都说这是布斯最好的营销术。

我问："你当时是认真的吗？"

布斯答："当然不是，但比那些所谓真实的政治更认真。"

在自传《我的书城》中，布斯曾写道："后来我意识到真相：媒体是西方文明'邪恶的大祭司'，对'人殉'充满渴望。"显然，布斯认为他自己就是媒体的牺牲者。

"你对'脱欧'怎么看？"我随口问道，这是我到英国后几乎会问所有采访对象的一个问题。其实我并不指望从老迈的"国王"口中得到什么像样的回复，我觉得他肯定对镇子以外——不，这所宫殿以外——的东西不再感兴趣。

"我支持'脱欧'，让'脱欧'赶紧来吧。""国王"一点不含糊，"因为我们永远不知道真相，这么多政客和大众媒体都参与其中，你觉得他们会让我们知道真相吗？这里面全是腐败、谎言、权力。"我听出来这是布斯愤世嫉俗的表达。我想继续和他聊"脱欧"，他却又开始糊涂起来，重复着之前说过的话。

艺术节

让布斯始终耿耿于怀的是，媒体对"海伊文学艺术节"铺天盖地的宣传，已经让他提出的"书镇"概念偏离了本质，代表商业经济的文学艺术节甚至抢了他这个"国王"的风头。

因为书镇越来越出名，威尔士官方决定从1987年起在海伊举办一年一度的文学艺术节，邀请知名作家、出版人来小镇举办各种文学活动。每年十天的节日期间，涌入小镇的人数是当地居民人数的十倍，海伊的房价也随之大涨。

两位美国总统都曾来过这个不通火车的书镇。克林顿将海伊文学艺术节称为“思想的伍德斯托克”（伍德斯托克是世界知名的音乐节）。在媒体的报道中，文学艺术节和海伊的30个书商仿佛就是书镇的全部逻辑，有人甚至认为，海伊的成功主要是因为文学艺术节的设立。

“对于所有文明来说，书和旅游都是最重要的。”布斯对媒体的本末倒置愤愤不平，“我第一个提出‘书镇’的概念，就是要将书和旅游结合，让旧书成为海伊这样的农村地区的‘农产品’，用‘书镇’代表的社区经济、社群合作来击败商业化的个人利益主义。”

社群主义是威尔士的重要哲学思想，是一种提倡民主却与个人主义和自由主义相对立的政治哲学，深深影响着布斯。他认为海伊还是要用旧书来吸引国际游客，让利润微薄的旧书交易成为最绿色的循环经济。

我来觐见“国王”时，正逢当年的海伊文学艺术节。我问他是否会去参加艺术节的活动？布斯说：“不会，我在我的宫殿写作。”

艺术节举办30年来，布斯只有一次想要买票去参加，那是因为一个作家朋友作为嘉宾来出席，但最终因为票已售罄，只好作罢。

布斯对艺术节的抵制在许多海伊人看来不合时宜，他们说“国王”应该退位。2009年，海伊的一些书店业主拖着布斯的人偶在镇上游街，然后将他们的“国王”“斩首”，因为他不再能履行宣传“王国”的义务。

“布斯是个怪人，他是皇家版的‘轮椅神探’（一个西方熟知的电视人物，下肢瘫痪的旧金山警探）。”40年前在布斯的书店打工、现在在海伊开书店的德里克如此调侃“国王”。我在德里克的书店里和他交谈。据说这个成功的书商曾私下对布斯曾经的高调作风和怪异举动颇有微词，但在公开场合，他却始终维护“国王”的形象。在一个中国记者面前，德里克显然用更有技巧的方式在说话。

“毫无疑问，没有‘国王’就没有今天的海伊。”他欲抑先扬，“问题是，‘国王’创造了一个乌托邦，但这个乌托邦也已今非昔比了。”

反抗

“国王”已经老去，书镇能否永生？

布斯将海伊打造成他反抗现实的旧书王国，“书镇”的概念现在也已遍布全球，印度、墨西哥、南非和几乎所有欧洲国家，都能找到类似海伊的图书小镇。只是布斯和海伊一样，从默默无闻到世界知名、风光无限，而现在，城堡残破、“国王”老去。他的书镇在电子化阅读的冲击下也多少显露出颓态，海伊的书店数量和来这里淘书的人数都开始下降。海伊旧书店的数量已经从巅峰时期的30多家下降到目前的20多家。用海伊副镇长阿兰·鲍威尔的话说，书镇已经告别了20世纪80、90年代的鼎盛。

游客们更喜欢把海伊当成博物馆，在这里参观一圈就走。囊中羞涩的淘书人常常会在书店里偷偷掏出手机，登录Abebooks这样的旧书网站比对书价，然后毅然决然地将书插回去。颇为讽刺的是，海伊镇的图书馆因为缺乏资金，也面临关门的风险。现在，每年的文学艺术节也改在镇外举办，似乎是与书镇分庭抗礼。

海伊在反抗。镇上一家名为The Addyman Annexe的书店打出横幅：“书籍是可携带的魔法——Kindle（电子书阅读器）已死，书本永生！”这听起来更像是拥有反叛传统的海伊再次喊出决不向现实妥协的口号，只是这口号似乎有点自欺欺人。

我交谈的几乎每一个海伊书店主都会大谈实体书与电子书相比的种种优点，痛斥“没有灵魂的电子书”，但他们也不得不学习如何在年轻人喜欢的Instagram等社交媒体上推广自己的书店和书。布斯仍然不愿改变。他钟情乡村、厌恶政治，喜欢到山中读书、写作，热爱园艺，通过在自己书店定期发行小册子表达自己的观点。

“你读电子书吗？”我将最后一个问题抛给“国王”。

“从来不读。”他的回答并不出乎我的意料，“我认为二手书永远不会消失，二手书产业也不会消失。”

他认为，新书经济是由作者推动的经济，是一国的国内经济；而旧书经济则是在国家之间的流动经济，是国际经济的一部分，是真正能帮助海伊这样的农村小镇走出贫困的经济。

加的夫

海伊是典型的威尔士小镇，小巧质朴，布斯是典型的威尔士人，总在反叛与反抗。离开海伊，我前往威尔士首府加的夫稍作休整。每次来威尔士，我都会觉得这个地方充满着布斯那样的反叛精神。一到每年春天的黄水仙花季，不少威尔士人都在胸前别上一朵黄花。和威尔士国旗上那条红龙一样，黄水仙也是国家的象征。

说是个国家，但人口300万的威尔士又不太像个国家。在过去近800年间，威尔士真正的权力中心在伦敦。1277年，英王爱德华一世起兵攻打威尔士，不久征服全境。爱德华一世接受威尔士人的要求，同意由一位在威尔士出生、讲威尔士语的王室成员来管理这里。他把即将分娩的王后接到威尔士，不久后生下第一位“威尔士亲王”爱德华二世。

自此，英王总是把“威尔士亲王”的头衔赐给长子，久而久之，这个头衔就成了“英国王储”的同义词。在1536年威尔士从法律上正式并入英格兰后，两国在绝大多数事务上都被视为一体。威尔士人开玩笑说，威尔士是英格兰的第一块殖民地，现在也可能成为最后一块。

自从英国选择“脱欧”，联合王国似乎要分崩离析。苏格兰寻求二次独立公投，北爱尔兰寻求独立、主张与爱尔兰统一的新芬党在议会选举中席位大增，英伦三岛中唯一还没有明显独立呼声、表面上看起来最顺从英格兰的就是威尔士了。但威尔士人将象征国家的黄水仙戴在身上，就已经发出了他们内心的声音：“威尔士是威尔士，英格兰是英格兰。”

威尔士人最不缺乏战斗与反叛精神。他们对英式橄榄球和足球的狂热就是最好的证明。加的夫只有两种日子——球赛日和非球赛日。一到球赛日，全威尔士的几十万球迷涌入小小的加的夫，交通顿时瘫痪。穿着主队球衣的年轻人在街头咆哮、打闹，然后冲进酒吧，围着电视屏幕、端着酒杯欢庆，或是在主队失败后打架发泄。如果对阵的是英格兰，威尔士人则会将民族主义情绪注入比赛中，仿佛在球场上，他们要赢下的不是一场比赛，而是一场战争。英格兰橄榄球队的一位球员就曾说："每次去威尔士打比赛的时候，我们的对手不是一支队伍，而是整个国家。"

威尔士还是英国城堡最多的地方，加的夫市中心就立着一座城堡。城堡是骑士的家，骑士的职责就是打仗保护领土。几百年来，虽然领土一直被英格兰占领，威尔士的骑士们却像黄水仙一样，始终骄傲地昂首挺立。在这众多骑士之中，最出名的是欧文·格兰道尔，他曾带领威尔士人起义，反对英格兰的统治。今天，格兰道尔的雕像还被放置在加的夫市政厅内。传说起义失败后，他下落不明。威尔士人说，格兰道尔躲了起来，一旦威尔士人再次发动起义，他就会再度现身，领导革命。我觉得格兰道尔也许就藏身在海伊镇的某家书店里，阅读、思考，谋划着下一次针对英格兰的革命。

威尔士人最近一次发动针对英格兰的革命是在1997年，他们通过全民公投取得了选举自己议会的权力，但外交、国防和部分税收权仍然掌握在英国议会手中。

旅居威尔士的英国作家麦克·帕克在其所著的《地狱邻居》一书中列举了从古至今英格兰人对威尔士人的歧视、对威尔士语的嘲笑。作为以"威尔士独立"为目标的威尔士党党员，帕克认为，英格兰人的歧视源于无知。帕克出生在英威边境，但他的课本里从来没有提到过威尔士。帕克说，如果苏格兰独立，他希望下一个是威尔士，毕竟联合王国是殖民、军事与工业扩张的产物，已经过时了。

两天后，我回到伦敦，从背包中拿出在海伊淘到的几本旧书，将它们插到书架里。往书架上放书在我看来是一种仪式，只有完成这一步，才真正确立了藏书人对旧书的拥有。将书籍按什么顺序摆放、按什么方法分类，这些思考与选择的过程，是人对书籍之间意义关联的发现，也是对收藏情趣的享受。最终人对书的处置权利得到确认，人“驯化”了被放到书架上的书。

仅凭此，我就相信布斯“旧书不死”的预言，也相信电子浪潮冲击下的海伊必能幸存。

普利茅斯、朴茨茅斯：海洋之国

当大不列颠奉天承运，率先从蔚蓝色的海洋中崛起；崛起，崛起，崛起，从蔚蓝色的海洋中崛起！这是上苍的垂爱，大地的眷顾和专宠；护佑天使齐声歌唱：统治吧，不列颠尼亚！不列颠尼亚统辖海洋，不列颠人永不为奴！

——英国诗人詹姆斯·汤姆逊《统治吧，不列颠尼亚！》

军舰

我抓紧两旁的铁栏杆，学着前面海军士官的样子倒退着走下铁梯，并按他的提示避开头顶那块矮顶板。顶板的棱角处已经发黑，不知道有多少人下船舱时在这里撞了脑袋。

我钻进了贝尔法斯特号巡洋舰的内部。这是一艘大英帝国时期的战舰，现在已经80岁了。它以英国著名的造船中心、泰坦尼克号的建造地贝尔法斯特命名，全称是“女王陛下的军舰贝尔法斯特号”。它生命的低谷是下水后第二年，一枚德国磁性水雷炸坏了它的龙骨，不得不返厂大修，一修三年。贝尔法斯特号在重新加入战斗序列后迎来了戎马生涯的巅峰。1944年在诺曼底，它的四门152毫米口径主炮齐发，掩护盟军士兵成功登陆。

如今，贝尔法斯特号静卧在泰晤士河面，身后是伦敦金融城密密麻麻的高楼，不远处是英国标志性的塔桥和伦敦塔。作为英国参加过诺曼底登陆并留存至今的三艘战舰之一，它已经成为伦敦帝国战争博物馆的一部分。游客们坐在岸边的酒吧里，端着波尔多红酒欣赏这近200米长的庞然大物。

就算和现代的同级别巡洋舰相比，贝尔法斯特号的作战性能也值得一提。1938年下水时，它的航速能达到32节（约59.2公里/小时）。今天官方公布的数据中，它这样的轻型巡洋舰的最快速度也不过如此。从岸上看，你看不出它已经退役55年。舰外的铁栏杆有些掉漆，但船体本身很新，看不出和停靠在英格兰军港朴茨茅斯的那些现役舰艇有何不同，仿佛随时可以出征。

当我下到贝尔法斯特号的内部，我看到了帝国战舰不为人所知的一面。

首先是刺鼻的机油味和迷宫般的舱室，随时需要侧身躲避凸出来的铁管子和铁把手。铁钩子拉起吊床，挂在舱室的过道上。直到1963年，好多水手还不得不睡在吊床上面。有几个小吊床是留给猫的，那时要靠它们对付乱窜的老鼠，陪伴水手们打发寂寞时光。直到20世纪70年代，猫才因为人们对狂犬病的忌惮被赶下船去。

带着我参观的海军士官说，舱底层的一些通道、储物间连他都没去过。他说那里很危险，得先把抽风机打开，通两天风才能进人。本就狭小的船舱被分成各种功能区：比如小教堂，船员生了孩子都可以抱来受洗，战争期间，牧师会领着所有人在甲板上祈祷唱诗；还有藏酒室，船员们每天中午12点按时来此排队领取限量的朗姆酒，蒸汽是舰艇的燃料，朗姆酒是水手们的燃料。

最让我吃惊的是，帝国战舰的外表虽然反映出当时英国领先世界的科技与制造实力，但它的内部却沿用着“落后”的管理制度，那是等级森严的身份隔离制度。甲板的木地板上钉着一条生锈的铁线，它是这种可以追溯到中世纪的古老制度留下的痕迹。铁线一侧的舰尾区只有军官才能进入，普通水手未经召唤不能出现在那里。船舱里有水龙头和下水槽的盥洗室只有军官能用，普通水手洗脸、刮胡子、洗衣、洗澡都要靠一个大木桶。水龙头、水槽和木桶现在都以模型的形式出现在贝尔法斯特号上，要向游客再现维多利亚时期的帝国海军。

帝国海军里阶级观念深厚。下层甲板上的普通水手要想成为军官，不仅需要展现出超人的天赋和能力，还要靠中产阶级的教养，要首先是一个大家都认可的绅士。

“因此当时这船实际上是座在海上漂浮的贵族城堡？”我问贝尔法斯特号的士官迈克尔·史密斯。他满脸胡茬、寸头，穿蓝色军裤，不爱开玩笑。

“当时的军舰上，士官们不一定会瞧不起列兵，但也不愿意和他们共用各种设施。”他还是一副公事公办的样子，“这种平衡是为了让军官们意识到自己的价值，英国军队里至今仍有类似的‘纪律’。”也许史密斯得到的命令只是给我们介绍，并不包括评论。

登舰之前，我并没有意识到出身对帝国海军曾是这么重要。

“人人都要知道自己的位置，否则会让舰艇处于险境，在军官看来，纪律比技能重要得多。”史密斯向我强调。我明白，他的意思是“忠诚高于能力”。也许正是这样的传统纪律让帝国的海军成为“日不落帝国”的缔造者之一。

1945年“二战”结束后，贝尔法斯特号与一艘美国军舰会师。一帮美国水兵登上贝尔法斯特号，他们想看看英国舰船的里面究竟是什么样。当他们如愿钻进船舱后，没有人相信性能如此强大、火炮如此凶猛的舰艇内部竟和他们军舰的内部差别如此之大。

普利茅斯

从各种意义上来说，英国都可以被比作一艘船，英国人骨子里就是船上的水手和船长。船要穿越风浪，就要制定明晰的纪律、严格的规章以及精确的标准来统一行为，杜绝任何人（包括船长在内）可能伤害集体的风险。这就解释了英国人对制定和遵守规则与标准（包括法律）的痴迷，正是这些规则支撑着英国人的信心，让他们时刻感到自己掌控着自己飘摇的命运。船要根据天气和潮汐随机应变，根据现实和经验来调整风帆和航向，浪漫的口号和盲目的原则只会带来危险。这就解释了英国人对实用和经验的崇尚，特别是它灵活的外交政策（比如英欧关系上的分分合合，再比如英国是第一个承认新中国的西方大国，是第一个加入中国发起设立的亚投行的西方国家等）。船长要带着水手出海、探索、抢夺、贸易，这才有了由自由贸易与舰队支撑而成的大英帝国。我有些偏执地认为，英国的海滨城市才是最能读懂英国的地方。

我去了普利茅斯，这个英国西南部德文郡的小城曾两次见证世界历史进程的改变。1588年，英国皇家海军在普利茅斯击败当时正如日中天的西班牙无敌舰队，开始成为世界海权强国，这才有了后来的“日不落帝国”。1620年，搭载英国分离派清教徒的“五月花号”客船从普利茅斯启程，前往北美，这才有了后来的美国。今天，美国至少有20个城市以“普利茅斯”为名，每年有不少美国人来到英国的普利茅斯“寻根”。他们站在当年先祖们登船的石阶上，面对海面上的点点白帆，大发感慨。普利茅斯也成为追溯与理解“英美特殊关系”的起点。

我来到普利茅斯那天，刚好是英国的“军队节”。城里的老兵们重新披上军装，用生命换来的一排排勋章神气地拍打着胸膛，叮当作响。老兵们在海岸边聚集，向皇家空军的纪念碑敬礼。我遇到16岁半即被征召入伍、前往中东和东南亚亲历“二战”的普利茅斯老兵哈利，他当年和美国人并肩作战，直到今天都相信，英国和美国仍是世界上最特殊的盟友。

英美除了同宗、同源，它们的“特殊关系”更体现在“二战”与“冷战”中在外交、军事、经济等方面的相互支持，体现在丘吉尔和罗斯福、撒切尔和里根、布莱尔和小布什等英美领导人的亲密关系中。

从来就对美国有特殊感情的普利茅斯人现在却不太喜欢美国那位特立独行的总统。他们曾走上街头，抗议英女王对特朗普的访英邀请，还打出标语，指责他“排外”“对移民不公”。普利茅斯曾邀请美国总统在2020年“五月花号”驶离普利茅斯400周年纪念日当天访问这里。不少普利茅斯人告诉我，如果到时来的是特朗普，他们会毫不犹豫地上街抗议。特朗普2018年对英国的那次访问遭到了英国各地十多万民众的抗议，却也同时受到处于“脱欧”困境的英国政府的礼遇。首相特雷莎·梅需要倚靠“英美特殊关系”来给英国与欧盟的“脱欧”谈判加分。她送给特朗普的礼物是一份家谱，上面标注着从特朗普出生在苏格兰的母亲到他曾曾曾外祖父的信息。显然，“脱欧”的英国希望和美国再“拉拉亲戚关系”。普利茅斯人对当年从这里出发的“逃美者”们十分热情，一些清教徒还被邀请至当地人家住宿。特朗普的爷爷在130多年前才从德国移民美国，但和当年那些挤在“五月花号”客舱中的清教徒、种植园主一样，他的身体里应该同样流淌着追寻自由、追求财富的血液。只是时过境迁，今天的普利茅斯人已经不买这个美国总统的账了。

400年前，普利茅斯人对追求“新大陆”的清教徒充满同情。这不仅是因为信仰基督教新教的普利茅斯人与清教徒们信仰相近，更是因为普利茅斯人最懂得“新世界”的美好。那时清教徒前往“新世界”寻求自由与财富的旅程，在普利茅斯人眼中一定是浪漫的。而现在，当波兰人、罗马尼亚人在欧盟成员国之间自由迁徙、梦想踏上英吉利海峡对面那个“新世界”时，普利茅斯人却对他们说“不”。在2016年的“脱欧”公投中，普利茅斯多数人选择退出欧盟，这一决定的背后主要是经济原因。来自东欧的移民太多，和当地人争夺教育与医疗资源是普利茅斯人选择“脱欧”的主要动因。

德雷克

1588年，正是在普利茅斯的海岸边，西班牙无敌舰队的130

艘战船气势汹汹地杀来。以海上劫掠、冒险出名的英国航海家弗朗西斯·德雷克说出了他的那句名言："来，打完这局保龄球我就去收拾他们！"

今天德雷克塑像的所在地据说就是当年他打保龄球的那片草地。我站在德雷克3米高的铜像下，仔细看这个以"航海探险家""海军中将""臭名昭著的海盗头子"等多重身份被英国人记住的船长。他昂首阔步、身佩利剑，望向普利茅斯出海口，手上的圆规垂在身旁的地球仪上。德雷克的身边似乎总有个硕大的地球仪，他那张如今保存在巴克兰修道院里的著名油画像也不例外。

铜像不远处就是22米高、红白相间的斯米顿灯塔，顺着塔内93级台阶登顶，能看到被绳索吊起的铁制的圆形大烛台。在18世纪中叶，烛台上曾插着26根大蜡烛，每根近5斤重，烛台边的计时器每隔半小时响一次，提醒守卫更换燃尽的蜡烛。从德雷克时代到斯米顿灯塔的建立，英国完成了对海上霸主身份的确立。

德雷克受到的争议和他的功勋一样多，英国人赞他为英雄，西班牙人斥他为"恶龙"。他生活的16世纪正好见证了英国人"转向海洋"的过程。英国人并非天生的航海家，中世纪的英国"从来就不是一座海岛"，莎士比亚的作品里也难寻英国的海上英雄。那时英国人并没有意识到自己能像希腊神话中的巨人安泰俄斯从大地上汲取力量一样获益于周围的海洋，他们更执着于英吉利海峡那头的欧洲大陆。那时驰骋海洋的是西班牙、荷兰。1548年，13岁的德雷克还只是荷兰一艘小船上的勤杂工，他绝没有想到自己将在20多年后成为第一个完成环球航行的英国人，伊丽莎白时代的英国也将在那时开始摆脱国内人口过剩、失业加剧的危机，崛起为海洋强国。

德雷克的发迹始于他听到的一则消息：英国人约翰·霍金斯率领船队从普利茅斯出发，在王室的支持下从海上商品与奴隶贸易中发了大财。德雷克决定要成为和霍金斯一样的冒险家。他卖了自己的船，加入霍金斯的第三次远征计划，和他一样成了依照英女王颁发的私掠特许状“御准抢劫”的海盗，并完成了环球航行。西班牙人担任他们船队的导航员，英女王对船队进行秘密投资，这些被寄予厚望的舰船载着在西非买到的黑奴，前往西印度群岛，将他们卖给西班牙殖民者，换取生姜、蔗糖和珠宝，然后满载而归。1581年，英女王伊丽莎白一世亲自登上德雷克的船，用长剑按在他的肩头，赐他爵位。同年，德雷克当选普利茅斯市长。德雷克与霍金斯这样的挑战者自然会在环球航行中与既得利益者西班牙的船队发生冲突，这成为英西关系恶化、最终在普利茅斯进行决战的前奏，德雷克也继续着他“从海盗到国家英雄”的变身。几年后，海军中将德雷克在风暴的帮助下击败了西班牙人。增长的财富浇灌出膨胀的野心，德雷克的成功刺激了英国人对海洋的兴趣，在危机与竞争中，英国的海洋意识觉醒了。

从某种程度上说，对德雷克的争论从他死后一直延续到现在。在德雷克死后130多年，一个和他同样有争议的船长出生在英格兰东北部的米德尔斯堡。詹姆斯·库克船长是英国皇家海军的军官，他和德雷克一样，在国家的支持下带着船队去探索未知的海洋，成为最先登陆澳大利亚东海岸的欧洲人，完成了第一次有记录的环新西兰航行，绘制了大量精确的地图。库克船长究竟是“发现”了澳大利亚还是“侵略”了澳大利亚？他究竟是国家英雄还是可耻的殖民先驱？推动他一次次走向海洋的是个人兴趣，是军人的责任，是当时英国与法国对新航线与贸易的争夺，还是永远无底的贪欲？库克成了第二个备受争议的德雷克。2018年，在库克的“奋进号”三桅帆船从普利茅斯出发、驶向太平洋250年后，大英图书馆举办了一场展览，介绍这个英国船长“三次改变世界的航海”。我想去看看英国人主办的展览如何为这个有争议性的船长“盖棺定论”。但让我失望（或许应该说让我高兴）的是，展览并没有给出定论。

“50年以后，我们会怎么给孩子们讲库克船长的故事呢？”我问作为策展人之一的威廉·富勒姆。

“每隔一段时间，这个世界对库克船长的看法就会改变，不断改变。”他回答，“我也不知道库克船长在50年后会被那时的英国人怎么看待，也许取决于当时的英国和世界的关系。”

朴茨茅斯

英语中“茅斯”意为入海口，以其为名的城市也很多，朴茨茅斯是其中的一个。这是英国东南部汉普郡一个典型的海港城，阳光、停靠军舰的船坞、三角帆形观景塔、码头上的摩天轮和旋转木马、游着睚峥虎鲨的水族馆、慵懒的游人……

大不列颠兴于海洋。与无敌舰队一战后，英国依靠自由贸易、海外殖民和强大的帝国海军组成“良性三角”，长期保持领先优势。500年来，朴茨茅斯始终是英国皇家海军最大、最重要的军事基地。当年帝国的战舰正是从朴茨茅斯出发，敲开一个个古老帝国的大门，最终才有了“日不落帝国”。如今英国一半以上的主力水面舰艇长期锚泊于此，其中就包括停靠在皇家海军造船厂的三桅风帆战列舰“胜利号”。我以为这艘载着104门火炮的老船现在只是一座海上博物馆，后来才知道“胜利号”从18世纪下水至今仍在服役，是世界上最古老的现役战舰。我来看它，只因为英国海军中将霍雷肖·纳尔逊曾在1805年以它为旗舰，在朴茨茅斯的特拉法加海战中击败法国与西班牙的联合舰队，巩固了英国的海上霸主地位。正是在那场战役中，纳尔逊被法国人射来的子弹击中，死在“胜利号”上。身旁的牧师说，纳尔逊的遗言是：“为了上帝和我的祖国。”

朴茨茅斯不大，但我在这里发现至少四座纳尔逊的雕像，这让我很感兴趣。中国人讲究“三不朽”，认为有三种方式能传承思想、延续生命，即“立德、立功、立言”。英国人则认为“立大功者得立像”，立一座塑像就是最高褒奖，塑像背后是英国人的价值观。广场上、建筑前，大庭广众之下、人烟稠密之所，选择将谁立在那里被看到、被铭记、被缅怀，也是一个民族对善与美标准的选择。

“你知道英国谁的雕像最多吗？”邀请我来朴茨茅斯的英国人阿兰・普利迪问我。

“维多利亚女王？丘吉尔？”这是我最常见到的两个雕像。

“是纳尔逊。”普利迪说，“我也不相信，但这就是英国人的选择。”

我这才想到，英国人把伦敦核心区的那个大广场命名为特拉法加，并在那里立了根51米高的纪念柱，站在柱上的正是纳尔逊。在英国几乎所有重要的城市里都能找到纳尔逊的纪念碑和雕像。2017年，当美国人为是否应推倒夏洛茨维尔的罗伯特・李的雕像而发生流血冲突时，英国人也在讨论是否要推倒奴隶制度的拥护者纳尔逊的雕像。但纳尔逊“英国海战英雄”的身份最终压过了他“白人至上主义者”的身份，雕像得以保全。

64岁的老船长普利迪在朴茨茅斯出生、长大，小时候还爬过纳尔逊的雕像，学着纳尔逊的样子喊上一句“Land ahoy！”（看到陆地了）。现在，他要驾驶他亲手打造的摩托艇，再次冲向大海，去刷新环球航行的最快纪录。

这是一个英国版“老人与海”的故事。普利迪是英国航海圈里的传奇。他从小爱船，15岁时辍学当了一名造船工。几年后，为了买一艘自己的船，普利迪开始拼命赚钱，在建筑工地搬砖、修理出租车，什么都干，最苦时每天要干20小时。后来，他成立了自己的机械修理公司，边做生意边玩船、闯海。独木舟、橡皮艇、帆船、摩托艇，普利迪什么船都爱，他就是“喜欢漂在水上的感觉”，喜欢与伙伴们同舟共济，挑战、征服。普利迪曾创下37项航海世界纪录，包括在50岁时驾驶硬壳充气艇用103小时跨越大西洋。

我见到白发银须的普利迪时，他的休闲服遮着肚腩，身上有淡淡的香水味，爱说笑话，仅从外表上看，与其说他是个硬汉，不如说更像个英国绅士。普利迪留着海明威式的络腮胡子，却从没读过《老人与海》。总有人向他提起书里那句“人可以被消灭，但不能被打败”，但他说他要写自己的故事。老船长不服老，说自己全身许多的骨头都断过，但从不生病，连感冒都没得过，现在每天也可以工作16个小时。我试着和普利迪掰手腕，很快败下阵来。

普利迪正在筹划下一次环球航行。但一分钱难倒英雄汉，比起终点线，更难到达的是起跑线。环球航行计划预计耗资600万至1000万英镑，普利迪自己投入约100万英镑。因为最主要的赞助商突然退出，赛艇造了一半也只能停工，航行已几次被推迟。现在，精钢打造、10米多长的摩托艇骨架只能停在船坞中，等待新的赞助商出现。普利迪和他的团队正在联系环球航行的几个停靠国家，研究风向、洋流，做些陆上准备工作。

“每次航行，我最享受的是坐在船里，听着倒计时、等待出发信号的那一刻。”老船长说，“只要船开了，一切都不是问题了。”

看得出普利迪对这次航行十分期待。他蹲在地上抚摸赛艇底部，告诉我们那都是手工塑形的，忍不住几次赞叹钢板完美的线条。普利迪想将这艘赛艇命名为“王者之剑”——英国亚瑟王传说中那把能断钢的圣剑。不过他知道，这最终取决于冠名商的意愿。普利迪邀请我来朴茨茅斯，是想通过我的报道招揽来中国的赞助商。他问我中国的富人是不是对航海越来越有兴趣，我告诉他，可能他们更感兴趣的是游艇而非赛艇，是享受海洋而非征服海洋。

普利迪承认大不列颠早已不再是海上强国，他抱怨连最传统、最精致的造船工艺在英国也找不到了，调侃英国最大航母“伊丽莎白女王”号2017年刚刚在朴茨茅斯下水服役就漏水。但只要和普利迪待上半天，你就知道他有多爱英国。他带我爬上朴茨茅斯港口边的高处，指给我看纳尔逊当年出海的地方，给我们讲几百年前东方的香料、美洲的土豆如何在朴茨茅斯登陆，让这里成为“香料岛”。普利迪这样的朴茨茅斯人最懂征服海洋的重要性，你能感到他的血液中奔涌着对大海的崇拜与对自由航行的热爱。摩托艇环球航行的现纪录是61天，普利迪说，他要把它缩短到50天。

我问老船长为什么要去航海。我想起曾在登珠穆朗玛峰时殒命的英国探险家乔治·马洛里对“你为什么要去爬珠穆朗玛峰”的回答：“因为它在那儿。”

“因为目前的摩托艇环球航行最快世界纪录由新西兰人保持。”普利迪回答，“我想英国人可以开得更快。”

沙逊勋爵

让我印象深刻的另一个英国“船长”是詹姆斯·沙逊勋爵。其实他只是个商人，但他在我记忆里始终是个擅长“见风使舵、随波逐流”的船长。他出生在著名的沙逊家族，这个犹太家族曾在南亚和东亚地区做生意，从18世纪开始就成为全世界最富有的家族之一，被称为“东方的罗斯柴尔德家族”。当别人被淹没在滔天巨浪中时，他们总能转危为安。

我和沙逊勋爵第一次见面是在伦敦金融城的英国怡和集团大楼里，沙逊担任集团执行董事。沙逊家族与怡和家族都曾参与英国对华的鸦片贸易，它们曾是生意上的对手，如今却因沙逊勋爵建立了奇异的联系。大楼所在的隆巴德街周围是各种嘈杂的金融机构办公楼，我们所在的会议室里却是另一个世界。那里摆着淡雅的乾隆青花梅瓶，挂着精细印刷的版画，上面是清朝时商船云集的黄浦江和珠江商埠，甚至还有穿着官服的林则徐像。

英国人对林则徐的热情是个谜。中英鸦片战争后，伦敦的杜莎夫人蜡像馆还曾为林则徐夫妇立像，让这位焚烧英国鸦片的钦差大臣成为最早在这家蜡像馆立像展出的中国人。文献记载，当时林则徐的蜡像“衣冠翎顶”“前有小案，摊书一卷，为禁鸦片烟条约”，还原了历史上他让英国人窘迫的一刻。杜莎夫人蜡像馆为林则徐立像的原因众说纷纭，有人说“为其忠正勇毅，不以苟且图息肩也，可谓知所敬”。但也有人考证，其实是因为林的“虎门销烟”焚毁“英国财产”，从而挑起了鸦片战争，最终使得英国有机会达到“五口通商”的目的，英国人因此塑像以作纪念。如果后一种猜测属实，那么与其说英国人是为林则徐立像，不如说是为他们自己成功侵华而立像。

我对沙逊勋爵的采访主题是中国的“一带一路”。沙逊本人是中英贸易协会的主席，他也曾和德雷克船长一样单膝跪在英国君王面前，获封爵位。一小时的采访中，沙逊主要谈的是贸易协会如何向英国的会员企业介绍“一带一路”的基本内容和具体的项目机会。眼镜片后闪烁着沙逊精明的眼神，他说起话来常常嘴角上扬，像是在冲你微笑，他的黑眼圈仿佛是两枚资历章，炫耀着他在中英贸易领域的成功。我按捺不住好奇，在采访将尽时谨慎地提起沙逊家族当年和中国的贸易。

“墙上的版画让我想到当年英国和中国的那场战争，想到沙逊家族，当时正是贸易导致了英中开战。”我问沙逊，“今天的贸易会带来什么呢？”

沙逊显然没想到我会问他这个问题，我甚至还没问完我的问题，他就开始笑着“躲闪”：“当时我的家族和中国一直在和平贸易，贸易商品也是多种多样。”他开始有点结巴，“他们……他们……确实从（那场战争）中看到机会，但我们回到现实吧，历史确实为观察现实提供了一个视角……我的家族在上海留下了重要的建筑（和平饭店），我为他们感到骄傲。”

接下来，沙逊勋爵又开始谈中英的贸易合作机会，谈他刚刚在北京参加的中国发展论坛。

“今天的中英贸易对两国关系有多重要呢？它是‘压舱石’

吗？”我追问。在官方的话语体系中，经贸合作是中美关系的“压舱石”。我想知道经验丰富的船长对中英关系这艘轮船的判断。

“可能中英贸易的体量还没那么大，要比喻的话，它应该算是中英关系风帆上的好风吧。”沙逊说。他是最懂御风行船的人。